Möbiusschleife

Wie frei willst du sein?

Marc Mandel

Bibliografische Information der Deutschen Bibliothek
Die Deutsche Bibliothek verzeichnet diese Publikation in der Deutschen
Nationalbibliografie; detaillierte bibliografische Daten sind im Internet
über die Adresse http://dnb.ddb.de abrufbar.

© 2021 coortext-Verlag, Altheim

Buchcover: Germencreative
Druck: epubli – ein Service der neopubli GmbH, Belin.
ISBN: 3753163414

Prolog

Montag 15.7.2013

Sternzeit, fünfzehnter Juli.
Die Stimme schien aus einem Radio zu kommen.
Sie lag auf einem Gynäkologenstuhl.
Ob sie unter Drogen stand? Beständig döste sie weg.
Ihr Oberkörper war halb aufgerichtet, Metallschellen an den Fuß- und Handgelenken, unter dem Kinn ein breites Halsband aus Leder. Nutzlos, an den Fesseln zu zerren.

Einst befanden sich Sternwarten mitten in Städten. Mit zunehmender nächtlicher Beleuchtung zog es die Forscher aufs Land.

Jemand träufelte ihr etwas auf den Kopf.
Zaghaft öffnete sie die Augenlider. Der Raum war gefliest wie ein Badezimmer.

Inzwischen gelten nur noch abgelegene hohe Berge als gute Standorte.

Ein Schatten im Halbdunkel. Eine Kapuze mit Augenschlitz. Dahinter dunkle Brillengläser. Szandor. Der Hohepriester. Mit einem Kelch.
»Durst.« Es war nicht mehr als ein Krächzen.
Szandor schob ihr ein Röhrchen in den Mund.
Zwei Mal gelang es ihr, zu saugen.
Es schmeckte nach Metall.
Nachdem die Universität Köln ein Vierteljahrhundert das Kosma-Teleskop in der Schweiz betrieben hat, wurde es kürzlich nach Tibet verlegt.

Den Rest des Inhaltes goss er ihr schluckweise auf die Stirn. Es sickerte ihr in die Augen, rann die Nase abwärts, quoll über ihre Wangen – ohne die Lippen zu berühren. Über ihren Hals floss es zum Schlüsselbein.
Mit der Zungenspitze versuchte sie, den einen oder anderen Tropfen seitlich aufzuschnappen.

Kosma ist eine Antennenschüssel von gut drei Metern Durchmesser.

Sie fröstelte; die Männer hatten sie ausgezogen.
Von Neuem der Kelch. Diesmal ergoss er sich über ihre Brust. Der nächste in das Grübchen Ihres Nabels. Ein dritter auf den Bauch.
Sie verspürte den Drang, zu urinieren. Sie würde es unterdrücken. Fest presste sie die Muskeln in ihrem Unterleib zusammen.

Kosma empfängt Submillimeterwellen, die zur Infrarotstrahlung gehören. Diese Strahlung wird vom Wasserdampf in der Atmosphäre absorbiert.

Kaltes Wasser.
Szandor hantierte jetzt mit einer Flasche.
Eiskaltes Wasser.
In regelmäßigen Abständen strömten kleine Mengen auf ihren Körper – Mengen, wie man sie in Schnapsgläser füllte.
Hustenreiz.
Jemand legte ein Tuch über ihre Augen.
War es das, was sie wollte?
Sie hatte geschworen.
Vor einer Stunde?
Vor einem Tag?
Sie hatte geschworen, sich dem Satan zu unterwerfen.
Das Ritual sollte mit einer Feuerprobe beginnen.

Sie durfte nicht schreien.
Sie würde nicht schreien.
Konnte sie nun endlich auf den Boden des Glases blicken?
Sie roch ein Gemisch aus Lavendel und Jasmin.
Unmittelbar neben ihrem linken Ohr die Stimme Szandors: »Das Leben ist ein Fluss. Die Reise eines Blinden. Du folgst einem Pfad. So ist es notwendig, denkst du. Weil es ein gerader Weg ist. Weil es ein breiter Weg ist. Weil es der einzige Weg ist. Doch der scheinbar gerade Weg ist ein Bogen. Ein Bogen ohne Schlussstein. Es irrt der Mensch, solang er strebt. Das Definitivum suchst du vergeblich. Jedes Mal, wenn du glaubst, du hast die schlimmste Hürde überwunden, stehst du auf der falschen Seite einer Mauer. Kein Weg führt zurück. Und keiner ins Glück. Ergib dich seiner Majestät. Dem Satan. Nur Er kann dich erlösen.«
Fühlte sich so die Luzifer Church an?

Eine andere Radiostimme: *die zweite Sinfonie von Gustav Mahler.* Jemand musste den Radiosender gewechselt haben. *Fünfter Satz. Molto Misterioso.*

Es tröpfelte auf ihren Venushügel, sickerte durch den Spalt der Vagina, zwischen ihren Schamlippen hindurch, über den Damm in die Anusspalte, vermischte sich dahinter mit einigen Tropfen Urin.
Ihr Unterleib ergab sich dem Druck.
Sie ließ dem Schließmuskel freien Lauf.
Warm spürte sie es auf ihrer Haut.
Unfähig, ein Glied zu bewegen.
Schnell fühlte sie es kalt.
Es war zu riechen.
Mein Gott, lass' es ein Traum sein.
Schlagartig helleres Licht.
Trotz des Tuches über den Augen merkte sie es.

Sie roch ein Feuer. Hörte das Knistern lodernden Holzes.
Geblendet schloss sie die Augen.
Jemand hatte ihr das Tuch abgenommen.
Szandor war nicht der einzige Mann im Raum.
Sie blinzelte, erkannte ein Metallgebilde, unmittelbar vor ihrem Gesicht. Einen fünfzackigen Stern, umgeben von einem Kreis mit fremden Schriftzeichen, montiert auf einen Metallstab. Ein Brenneisen.
Schwarz.
Erneut das Tuch auf den Augen.
Warten.
Ein stechender Schmerz.
Feuer.
An der Innenseite des rechten Oberschenkels.
Prasseln, zischen, brausen, knistern.
Bestialischer Gestank.
Ein Brandmal.
Der Boden des Glases – er löste sich auf.
Eine Farbexplosion.
Der Satan.
Schwarz.

Die Gruppe *Will.I.Am* aus dem Lautsprecher.
Scream and shout and let it out.

Sie schrie.

Kapitel I

Samstag 18.4.2020 – 13:00 Uhr

Hatte sie soeben geschrien?
Erschrocken schlug Maike Mainwald die Augen auf.
Alle Fenster ihres Autos waren geschlossen.
Ihr Ampera stand auf dem Parkplatz der Hessischen Staatskanzlei.
Sie musste eingeschlafen sein.
Dreizehn Uhr.
War das ein Traum?
Alles so plastisch. Dreidimensional.
War das wirklich schon sieben Jahre her?
Die Reportage über die Luzifer Church. Geschrieben bei ihrer Mutter in Hamburg.
Einen Tag nach dem Erscheinen kam ein Todesurteil. Ihr Todesurteil. Per E-Mail. Im Namen der Luzifer Church of Suisse. Unterschrift: Szandor II. Sofort erstattete sie Anzeige.
Die Landespolizei des Fürstentums Liechtenstein stürmte den geheimen Tempel der Sekte in Vaduz, traf aber niemanden mehr an.
Die Schweizerische Depeschenagentur ats-sda meldete eine Woche später, die Suche nach den Tätern habe ihr Ende gefunden. Der Sektenführer der Luzifer Church, Szandor, sei zusammen mit zwei weiteren Priestern bei einem Unfall ums Leben gekommen. Die Männer verbrannten, nachdem ihr Auto in eine Schlucht gestürzt war und Feuer fing.
Vorbei.
Maike Mainwald warf den Kopf zurück.
Regentropfen prasselten auf das Autodach. Der Kochbrunnenplatz verströmte die untergegangene Pracht

großherzoglicher Zeiten. Ebenso das ehemalige Grandhotel mit der Hessischen Staatskanzlei.
In drei Stunden hatte sie einen Termin in Frankfurt.
Doch vorher brauchte sie einen Kaffee.
Sämtliche Lokale waren geschlossen.
Sie musste nach Hause.
Als Erstes öffnete sie jedoch den Laptop auf den Beifahrersitz.
OkCupid. Keine neue Nachricht.
Im E-Mail-Postfach lediglich das Kommuniqué des Hessischen Ministeriums für Soziales und Integration. Die für zwölf Uhr geplante Pressekonferenz von Kai Klose sei ausgefallen. Von Corona wegen. Das wusste Maike schon.
Sie startete den Motor.

∞

»Gut, dass sie uns nicht versteht. Hast du mit ihr über Geld gesprochen, Jonas?«
Jonas schaute zu der jüngeren, der beiden Frauen: »Você ganha cem euros. Você concorda?«
Zustimmend strich sie über eine seiner gepolsterten Schultern. »Naturalmente.«
»Sie ist mit einem Hunderter einverstanden. Davon kannst du in Brasilien einen ganzen Monat leben.« Als Security-Mitarbeiter trug Jonas einen dunklen Anzug mit Krawatte.
»Wie soll es laufen, Flo?«
»Sie wird festgebunden, bevor wir über sie herfallen. Alles soll absolut authentisch wirken. Deshalb muss sie sich heftig wehren, sobald wir sie anfassen. Beißen, kratzen, spucken. Keinesfalls zahm werden, bevor sie die Peitsche spürt. Sag' ihr das.« Flo goss in alle vier Gläser Rotwein nach.

Auf portugiesisch sprach Jonas Lucida an. »Meu amigo quer tirar fotos de você. Mein Freund Florian will dich unbedingt fotografieren. Er hat sich auf den ersten Blick in dich verliebt. Ihm gefallen deine Haare, deine Augen, deine Figur, alles. Er behauptet, dass er nie zuvor so ein schönes Mädchen sah.« Das Quartett saß in einer kahlen Werkstatt, vier Etagen unter der Alten Oper.

»Diga à ele, eu gosto de posar na frente da câmera. Übersetze ihm, ich posiere gern vor seiner Kamera. Jedoch mein Freund in Sao Paolo liebt mich sehr«, sie blickte zu der anderen Frau, »außerdem erzähltest du mir an dieser Konstablerwache, Flo hat Sabine.« Lucida sah fasziniert in Sabines übergroße Pupillen.

Jonas übersetzte: »Sie arbeitet gern vor der Kamera. Kennt das von Erotikfilmen in Sao Paolo. Giga Augensex. Das erklärte mir Lucida bereits vor drei Stunden an der Konstablerwache. Sie besteht darauf, dass wir sie binden, damit es echt aussieht. Sabine soll sie festhalten.«

»Super, dass du so gut portugiesisch sprichst, Jonas«, Flo wies durch eine offene Doppeltür in eine hell ausgeleuchtete Halle. »Auf der Werkbank da drüben soll alles passieren. Frag' sie, ob sie es schon anal gemacht hat, Jonas.« Er zog die Beine eines Kamerastatives aus.

Jonas fragte auf Portugiesisch: »Você já tirou fotos nuas? Hast du schon einmal Aktfotos machen lassen, Lucida?«

»Auf keinen Fall«, sie lachte, »höchstens im Badeanzug, in Sao Paolo. Gib mir bitte meine Tasche. Ich will mir die Hände eincremen.«

»Selbstverständlich«, übersetzte Jonas, »in Sao Paolo ist bei jedem Mann damit zu rechnen. Für Luke zwei trägt sie ständig Gleitcreme in ihrer Handtasche.«

»Gut. Ich schalte die Kamera ein. Ihr hebt sie auf die Werkbank. Du fesselst sie, Jonas. Bist du ebenfalls bereit, Sabine?«
»Let's do it.«
Jonas hob beide Hände: »Sexualmagie im Namen seiner Majestät des Satans.« Seine Stimme klang nach Heavy Metal.
»Ejakulation als Katharsis. Alle Portale sind verschlossen. There is no turning back. Von hier unten klingt kein Laut nach oben.«

∞

Der Opernplatz verdöste diesen Nachmittag unter grauen Wolken. Den ganzen Morgen tröpfelte Nieselregen. Gerade wurde der Himmel heller. Wie erwartet, ignorierte eine Limousine pünktlich um sechzehn Uhr dreißig das Fahrverbotsschild am Rande des Areals. Erst unmittelbar vor der Freitreppe stoppte sie. Der Beifahrer stieg aus. Er öffnete die hintere Tür, ergriff die Hand einer Dame, half ihr aus dem Wagen und reichte ihr den Arm. Sie schwebte mit ihm zu der breiten Treppe am Eingang des Konzerthauses.
Maike Mainwald wusste, wer hier schwebte: ein Model namens Cora Just. Kaum älter als zwanzig. Eine Fernsehshow kürte sie zu Deutschlands nächstem Superstar. Gewandet in Kreationen eines namhaften Pariser Haute-Couturiers stöckelte sie dem Konzert des Jahres entgegen. Einem Geisterkonzert.
Ihr Begleiter hieß Julian Kleebohm. In einer Kombination aus Seiden-Sakko mit Chino-Hose schritt er ebenso stylisch einher.
Das Paar betrat die Treppe, während der weiße BMW genauso leise entschwand, wie er kam.

Cora Just ging eine Stufe voraus. Julian Kleebohm berührte den Saum ihres Teller-Rockes. Ein Windstoß bauschte das hauchdünne Gewebe über ihre Oberschenkel. Der Begleiter fasste scheinbar geistesgegenwärtig nach der matt schimmernden Seide. Einem zufälligen Passanten wäre aufgefallen, wie linkisch sich der Mann dabei anstellte. Ausgerechnet in diesem Augenblick schien das zerbrechliche Mädchen zu stolpern, womöglich über eine feuchte Stufe. Um das Gleichgewicht zu halten, beugte sie sich vor. Der federleichte Batist hingegen kam den Regeln der Schwerkraft nach, indem er über ihren Rücken glitt. Für Sekunden leuchtete ihr weißes Gesäß völlig entblößt von der Treppe; Unterwäsche trug sie nicht. Durch die Hilfe des Kavaliers kam sie auf die Beine.

Schnell streifte ihre Hand den Stoff glatt, der an der Aufgabe, ihre Sahnehaut zu verhüllen, so grandios scheiterte. Anmutig wandte sie den Kopf, um dem Kavalier hinter ihr mit einem Handkuss für seine Hilfe zu danken. Die Szene dauerte fünf Sekunden. Zuschauer gab es keine. Das Gastspiel von Andrea Bocelli begann erst in zwei Stunden; auf dem Opernplatz bewegten sich lediglich einige Tauben. Gelangweilt richteten sie ihre Blicke auf den Boden, um irgendetwas Essbares zu suchen.

Maike Mainwald saß an einem Café-Tisch auf der anderen Seite des Platzes, gut achtzig Meter von der Freitreppe entfernt. Das Haar schob sie aus dem Gesicht, um sich über die Stirn zu wischen. Obwohl das Thermometer vierundzwanzig Grad anzeigte, trug sie ein langärmeliges Shirt über schwarzen Jeans zu halbhohen Sportschuhen. Ihr einziges Schmuckstück war ein Kreuz mit einem kleinen Ring im

Zentrum, das an einem Silberkettchen um den Hals baumelte. Ein Blender – der dem Täter die Illusion einer Beute geben könnte, falls sie jemand überfiel. Ihren schwarzen Anorak hatte sie auf den Stuhl neben sich gelegt.
Normalerweise würde sie hier einen Tee trinken. Das Kaffeehaus war seit Mitte März geschlossen. Wegen des Lockdowns. Die Betreiber hatten die Terrasse mit rot-weißen Flatterbändern abgesperrt. Maike war darunter hindurchgekrochen.
Bei Außen-Terminen gestaltete sie ihre Garderobe weder geschmackvoll noch originell. Aber praktisch.
Vor ihr stand ein kleines Dreibeinstativ auf der Tischplatte, so hoch wie eine Postkarte. Darauf eine Amateurkamera.
Die Verkäuferin am Kiosk mochte sie für eine Touristin halten, die das Gebäude gegenüber besonders liebevoll ablichtete; den historisierenden Nachbau eines klassizistischen Theaters.
Dabei schob sich aus dem Gehäuse der Sony-Kamera unauffällig ein Zoom-Objektiv, das bei dieser Distanz die Szene auf der Treppe des Opernhauses formatfüllend auf den Sensor bannte.
Beruhigt begutachtete Maike die Schärfe in Ausschnitten im elektronischen Sucher, ohne das Auge davon zu lösen; unbemerktes Fotografieren folgt seinen eigenen Regeln. Sie schaltete zurück auf Durchsicht.
Das angehende Topmodel verschwand mit dem Begleiter längst durch das Portal. Im Sucher sah Maike ein halb offenes Milchglasfenster neben der Treppe, knapp über dem Boden. Offensichtlich hatte sie das kleine Stativ um wenige Millimeter verschoben. Intuitiv fuhr sie den Zoom-Tubus ganz nach vorn. Sie schaute in einen Wirtschaftsraum, wo sie den Rücken einer Frau in einem hellblauen Kleid erkannte, die sich soeben umdrehte. Maike drückte den

Auslöser halb, damit der Autofokus die Schärfe nachführte. Sie sah in ein unbekanntes Gesicht.

»Ich störe ungern«, unterbrach sie eine fremde Stimme, »sprechen Sie deutsch?« Der strenge Tonfall stammte von einer Polizistin.

»Guten Tag.« Maike löste ihren Blick von der Szene.

»Es ist verboten, im Bereich der Kaffeehaus-Möbel Platz zu nehmen, solange das Lokal geschlossen bleibt. Die Absperrbänder haben Sie gesehen, oder?«

»Entschuldigen Sie, das wusste ich überhaupt nicht. Ich gehe sofort.«

Als die Gesetzeshüterin verschwunden war, schaute Maike erneut durch den Sucher. Er bildete nach wie vor das Fenster ab. Sonst passierte dort nichts mehr. Sie schaltete den Fotoapparat aus.

Über ihre Schulter hing Maike eine kleine Panasonic-Kamera. Flugs zog sie den Anorak darüber. In der Jacke war für ihre Sony eine Tasche eingenäht, daneben ein Köcher für das Ministativ.

Maike hob das rot-weiße Band in die Höhe, bevor sie die Terrasse des Cafés verließ.

Mit dem I-Phone rief sie Marion Mutt an, eine Mitarbeiterin der ‚Zuffenbacher Nachrichten'. »Stell' dir vor: Ich habe Cora Just erwischt, die von DSDS. Mit blankem Po. Auf der Treppe zur Alten Oper. Keine halbe Stunde her.«

»Wie kommst du da hin, Maike?«

»Zufall. Windy Upskirt. No Panties.«

»Her damit.« Gegen eine Provision bot sie Maike Mainwalds Bilder den Agenturen an. »Was ist denn dort los?«

»Um sieben Uhr steigt in aller Stille ein Geisterkonzert. Das sollte ursprünglich das Ereignis des Jahres werden. Dann hat Corona den Yuppies den Spaß verhagelt.«

»Ich rufe dich gleich zurück. Bin ebenfalls auf Termin. Bleib', wo du bist.«

Der Eingang zu dem unterirdischen Parkdeck lag in Sichtweite. Maikes Ampera stand im ersten Untergeschoss. Als sie die Tür aufschloss, klingelte das Telefon. Marion.

Maike klemmte das Headset fest, während sie den Laptop auf dem Beifahrersitz hochfuhr. »Wiederhole das bitte. Ich bin im Parkhaus. Schlechter Empfang. Ich sehe einen einzigen Balken. Mein Computer lutscht sich gerade die Bilder auf die Festplatte.« Maike schob den Memorystick aus ihrer Kamera in einen Kartenleser.

»Ich sehe hier die Homepage von Frankfurt auf meinem Handy. Da ist ein Hinweis. Ist das dieser Schnulzen-Bocelli?«

»Genau der.«

»Hätte ich dich akkreditieren können. Die müssten dich aber auch so da 'reinlassen. Kannst du eventuell ein Bild von ihm auf der Bühne machen? Vielleicht kriegst du dabei noch mal Cora Just als Zuschauerin auf die Platte.«

»Selbstverständlich schieße ich ihn. Ja, Andrea Bocelli.« Sie tippte einige Befehle in den Rechner. »Keinen blassen Schimmer, wo Cora Just sitzt, Marion. Ich tue, was geht.«

»Mitte März sagten die Veranstalter alle Termine in der Alten Oper ab. Wieso gibt es da etwas heute?«

»Es handelt sich um ein Konzert für eine private Fernsehanstalt. Ohne Publikum. In dem riesigen Saal sollen sich höchstens hundert handverlesene Medienvertreter aufhalten. Wer zusammengehört, darf nebeneinandersitzen – für alle anderen gilt der Mindestabstand. Lese ich grade auf der Seite der Pressestelle. Ich denke, dass ich 'reinkomme. Ich melde mich. Ciao.«

Maike warf einen Blick in ihr Postfach bei OkCupid. Es war leer.

Mit einer Zigarette hinter dem Ohr verließ sie den Wagen. Fünf Minuten später schob Maike Mainwald am VIP-Schalter des Opernhauses ihren Presse-Ausweis unter einem Kunststoff-Schirm hindurch.

»Fotos sind ausschließlich während der ersten drei Arien erlaubt. Kein Blitz«, die Frau hinter dem Acrylglas spulte ihre Standardsprüche ab. »Bitte unterschreiben Sie hier unten. Ich drucke Ihnen gerade ein Namenskärtchen aus. Das heften Sie an das Revers Ihrer Jacke. Hier, der Pressetext mit aktuellen Zahlen. Ich gebe Ihnen eine Key-Card für Fotojournalisten. Werfen Sie die Karte später hier hinein«, sie zeigte auf einen Schlitz neben dem VIP-Schalter, »kennen Sie sich hier aus?«

»Ich bin zu selten hier.«

»Ob sie ein Interview bekommen, entscheidet der PR-Manager. Wünschen Sie, ihn zu sprechen, oder machen Sie ausschließlich Bühnenaufnahmen?«

»Bühnenaufnahmen. Am liebsten aus der Nähe.«

»Sie dürfen zum Orchestergraben. Den Bühnenaufzug finden Sie im Basement bei den Garderoben. Die Ebenen darunter sind gesperrt. Drücken Sie auf ‚Vordere Bühne'. Die Tür zum Orchestergraben ist beschildert. Fragen Sie eine meiner Kolleginnen, wenn sie unsicher sind.«

Bis zum Beginn blieb für Maike über eine Stunde.

Ob sie noch einmal nach draußen gehen sollte, um eine Zigarette zu rauchen?

Hätte sie das bloß getan.

Maike hielt einer blau Uniformierten ihre Keycard unter den Laserstrahl, hob eine Kordel hoch, schlüpfte hindurch und ging die teppichbelegte Treppe hinunter. Überall dämpften weiche Textilien die Schritte. Das Licht leuchtete weniger warm als oben.

In einem hellen Gang waren die Türen mit ‚Wardrobe' sowie fortlaufenden Nummern gekennzeichnet. Gleich links befand sich der Bühnenlift. Die Kabinentüren des Fahrstuhls standen offen. Die ‚Vordere Bühne' lag vier Etagen höher. Es gab drei tiefere Ebenen, deren Knöpfe unbeleuchtet waren. Maike drückte einen. Keine Reaktion.

Wiederholt geriet Maike während ihrer Laufbahn in irgendeinen Schlamassel – als Folge kindlicher Neugier gepaart mit Abenteuerlust. Stets wollte sie irgendetwas auf den Grund gehen. Im Augenblick fragte sie sich, welche Geheimnisse in dieser Kellerkonstruktion verborgen waren, viele Meter unter dem Opernplatz. Sie vermutete wenig Personal derzeit; es arbeiteten gerade diejenigen, die unverzichtbar waren, um den Betrieb aufrechtzuerhalten.

Am Ende des Ganges fiel ihr eine Metalltür ohne Schild auf. Sie war unverschlossen. Niemand zu sehen.

Dahinter eine Betontreppe nach unten.

Es gab weder Schalter noch Lichtschranken, die Leuchtstoffröhren brannten hier ständig.

Bis sie ganz unten ankam, wurden die Stufen kontinuierlich schmutziger. Einige waren feucht. Ausschließlich die eigenen Geräusche hallten von den kahlen Wänden. Es roch nach Öl.

Eine weitere Feuertür. Der Knopf ließ sich keinen Millimeter drehen.

Ob man von hier das Parkhaus erreichte?

Ein neuer Versuch. Vergebens.

Wenn sie nicht weiterkam, musste sie die drei oder vier Stockwerke über die Treppe wieder zurück nach oben.

In diesem Augenblick wurde die Tür von innen aufgedrückt.

Maike Mainwald wich zurück.

Ein Mann stand vor ihr. Größer als Maike, schwer bestimmbares Alter. Schwarzer Anzug, schwarzes Hemd, schwarze Bürste, schwarzer Vollbart, schwarzer Hut in der Hand. Er trug eine rote Krawatte, auf der in weißer Schrift drei stilisierte Sechsen eingestickt waren. Im linken Nasenloch erkannte sie eine Perle. Die Tür hielt er mit dem Oberarm auf. Der Mann taxierte sie vom Gesicht bis zu den Fußspitzen. Ein Blick, gedrungen wie seine Schultern.
Maike schloss den Anorak.
»Ah, ein Sweetie in Schwarz.« Er schob die Hand unter ihr Halskettchen. »Gierig nach Black Metal?« Die letzten Worte stieß er guttural aus.
»Was meinen Sie?«
»Du trägst das Mittsommerkreuz.« Es geschah zum zweiten Mal, dass jemand aus der Metal-Szene sie auf das Radkreuz ansprach, das vor ihrer Brust schaukelte. Der Hype war doch längst vorbei, oder? Auf dem nächsten Flohmarkt musste ein anderes Schmuckstück her. »Might is Right.« Seine Stimme klang wie von einer Mayhem-CD. »Lust und Freiheit.« Er hob die Brauen. Drei Finger strichen wie Werkzeuge über ihren Arm.
Maike schüttelte die Hand ab. »Ich bin dienstlich hier.«
Im Bruchteil einer Sekunde wirbelte sie herum. Mit einem Sprung erreichte sie die zweite Treppenstufe. Dass die Fläche glitschig war, realisierte sie erst, als sie abrutschte. Hart schlug sie mit dem Knie auf eine Betonkante.
Der Mann ergriff ihren Arm. »Darf ich behilflich sein, gnädige Frau?« Er wuchtete sie hoch. Ruckartig drehte er ihren Körper zu sich. Maike nahm einen leichten Jasmingeruch wahr. Oder Lavendel. Mit der rechten Hand umarmte er sie von hinten. »Auf dem Kärtchen steht, du bist Journalistin. Ich sah dich nie zuvor. Bist du etwa illegal hier unten?«
»Wer sind Sie eigentlich?« Das Knie tat höllisch weh.

»Schlechtes Gewissen? Gestatten, Jonathan B, Security.«
Ein Blick in sein Gesicht. »Seltsamer Name.« Sie fasste nach dem Knie. Bestimmt war die Haut weg.
»Du findest den Namen bei XHamster. Oder PornHub.«
Maike wollte den Oberkörper nach hinten beugen.
Der Mann hielt sie umklammert.
Griff fester zu.
»Jonathan B befriedigt alle ordentlich. Außerdem duldet er keinen Widerspruch.«
Hart presste er sie an seinen Körper.
Maike glaubte, jeden seiner Muskeln zu spüren.
Er lockerte den Griff: »Freunde nennen mich Jonas.« Damit erfasste er ihren Arm, trat einen Schritt zurück und riss sie mit sich in den halbdunklen Gang. »Komm, wir machen es uns gemütlich.«
Die Feuertür fiel hinter ihnen ins Schloss. Der Flur war eng.
»Lass mich.«
Er drückte sie mit seinem schweren Körper an die Wand, küsste sie auf den Mund.
Maike presste die Lippen zusammen. Sie drehte den Kopf.
»Mistkerl.«
Jonas fasste in ihre Haare.
»Sprich weiter. Außer mir gibt es keinen, der dich hier unten hört.«
Er schob sie in einen hell erleuchteten Raum.
Brutal quetschte er sie an ein Regal. Den rechten Arm bog er ihr auf den Rücken. Mit der anderen Hand betastete er ihren Oberkörper. Offenbar bemerkte er die Kamera in der Jacke. Fest schaute er in ihre Augen, zog bedächtig den Zip des Reißverschlusses nach unten, schob die Jacke auseinander, griff ihr satt zwischen die Oberschenkel.
Tausend Gedanken schossen Maike durch den Kopf. Um ihn loszuwerden, brauchte sie Abstand.

Er ertastete die kleinen Brüste unter dem dünnen Shirt, begann mit beiden Händen, sie zusammenzudrücken.
Zu spät nahm er wahr, dass Maike die Beine anzog.
Mit beiden Schuhen sprang sie auf seinen rechten Fuß. Gleichzeitig drehte sie den Oberkörper und stieß die flache Hand nach seinem Kehlkopf.
Er taumelte zurück.
Maike riss das rechte Bein hoch.
Der Mann sprang zurück, knallte gegen einen Schrank.
Sie hatte Mühe, das Gleichgewicht zu halten.
Jonas ergriff einen länglichen Gegenstand, schleuderte ihn zu ihr.
Maike duckte sich. Sie spürte einen Luftzug. Das Rohr, oder was es war, knallte hinter ihr an die Wand. Sie hechtete ihm entgegen, warf ihn gegen den Schrank, sprang zurück.
Jonathan B richtete sich auf. Er packte einen Hammer.
Maike holte mit dem rechten Fuß aus. Sie wusste, dass man den Chucks nicht ansah, wie hart sie treffen konnten. Das Blut in ihren Adern wandelte sich in Gift. Ein fester Tritt in die Eier.
Ein animalischer Schrei. Sein Oberkörper klappte vor.
Mit der rechten Hand grapschte sie ihm ins Haar und schlug seinen Kopf auf ihr Knie. Den Hammer ließ er fallen.
Sie riss irgendeine Tür auf.
Ein Treppenhaus.
Mit einem rekordverdächtigen Spurt erreichte sie das erste Podest.
War das die Tür unten?
Maike rutschte auf einer feuchten Stufe ab, fiel erneut auf die Knie. Ein stechender Schmerz.
Laute Schuhe ein paar Stufen tiefer.
Ein Blick zurück. Sie hörte ihn, bevor sie ihn sah.
Bloß fort. Nach oben.

Der nächste Treppenabsatz.
Sie musste die Geräusche ausblenden, die von unten kamen.
Ein weiteres Podest. Eine Tür mit Klinke. Dahinter ein Durchgang.
Geräusche von unten. Sie kamen näher.
Hier war sie nie zuvor. Sie rannte durch einen endlosen Flur.
Bloß nicht umdrehen.
Rechts ein Gang mit einem offenen Tor. Dahinter eine Rampe.
Das Lieferantenportal auf der Rückseite.
Hinaus.
Maike sah sich um.
Waren das schnelle Schritte hinter ihr?
Sie lief um das ganze Gebäude herum.
Die Umrisse der Freitreppe.
Sie spähte nach allen Seiten.
Niemand folgte ihr.
Gierig zündete sie eine Zigarette an.
Ein Lungenzug. Weg mit der Kippe. Weiter.
Sie rannte in das Parkhaus.
Wenige Augenblicke später zog Maike die Fahrertür ihres Autos zu, betätigte die Zentralverriegelung, lehnte sich zurück, legte beide Hände auf das Lenkrad. Nach drei Minuten schlug ihr Herz ruhiger. Das Knie schmerzte. Sie schob sich das Kettchen über den Kopf.
Verflucht. Mit der rechten Hand berührte sie ihr Auge. Die Kontaktlinse war verrutscht.
Das kam selten vor. Aber viel sah sie nicht in diesem Zustand.
Maike kniff das rechte Lid nach unten und wechselte einäugig auf einen Frauenparkplatz.

Nach mehreren Versuchen gelang es ihr, die Linse zu korrigieren.
Maike sank in den Autositz. Sie schloss beide Augen.

∞

Keine hundert Meter weiter unterbrach um siebzehn Uhr dreißig ein Kaffeelöffel die Stille des Samstagnachmittags. Er schlug auf die Steinfliesen eines Brunnens, von wo er noch etwas weiter hüpfte. Ein fröhliches Quartett hatte sich hier niedergelassen. Durch ein Überdach war dies der einzige trockene Platz im Park.
Auf einem Mäuerchen saß Bodo Graf Carl von Zuffen, Chefredakteur der ‚Freien Post'. Neben ihm die Gräfin Angela, seine Gattin. Sie bewachte einen traditionellen Picknickkorb. »Niemals habe ich so eine ungewöhnliche Feier erlebt.« Angela räumte das Kaffeegeschirr ab.
»Wir lassen uns von so einem Lockdown nicht ins Bockshorn jagen. Wie unsere Altvorderen picknicken wir im Park.« Der Graf fasste nach einer Flasche Dom Pérignon. »Entkorken wir den Champagner.«
Die Gräfin verteilte Gläser. Von ihrem Mann ließ sie sich die geöffnete Flasche reichen, um einzugießen.
Gegenüber auf einer Bank saß das Ehepaar Schellfisch. Die beiden kannten Bodo bereits. Bianca Schellfisch fragte sich, ob er in Gegenwart seiner Frau eine seiner schlüpfrigen Anekdoten anschnitt.
Bodo von Zuffen enttäuschte sie nicht, indem er zugleich seiner Vorliebe für altphilologische Kalendersprüche frönte: »Gar langsam steigen die Temperaturen. Es sind die Laster der Nymphe, der wir diesen Anflug von Vorsommer verdanken.« Er wies mit seinem Glas zu einer ersten feuchten Rose am Wegesrand.

Angela von Zuffen rollte mit den Augen: »Wovon spricht mein Gebieter?«

Maximilian Schellfisch hob das Glas. Unauffällig stieß er mit dem Fuß seine Bianca an, bevor sie einen ihrer flapsigen Kommentare zum Besten geben konnte.

Bodo von Zuffen bemerkte es offenbar nicht: »Ich erwähnte, wie der Gedanke an den Lenz das Ansinnen der Nymphe Flora ins Wollüstige wandelte. Die Griechen nannten sie Thallo. Kaum hatte sie uns Menschen den Frühling erhaucht, gewann ihre Libido die Oberhand: Sie wandte sich ab von den Menschen, um sich dem Zephyr hinzugeben.«

»Von wegen Hingabe«, seine Frau fiel ihm ins Wort, »der lüsterne Zephyr hat sie besprungen – oder fragte er sie etwa?«

Unschuldig spitzte Bodo die Lippen: »Von Missbrauch ist bei Ovid keine Rede, meine Liebe.« Traumwandlerisch steuerte er den Verlauf des Gespräches ins Schlüpfrige.

»Gewalt gegen Frauen war in der Antike weiterverbreitet als das ‚Anflirten' pubertierender Jungs, von dem unsere Töchter den ganzen Tag reden«, parierte Angel von Zuffen.

»Zugegeben. Frauen hatten den Status eines Haushaltsgerätes. Dieses ‚Anflirten', wie du es nennst, war wohl so selbstverständlich, dass es nie erwähnt wurde.«

»Frauen waren Gebärmaschinen.«

»Hesiod und Ovid lassen in ihren Werken Kupido, den Sohn der Venus, durchaus seine Pfeile abschießen. Auf der anderen Seite: Zephyr, der vom Berge kommende, der milde Westwind also, ist ausgesprochen sanft. Zephyr, erzählt Ovid, verfolgte die Nymphe Flora, um sich mit ihr, na? – zu ver-mäh-len.«

»Wobei so eine Hochzeit sicher anders ablief als heute.«

»Zephyr folgt jedenfalls den herrschenden Sitten, bevor er die Nymphe, ähm, begattet.« Herr von Zuffen schob die

Ärmel der Armani-Jacke betont achtlos zurück. »Und was geschah, als Flora unbedarft den Mund öffnete? Ooooh«, zu einer Kunstpause spitzt er die Lippen, »da entschlüpften ihr die Frühlingsrosen.« Gemächlich stand er auf, brach die Rose ab und hob sie an seine Nase.
»Mein Souverän, du bist ein Erotomane.«
»Wenn von geöffneten Lippen die Rede ist, vermutet mein humanistisch geschultes Weib natürlich sofort, dass daraufhin – flutsch – ein Phallus in den Mund der anmutigen Nymphe schlüpft.« Er überreichte Bianca die Rose. »Einen Fellatio-ähnlichen Vollzug deutet Ovid derweil bedauerlicherweise nirgends an.«
Bianca wurde warm; sie öffnete den obersten Knopf ihrer Bluse.
»Niemand könnte dein anzügliches Innuendo missverstehen, mein Regent. Ich weiß, woran du denkst, wenn es um die alten Römer geht«, Frau von Zuffen zwinkerte mit dem linken Auge. »Genießen wir lieber den herrlichen Ausblick über den Platz auf das wunderschöne Gebäude, dessen Wiederaufbau sich die Bürger erkämpft haben. Nach so einem Regen sieht alles aus, wie frisch gewaschen.«
»Honi soit qui mal y pense.« Halb gebückt warf Bodo aus den Augenwinkeln einen Blick in Biancas Blusenausschnitt. »Darf ich mich für ein paar Minuten entschuldigen? Ich will dort drüben die sanitären Anlagen inspizieren.« Er verließ den Platz am Brunnen, um zu einem Toilettenhäuschen zu schlendern.
Bianca drehte sich zu Frau von Zuffen: »Das ist ganz schön nervig, dich zu siezen, Angela.«
»Das spreche ich gleich an, Bianca. Ich möchte allerdings vorläufig vermeiden, dass er von unserem Shooting erfährt. Es genügt, wenn er später die fertigen Bilder sieht.«
»Ist okay so«, Bianca grinste, »du bist die Chefin.«

Als Bodo von Zuffen sich erneut dem Brunnen näherte, sprach seine Frau ihn direkt an: »Ich denke, wir sollten uns privat duzen, Bodo.«

»Einverstanden. Morgen bin ich wie gehabt der Herr Chefredakteur der ‚Freien Post'.« Die ‚Post' war das Leib- und Magenblatt von Weiterstadt. Er hob das Sektglas. »Mein Name ist Bodo.«

Bianca registrierte ein runenhaftes s-förmiges Muttermal auf dem rechten Handrücken. Und dass der schwere Siegelring an seinem rechten Ringfinger deutlich eine Rose zeigte. Am linken Arm erkannte sie das gleiche Motiv auf dem goldenen Armband einer Rolex.

»Ich bin Max.« Maximilian Schellfisch zog den schwarzen Seiden-Rolli zurecht. Ausnahmsweise trug er eine gebügelte Hose darunter. Der Lokalreporter arbeitete seit einem halben Jahr in der Redaktion.

Erst als Max schwieg, schaute Bianca zu Bodo. So ruhig wie möglich, nannte sie ihren Vornamen. »Bianca.« Es war das zweite Mal, dass Maximilians Chef Bianca und Max einlud. Lediglich die journalistische Crème de la Crème wurde zu diesem Geisterkonzert zugelassen – wie ihr Max versicherte. Bianca wusste es zu schätzen.

Frau von Zuffens Augen strahlten. »Ich mag diesen Namen. Das wollte ich dir schon beim Geburtstag sagen. Bianca, die Weiße, die Reine, die Glänzende. Ein Name wie ein Gedicht. In mir wogen lyrische Wonnen wachsweicher Wörter: Bi-an-ca – welch willkommene Wortwabe.« Biancas Gesichtsfarbe wechselte. »Nennt mich Angela.« Sie wies auf ihren Gatten: »Ich bin der persönliche Engel seiner Majestät des Satans.«

Bodo strich sich über das dünne Haar. »Manche Engel sind schön wie Mephisto.«

»Wenn Engel zu Teufelinnen werden, sind sie sogar klüger als der Satan.« Gazellenhaft warf Angela die dunkelblonde Mähne zurück. »Kein Wunder, dass sie uns einst als Hexen verbrannten.« Täglich trieb sie Sport, wie sie Bianca gestand; die Glätte ihrer Haut verdankte sie fähigen Chirurgen. »So ist, was ihr das Verworfene nennt, mein eigentliches Element.«
Bodo musste Angela übertreffen: »B-i-an-ca. Rundlich wölbt sich das B vor einem fließend weichen I, dem sich ein lyrisch erstauntes A anschließt.« Bianca wusste von Max, dass Bodo sich mit der Produktion moderner Lyrik beschäftigte, ebenso wie seine Frau. Ein befreundeter Verleger publizierte ein schmales Gedicht-Bändchen der Eheleute.
»Vorsicht: Bodo ist der Fürst der Finsternis. Es bleibt deshalb nie bei schönen Namen, die er mit allen Sinnen verschlingt«, Angela drehte sich zu Bianca, »sondern explizit Boobs and Butts.«
Bodo lachte mit dem ganzen Oberkörper – bis er sich Champagner über die Finger goss.
Angela bemerkte es: »Von weiblichem Liebreiz lässt er seine Skelettmuskulatur so leicht irritieren, dass manch guter Tropfen daneben geht.«
»Da werden Gläser zu Fontänen«, Bodo leckte seine Finger ab, trocknete sie an der Hose, erhob sich, blieb hinter Bianca stehen: »Schaut her. Ein Rosenverkäufer.« Er sagte es so laut, dass es wahrscheinlich überall im Park zu hören war.
Alle schauten zu dem Mann mit den schulterlangen Locken. Lautlos schob Bodo von hinten seine Hand über Biancas Schulter am Hals vorbei in ihren Blusen-Ausschnitt und fasste kraftvoll zu – ein Griff, den Bianca nur zu gut kannte. Blitzartig zog er die Hand zurück.

Bianca atmete mit geschlossenem Mund. Sie drehte den Kopf zu ihm.

Bodo setzte seinen Hundeblick auf; wie die anderen schaute er zu dem Rosenverkäufer.

Angela lachte: »Schön, dass es das noch gibt.«

Bodo stellte sich neben Angela. »Da fällt mir ein: Ich denke, dass der VIP-Schalter geöffnet ist. Entschuldigt mich bitte für ein paar Minuten. Ich kläre die Lage unserer Plätze.«

∞

Maike Mainwald streckte sich im Autositz.

Dieses Gesicht. Ihr war das Gesicht des Mannes im Tiefgeschoss des Konzerthauses bekannt vorgekommen. Sie drückte den Bildschirm des Computers hoch. Mit unterschiedlichen Schreibweisen fragte sie die Suchmaschine. Google fand einen ‚Jonathan B' bei XHamster. Der war schlanker. Ohne Bart. Längere Haare. Das gleiche Ergebnis bei PornHub. Sie verließ das Sex-Portal. Die Suchmaschine spuckte unter ‚Jonathan B' ältere Fotos von einem Leichtathletikwettbewerb aus. Dort hieß er Jonas Barkendorff.

Der Typ im Keller nannte sich doch Jonas, oder?

Ein Facebook-Eintrag mit diesem Namen war überschrieben: »Schöne Frauen nennen mich Viagra.« Das Foto war unscharf. Über dreihundert Freunde. Sie klickte sich durch die Bilder. Da stieß sie auf ein bekanntes Gesicht: DJ FloPo. Ihr FloPo. Florian Poslowsky. Den würde sie sich einmal vorknöpfen.

Später.

Aktuell wartete ihr Auftrag.

Maike Mainwald ging zum Kofferraum, streifte ihre Jacke ab, legte die beiden kleinen Kameras in eine Tasche. Das Knie tat ihr weh.

Sie litt öfter unter Kopfschmerzen. Deshalb trug sie stets Ibuprofen in ihrer Jacke. Ob dieses Medikament auch gegen Knieschmerzen half?
Immer wieder blickte sie sich um. Glücklicherweise funktionierten beide Augen wieder. Sie hing sich ein schweres Gehäuse mit einem lichtstarken Objektiv über die Schulter. Erneut zog sie den Anorak an. Maike griff nach einem zweiten Gehäuse des gleichen Kalibers, auf das sie ein zwanzig Zentimeter dickes Tele-Objektiv schraubte. Sie klappte den Kofferraum langsamer zu als gewöhnlich. Während sie das Parkhaus verließ, schaute sie beständig nach allen Seiten.
Neben der blau uniformierten Hostess am Eingang stand kurz vor sieben ein Sicherheitsmitarbeiter, der sich ihren Presseausweis zeigen ließ. Auf dem Weg zum Aufzug im Basement flogen ihre Augen durch den Flur.
Da sah sie ihn.
Jonathan B.
Er stand direkt vor dem Lift. Unterhielt sich mit einer Hostess.
Maike drehte sich um, huschte die Treppe hoch, hob die Kordel an, schlüpfte darunter hindurch.
Sie fragte eine Uniformierte nach der vorderen Bühne.
»Kommen Sie. Ich bringe Sie hin.«
Maike atmete tief durch.
Überall weißer Marmor, dicke Vorhänge.
Von Jonathan B war nichts zu sehen.
Im Orchestergraben rieb sie sich das schmerzende Knie. Es war nicht aufgeschlagen. Aufmerksam drehte sie sich um. In der Reihe eins, keine drei Meter entfernt, saß Cora Just, das angehende Topmodel. Für einen Moment trafen sich ihre Blicke.
Hier war keine Security zu sehen.

Maike Mainwald legte den Fotoapparat mit dem Tele-Objektiv auf die Parkett-Dielen. Sie holte die Kamera unter der Jacke hervor. Als Maike das Knie beugte, spürt sie sofort einen Stich. Sie ging üblicherweise beim Fotografieren zwischendurch in die Hocke. Das würde sie diesmal bleiben lassen.
Cora Just entdeckte die Fotografin. Sie setzte sich gerade, schlug bedächtig die Beine übereinander, verwandelte ihre nachdenkliche Physiognomie in ein einstudiertes Lächeln.
Musiker stimmten ihre Instrumente. Der Dirigent streifte Maike Mainwald, als er zum Pult schritt. Sie zuckte zusammen. Niemand trug eine Maske. Erst ein paar Tage später würde das Tragen dieser Masken zur Pflicht.
Sie machte Übersichtsaufnahmen, um die vielen leeren Sitzplätze zu dokumentieren. Bis der Star erschien.
Großaufnahme der Bühne mit Bocelli vor dem Orchester. Etwa in der Mitte des ersten Liedes ließ sie die Kamera unter dem Anorak verschwinden. Nun arbeitete sie mit dem schweren Objektiv.
Der blinde Andrea Bocelli schloss häufig seine Lider. Zeitweise verdeckte das Mikrofon Teile des Gesichtes. Dennoch gelang es ihr irgendwann, ihn mit halb offenen Augen abzubilden, das Mikrofon in kurzem Abstand vor den geöffneten Lippen. Eine scheinbar natürliche Pose, wie sie die Bildredakteure liebten.
Gleich einer Diebin verließ sie den Konzertsaal.

∞

In ihrem Schlafzimmer präparierte Sabine Klaarens eine Pfeife. Sie zündete sie mit einem Streichholz an, schob den Vorhang des Baldachins zur Seite und glitt in die Kissen.

Bedächtig hielt sie den Rauch im Mund, bevor sie die Lippen öffnete.
Das Herz hämmerte in ihre Schläfen.
Nach drei Minuten legte sie die Pfeife zur Seite.
Sie schaute in den Posteingang ihres Telefons. Vor vierzehn Tagen bekam sie eine SMS von Maike Mainwald. Nach langer Zeit. Sie habe Kapazitäten frei. Im Klartext: Maike brauchte dringend Geld.
Als Volontärin lernte Maike bei Sabine das journalistische Handwerk. Sabine erkannte schnell, dass Maike eine seltene Gabe besaß: Jedes Geschehen konnte sie in Windeseile im Kopf in zweidimensionale Bilder umwandeln. Andere Fotografen brauchten Jahre, um das zu lernen.
Nachdem Maikes Volontariat endete, verloren sie sich aus den Augen. Vor sechs Jahren? Vor sieben? Bisweilen trafen sie sich bei Außenterminen.
Ob Maike erreichbar war?
»Schön, dass du anrufst, Sabine. Ich komme soeben von einem Shooting.«
»Wann hast du das Interview bei Belda?«
»Am Mittwoch früh. Danke für den Tipp mit der Filmproduktion. Wie lange machst du das schon?«
»Seit Anfang des Jahres. Prinzipiell ist es lukrativ, als Kamerafrau zu arbeiten. Die Honorare in den Printmedien rutschen momentan ins Lächerliche. Bei Belda solltest du achtzig in der Stunde aufrufen. Zahlt er mir auch. Mach's keinesfalls drunter. Nachmittags oder abends kannst du andere Termine wahrnehmen.«
»Wie viele Stunden kommen denn pro Woche zusammen?«
»Ein Dreh dauert drei Stunden. Es gibt vier Drehs pro Woche, manchmal fünf. Dazu kommen drei bis vier Stunden fürs Schneiden. Also fünfzehn Stunden die Woche, gelegentlich zwanzig.«

»Hört sich gut an. Das Fotografieren bringt weniger ein.«
»Es sei denn, du fotografierst Kunst.«
»Das erwähntest du. Wie kommst du dazu?«
»Da ist Anja Seffken unterwegs, meine beste Freundin. Anja ist Malerin. Bisweilen organisiert sie Happenings. Ihr trefft euch morgen. Hat sie mir erzählt. Du coverst die Perfomance mit den Wasserpistolen. In letzter Zeit konzentriert sich Anja Seffken auf Installationen für die großen Kunsthallen. Wer drin ist, ist drin. Das ist eine andere Welt.«
»Kann ich mir kaum vorstellen.«
»Kürzlich reproduzierte ich Bilder für einen Kunstkatalog. Da verdiente ich in vier Tagen so viel, wie sonst im ganzen Monat.«
»Gibt es Folgeaufträge?«
»Erstaunlicherweise. Ein Sammler in Basel bat mich, alle seine Kunstwerke zu fotografieren. Damit bin ich bestimmt ein halbes Jahr beschäftigt. Ähnliche Kataloge wollen die Museen haben. Es sieht gerade so aus, als könnte ich mir in diesem Bereich einen Namen machen. Da gibt es Platz zum Arbeiten, Blitzlichtanlagen mit polarisiertem Licht, überall Menschen im Kittel, die beim Umräumen helfen. Alles sehr komfortabel.«
»Glückwunsch. Wann willst du in der Filmproduktion aufhören?«
»Zum Ende des Monats habe ich bei Jan Belda gekündigt. Als Nachfolgerin dachte ich sofort an dich. Videos machst du schon, für die Abendschau. Das Schneiden lernst du schnell. Ich bringe es dir bei.«
»Schön. Hast du in den nächsten Tagen etwas vor?«
»Ja. Morgen früh muss ich um halb acht 'raus. Ausnahmsweise. Wir drehen diesen Sonntag in einer Mall in Rüsselsheim. Weil die ab Montag wieder geöffnet ist. Das Set ist dort schon drei Tage; die Mall ist seit Mitte März

geschlossen. Am Montag geht es dann in einem geschlossenen Klub weiter. Da sind wir bis Freitag täglich vormittags. Wir beide treffen uns am besten, wenn du mit Belda gesprochen hast. Vielleicht Mittwochnachmittag. Oder Donnerstag.«

Das Gespräch mit Maike tat ihr gut.

Bis halb acht waren es zwar noch zwölf Stunden; doch ihr Herz führte sich auf, wie eine dieser Dampframmen beim U-Bahn-Bau.

Wie lange war das her mit der U-Bahn? Dreißig Jahre? Es war im wilden Osten. Wie hieß dieses Animierlokal damals? Maxim. In Dresden. Maxim, genau. Sabine auf der Bühne. In einer Peepshow. Unfassbar.

Sabines Blick fiel auf den großen Spezialkoffer, in dem ihr Violoncello steckte. Ob sie ihre Freundin Anja besuchen sollte, die sie auf dem Akkordeon begleitete? Wenn Andreas da wäre, könnte der ihr in seinem Büro eine Line legen, ohne dass Anja das mitbekäme.

Maike Mainwald konnte sich nicht erinnern, wie sie nach den Aufnahmen zurück ins Parkhaus kam. Mechanisch packte sie alles in den Kofferraum, zog die Jacke aus, startete das Auto.

Als sie Darmstadt erreichte, rief Sabine Klaarens an. Ein gutes Gespräch. Den Kontakt sollte sie aufwärmen.

Sie stellte das Gebläse in ihrem Ampera auf eine mittlere Stufe. Ob es in diesem Jahr erneut so heiß würde wie vergangenen Sommer? Seit Kurzem besaß sie eine Mansardenwohnung. Wie es sich dort wohl im Sommer aufheizte?

Mehrmals bog sie rechts ab, quälte sich im Kreis durch Nebenstraßen, bis sie einen freien Parkplatz in der Wilhelm-

Leuschner-Straße entdeckte. Wenig Verkehr, trotzdem waren alle Plätze belegt. Der Nachrichtensprecher berichtete um einundzwanzig Uhr über das Corona-Konzert. Dazu von einem amerikanischen Präsidenten, der die Gouverneure aufforderte, Michigan sowie Arizona aus dem Corona-Gefängnis zu befreien.

Da hielt ein Taxi. Beatrice Rotbuch stieg aus. Ärmelloses Top, knielange Hosen, blonder Bürstenschnitt. Eine Lufthansamaschine hatte sie nach Frankfurt gebracht.

Beide schauten nach allen Seiten. Erst danach umarmten sie sich auf dem Bürgersteig.

Beatrice suchte nach dem Hausschlüssel; Maike griff nach dem Rollkoffer.

»Geht es dir gut?«

»Einigermaßen. Bleibst du auf einen Tee, Maike?«

»Gern. Ich habe allerdings noch einen Termin. Mein Knie schmerzt. Hast du vielleicht einen Eisbeutel?«

»Habe ich im Kühlschrank. Hoffentlich ist es nichts Schlimmes. Kaum ist man acht Tage im Ausland – was ist denn los?«

»Mich versuchte so ein seltsamer Typ anzumachen. Als ich geflüchtet bin, rutschte ich auf einer feuchten Stufe aus. Gott sei Dank hatte ich Jeans an. Ein blauer Fleck. Tut höllisch weh.« Sie zog ihre Hose herunter.

»Setz dich auf den Stuhl.« Beatrice legte ihr den Eisbeutel um das Knie. »Das schimmert in allen Farben. Ich schlage vor, dass wir erst am Montag das Wiedersehen feiern.«

»Ah, das tut gut. Ich fürchtete schon, du musst in Quarantäne.«

»Soll so sein. Selbst-Quarantäne zu Hause. Am Flughafen war aber keine Rede mehr davon. Die dachten, wir seien schon in Griechenland separiert worden.«

»Willkommen daheim. Demnächst ist hier Maskenpflicht, das weißt du sicher. Ich habe dir eine mitgebracht. Außerdem will ich dir etwas schenken. Gib mir mal die Umhängetasche dort.« Sie entnahm ihr einen zylindrischen Gegenstand. »Das ist Medea. Ein Internet-Lautsprecher. Du gibst Medea dein WLAN ein, sie tut alles für dich. Deine private Assistentin.«

»Wahnsinn. Perfekt. Ich weiß, wie das geht. Ernst besaß so ein Ding. Das wollte ich versehentlich mitgehen lassen. Vergessen. Ich richte das gleich ein. Warum kriege ich das?«

»Ein Freund schenkte mir den Lautsprecher. Ich lehne ihn ab. Den Lautsprecher, meine ich. Du erwähntest, dass du dir so einen kaufen willst. Bitte schön – da ist dein persönlicher Assistent. Mit Garantie.«

»Ich bin ganz weg, Maike.« Sie küssten sich.

Maike stand auf. Sie reichte Beatrice den Eisbeutel. »Danke. Wir müssen alle Abstand halten, sagt die Kanzlerin. Ich bringe das Auto nach Hause.«

»Du fährst mit dem Rad?«

»Nein, ich gehe zu Fuß. Das wird schon. Zu einem Geburtstag. In der Nachbarschaft. Wahrscheinlich gibt es Alkohol. Wann sehen wir uns noch mal?«

»Moment. Sonntag habe ich ein Date. Am Montag räume ich mein Büro, weil: Ernst musste in Griechenland bleiben. Die Maschine war voll. Gut so. Abends um sieben habe ich ein Interview wegen einer Stelle.«

»So spät?«

»Ein Hotel. Shutdownmäßig geschlossen. Oder auf kleiner Flamme. Ich weiß nicht, als was ich mich da beworben habe. Danach komme ich zu dir. Ich schicke eine SMS, wenn ich fertig bin. Soll ich eine Flasche Sekt mitbringen?«

»Auf keinen Fall. Es ist alles da. Ich freue mich.«

Andrea Bocelli im Opernhaus war der Höhepunkt des Tages. »Übelst Schloss Neuschwanstein«, kommentierte Bianca.

Auf der Heimfahrt sprach die Ansagerin der Kulturwelle im Autoradio über das Corona-Konzert ‚One World – together at home'.

Bodo von Zuffen drehte den Ton herunter: »Paul McCartney ist dabei. Meinen ersten Preis als Volontär bekam ich für ein Interview mit ihm. Das war noch in Berlin.«

Diverse Getränke haben Biancas Zunge gelöst: »Cool. Wir besitzen eine CD seiner alten Band. Irgendwas mit B.« Sie saß auf der Rückbank neben Max.

Bodo rollte mit den Augen. Du meinst die Beatles. Ich mochte ihn ebenfalls. Er ist allerdings in schlechte Gesellschaft geraten: Letzte Woche ließ er sich mit Bill Gates fotografieren.«

»Was ist daran schlimm?«

»Bill Gates gehört zu den Leuten, denen wir diesen ganzen Corona-Krampf verdanken. Er verdient seit Kurzem ein Vermögen in der Impfstoff-Industrie.«

»Es gibt doch gar keinen Impfstoff gegen Corona, oder?«

»Aber wenn es einen gibt, verkauft er ihn an die Amerikaner für teuer Geld. ‚Don't be evil', war Paul McCartneys Motto, damals. Wir alle müssten ein Vorbild sein.«

»Wen Journalisten alles treffen. Konntest du weitere Preise einheimsen?«

»Den nächsten Preis bekam ich für investigativen Journalismus.«

»Undercover?« Bianca beugt sich vor.

»Gewiss. Mit einer Donald-Trump-Perücke, in Schwarz. Eine Brille gehört dazu, ein Vollbart, wenigstens früher.«

Angela schmunzelt: »Die Sachen besitzt er noch.«
»Wozu benutzt er sie?«
»Um mich zum Lachen zu bringen.« Sie schmunzelt.
Kurz vor zehn betraten alle den Wintergarten der adeligen Villa. Die Hausangestellte bereitete ein kleines Büfett vor, das ein Catering-Service soeben anlieferte. Sie öffnete umständlich eine Flasche Charles Heidsieck Blanc des Millénaires.
Bodo verteilte Gläser; im Stehen fiel auf, dass er einen halben Kopf kleiner war als die anderen.
Bodo von Zuffen hob das Glas: »Una hirundo non facit ver. Eine Schwalbe macht keinen Lenz. So meinte ich, als wir uns vor vierzehn Tagen hier trafen. Seit gestern beklagen wir uns über die Hitze.« Am vierten April hatten Angela und Bodo das Ehepaar Schellfisch zu Biancas zwanzigstem Geburtstag eingeladen.
»Wir mussten den Heizkörper aufdrehen«, Angela kicherte, »seien wir froh, dass Petrus es sich manchmal anders überlegt.«
Die Wände des Wintergartens bestanden aus Glas, ebenso die Decke. Die Rückwand war zweigeteilt: Rechts befand sich der Eingang zum Haus, eingerahmt von einem überbordenden Vorhang aus Goldbrokat, mit einer ebensolchen Schabracke über der Tür. Links war ein zwei mal drei Meter großes Acrylbild aus der Made-in-Heaven-Serie von Jeff Koons zu sehen. Es zeigte den unbekleideten Künstler mit seiner damaligen Ehefrau Ilona Staller, genannt Cicciolina. Bei ihrem letzten Besuch wies der Graf verschämt darauf hin, dass es sich um ein Original handele, das er günstig erworben habe, bevor der Künstler zum Star wurde.
Die weiße Schürze der Hausangestellten raschelte. Sie servierte eine italienische Nudelvariation.

»Wir kommen allein zurecht, Michelle. Vielen Dank, Sie dürfen gehen.«

»Schön, Herr von Zuffen. Das Ananas-Dessert steht im oberen Kühlschrank. Die Getränke finden Sie unten. Ich wünsche Ihnen allen einen schönen Abend.« Sie verbeugte sich.

Angela hob die Hand: »Schmeckt es euch beiden?«

»In die Sahnesoße, da könnte ich mich 'reinsetzen«, rutschte es Bianca heraus.

»Die Soße ist eine, wie soll ich mich ausdrücken«, Bodo von Zuffen legte die Hand auf den Bauch, »eine Sünde.« Er wischte sich den Mund ab. »Ich finde es köstlich, dass die sogenannten Sünden stets zu physischer Sinnenlust führen?«

»Du bist so direkt«, Angela von Zuffen leckte sich die Lippen. »Auf der anderen Seite: Manchmal hast du recht, Bodo.« Sie beugte sich zu Max, der unverhohlen in ihr Dekolleté starrte: »Die Soße erinnert sogar ein bisschen an, ähm, männliches Ejakulat.«

Bianca schwitzte. Sie schlug die Augen nieder. Ihr war nicht ganz wohl bei dem Thema.

Bodo ignorierte das: »Womit wir zum Zentrum deiner interpersonellen Kommunikationsstudien vorgedrungen wären.«

Frau von Zuffen legte Bianca die Hand auf den Unterarm: »Für uns Frauen ist es ein Segen, dass sich das Geschlechtliche von der reinen Reproduktion löst.«

Max war froh, zum Gespräch beitragen zu können: »Der Liberalismus unserer Ahnen verkehrte sich im viktorianischen Zeitalter leider ins Gegenteil.«

»Du sprichst es aus. Die alten Römer wussten zu leben. Die Moderne verdoppelte die Moral. Zum Glück ist sie fast verschwunden; die Postmoderne konnte sie überwinden.«

Bodo ließ das Besteck sinken. »Quae fuerant vitia, mores

sunt – was ehedem Laster waren, sind mittlerweile Sitten, gar Tugenden. Gut so.«
Angela drehte sich zu Bodo: »Wobei es Hedonisten, wie meinem Herrscher, eher um die Begierde geht als um die Tugend.«
»Sei's drum. Ich las, dass man konserviertes Ejakulat in der Online-Drogerie kaufen kann.« Bodo machte sich über die letzten Tortellini her.
Max feixte: »Hundertprozentig. In der Sparte Anti-Aging.«

∞

Maike Mainwald bog um halb elf zu Fuß in die Pallaswiesenstraße ein. Ihr Knie spürte sie nach wie vor. Zehn Minuten später klingelte sie am Eingang eines Wohnblocks. Achim Halbfuß wohnte im dritten Stock. »Herzlichen Glückwunsch zum Geburtstag.«
»Sprich mir Beileid aus. Gisela hat mir das Buch ‚Endlich fünfzig' geschenkt. Trotzdem schön, dass du kommst, Maike.«
»Wer sein Alter leugnet, wird zum Greis, ohne es zu merken.«
»Wegen dieser weisen Sprüche liebe ich dich. Ich habe dich früher erwartet.« Er pflanzte sich in einen riesigen Sessel.
»Nach einem Fototermin traf ich eine Freundin. Anschließend brachte ich das Auto heim, weil ich mir eine Handvoll Wasser ins Gesicht werfen wollte. Hallo Tina.« Sie begrüßte Tina Birkenbinder auf der abgewetzten Couch.
»Was möchtest du trinken?«
»Egal. Am liebsten ein Bier.« Maike setzte sich neben Tina.
»Dies ist die einzige legale Party in der Stadt.«
»Was ist denn legal im Moment?«

»Dass man höchstens zwei Personen einlädt. Im Haus. Draußen darf man sich allein mit einer Person treffen.«
»Recherchierst du eben im Homeoffice?« Maike lachte.
»Das ist leider bei mir so gut wie ausgeschlossen. Ich war heute schon unterwegs.«
»Am Samstag?«
»Es gibt Gewinner beim Lockdown. Ich bin momentan an einer Unterhaltssache. Der Mann bezieht ALG II. Parallel dazu eröffnete er einen Paketdienst auf den Namen seiner Mutter. Die stellen neuerdings sogar samstags zu. Ich war dummerweise zu weit weg zum Fotografieren. Moment, da ruft jemand an.«
Achims Frau Gisela brachte ihr ein Bier. »Unser Chef bekommt eben einen Anruf unserer Tochter Britt. Das dauert.« Gerade winkte Achim Gisela zu sich.
Maike drehte sich zu Tina. »Schick siehst du aus.« Sie kannte Tina aus dem Fitnessstudio. »Ich hatte keinen blassen Schimmer, dass ich dich hier treffe.«
»Ich wohnte bis letzte Woche ein Stockwerk höher, direkt unter dem Dach. Beide Etagen gehören Achim.«
Maike streckte sich; Tina war einen halben Kopf größer: »Was machst du sonst so, ich meine beruflich?« Zum ersten Mal konnte sie die üppigen rotblonden Haare bewundern, die sie lediglich zusammengebunden kannte.
»Ich studiere Design.«
Tina fiel ihr auf, weil sie weniger schlank ist als die anderen Frauen, die im ‚Body' schwitzen. »Ich soll dich von Marie-Louise Bolena grüßen. Dein Name fiel zufällig. Ich erzählte ihr, dass wir uns im ‚Body' treffen. Solange das offen war, jedenfalls«, sie zeigte ihre Zähne, »Marie Louise fragt, warum du dich so selten blicken lässt.«
»Ach Maike, Marie-Louise von der Maske. Weißt du, dass ich schon während der Schulzeit Fotomodell war?«

»Das höre ich zum ersten Mal. Es passt zu dir.«
»Wir machten Bademoden, Miederwaren, Nachtwäsche, alles. Beauty für ‚Hustler'.«
»Du siehst im Kleid schon appetitlich aus. Wie wird das erst im Negligé?«
»Danke fürs Schleimen. Vor zwei Jahren stürzte ich mit dem Fahrrad.« Sie zeigte ihr den Ansatz dunkler Farbe über dem Schlüsselbein. »Glücklicherweise ist bloß eine Schramme geblieben. Sie implantierten mir neue Schneidezähne. Die Narbe lässt sich überschminken; trotzdem fiel ich ein halbes Jahr aus. Ich bekam kaum noch Aufträge. Dafür unseriöse Angebote.«
»Mich interessiert alles, was randständig ist.«
»Wenn du willst, erzähle ich dir gelegentlich davon. Das geht von der Porno-Darstellerin bis zur ‚toleranten Begleiterin für reiselustiges Paar'.«
»Hört sich apart an.«
»Mein Gott, ich bin siebenundzwanzig. Da sollte frau sich überlegen, wo sie ihr Ei hinlegt.«
»Seit wann studierst du?«
»Acht Jahre. Ich bin im sechzehnten Semester. Mein Studium verlief chaotisch. Theologie, Philosophie, Geschichte, Literatur. Ein bisschen Mathematik. Zweimal die Uni gewechselt. Im letzten Herbst schrieb ich mich in Kommunikationsdesign ein. Wie es in der Hochschule mit Präsenzveranstaltungen weitergeht, weiß keiner.«
»Wie machst du das finanziell?«
»Bis letztes Jahr unterstützte mich mein Vater. Nun hat er zum dritten Mal geheiratet und Schnipp: Ende. Achim bot mir einen Halbtagsjob an. Ab Montag. Als Sekretärin. Das versuche ich. Es deckt die laufenden Kosten. Bisweilen gibt es das eine oder andere Shooting. In jedem Fall will ich das

Design-Studium abschließen. In dieser Woche zog ich hier aus.«
»Dass sich hier etwas verändert, erfuhr ich so nebenbei.«
»Achims Tochter lässt sich scheiden – sie zieht in die Räume. Gott sei Dank ist eine Freundin von mir vor Kurzem nach Schottland gegangen. Ihre Bleibe in der Liebfrauenstraße ist teilmöbliert; die übernahm ich.«
»Wo in der Liebfrauenstraße? Ich wohne ebenfalls da.«
»Small World. Schräg gegenüber von dir. Achim zeigte es mir. Ich habe in der neuen Bleibe viele gerade Wände; hier oben war alles schräg.«
»Schräg ist es bei mir erst recht. Auf einmal sind wir sowohl Nachbarinnen als auch Kolleginnen.«
Achim forderte Gisela zum Tanz auf. Er spielte eine CD mit alten Schlagern. Aus den wuchtigen Boxen erklang Udo Jürgens. Griechischer Wein. »Wollt ihr beiden tanzen?«
»Wir gehen auf den Balkon. Maike will sicher eine rauchen. Gerade stellten wir fest, dass wir so gut wie verwandt sind. Unter Verwandten sind draußen zwei Personen erlaubt«, kicherte Tina.
Achim grinste: »Mit Maike lasse ich dich gern allein, Tina. Weißt du, was ein Shodan ist?«
»Heißt das, sie trägt so einen Judogürtel?«
»Genau.«

∞

Bianca Schellfisch probierte im Laufe des Nachmittags bereits diverse Alkoholika. Ihre neue Freundin Angela hielt meistens mit.
Angela goss Bianca nun Mavrodaphne Patras ein, einen roten Likörwein aus Griechenland. »Mein Lieblingswein: Schwarzer Lorbeer. Wie alle Drogen sensibilisiert der

Alkohol die Sinne.« Angelas Zunge war schwerer geworden.
»Männer konsumieren blind drauf los. Wir Frauen genießen lieber. Wir fragen bei unseren sinnlichen Eindrücken nach begründetem Wissen über solche Rauschmittel.«
Bodo fiel ihr ins Wort: »Habermas: Wahrheit und Wahrhaftigkeit.«
»Danke, du Populär-Methodiker.« Sie wandte sich an Bianca: »Weil ich hier allzu leicht an Rauschgift kam, schickten mich meine Eltern in den Siebzigerjahren auf ein Elite-Internat in der Schweiz. Als ob es dort keinen Dealer an der Schule gab. Irgendwie erfuhr ich jedoch, dass das Cetaceum, wie die Mediziner das Sperma nennen, eine größere Menge Dopamin enthält als alle Feeling Goods.«
Erneut mischte sich Bodo ein: »Wer neue Heilmittel scheut, muss alte Übel dulden.«
»Sagt Bacon, du Klugscheißer. Sechzehn war ich damals. Mein Zimmer teilte ich mit zwei völlig verdorbenen Mitschülerinnen. Sie schworen, keinesfalls zu kopulieren – hingegen genüsslich zu ingestieren.« Sie hob ihr Glas. »Das Trinken war mir stets sympathischer als der banale Koitus.«
»Die Lust beim Konsumieren von Glückshormonen leuchtet mir ein«, Bodo lachte aus vollem Halse, »als Anti-Aging indessen erscheint mir die Fellatio fragwürdig.«
Angela warf ihre Mähne zurück: »Zum Anti-Aging gehört dieser, ähm, Glückscocktail der Marke Mann, weil er uns Mädels einerseits fröhlich macht, andererseits Proteine enthält, für glatte Haut sowie kräftiges Haar. Isso.«
»Frei nach Bacon bemühte sich meine keusche Gemahlin zielstrebig, ihre Theorien durch Versuche zu untermauern.«
Biancas Gesicht war dunkelrot. Sie legte ihre Hand auf Angelas Arm: »Wir sind fertig mit dem Essen«, sie flüsterte

beinahe, »verrätst du mir, was du über den Geschmack weißt? So ein Rating zwischen, ähm, eklig bis sahnig?«
Bodo lachte: »Wie die Soße.«
»Nonsens. In der ‚Bravo' erfuhr ich damals lediglich, dass die bösen Buben Glückshormone in ihrem Saft sammeln. Wie es mundet, wusste ich genauso wenig wie dieser sittsame Herr neben mir. Ich behaupte: Es kommt darauf an. Bei einem ersten Versuch meiner neugierigen Zunge bekam ich die Spur eines Verdachtes«, sie fasste Biancas Hand, »es war okay.«
»'Okay' klingt anders als ‚voll lecker'.«
"Okay reicht, sich an den Familienpack zu wagen. Die Glücksdosis für Erwachsene, sozusagen. Während eines Amerika-Aufenthaltes erfuhr ich bald, dass das Geschmackserlebnis höchstens in einzelnen Fällen prickelnd ist. Bei Rauchern schmeckt es scharf – damals rauchten alle. Für Alkoholiker gilt das Gleiche. Außerdem brennt es sporadisch, vor allem wenn der Spender kurz vorher Knoblauch aß. In den Staaten schlucken viele Jungs Aspirin vor einer Party, damit sie keine Kopfschmerzen bekommen. Das verleiht dem Geschmack sogar etwas Bitteres. Kurz: Das Gout war durchaus, ähm, ausbaufähig, wie man es heute ausdrücken würde.«
Bianca machte große Augen: »Du sagst: ausbaufähig. Was tut frau dagegen, ich meine, wenn das total der scharfe Geschmack ist?«
»Ich entwickelte ein Softening, das dem Gaumen schmeichelt. Seither«, sie drehte sich mit gesenkter Stimme zu Bianca, »seither genieße ich es.«
Das wollte Bianca genauer wissen: »Verrätst du mir das Softening-Mittel?«
Angela fasste in ihr Köfferchen. Sie legte ein Zellophan-Päckchen auf den Tisch. »In meiner Tasche liegt ganz oben,

in einem Extrafach, ein kleiner Riegel Dominosteine. Einer vorher, einer nachher.«
»Ist das okay für den Partner?«
»Die kriegen das kaum mit. Bodo beispielsweise. Den lernte ich kennen, als ich nach Berlin kam. Anfang der Neunziger. Er interessierte sich damals ausschließlich für das Ringen. Griechisch-Römisch. Bereitete sich auf eine Qualifikation für die Olympischen Spiele 1992 in Barcelona vor. Wenn er mit mir schlief, war er ein wildes Tier. Wie es mir dabei ging, interessierte ihn niemals. Danach schlief er wie ein Baby. Ich lag wach daneben. Wir trennten uns nach wenigen Monaten – um zwanzig Jahre später dann doch zu heiraten.«
»Ich bin ein Genießer. Die Lust der Partnerin spielt da keine Rolle.«
»Von wegen. Das unterscheidet einen Gourmet von einem Gourmand.«
»Der Gourmet plant, während der Gourmand schmaust. Ich merkte nichts – das machte nichts.«
»Die Schliche der Teufelin spürt ihr nie; selbst, wenn sie euch beim Kragen hätte.« Angela hob das Glas. »Auf die Liebe.«
Bodo tat das Gleiche. »Trinken wir auf die Laster.«
Bianca trank selten Alkohol: »Du warst Ringer?«
»Schon in der glorreichen Nationalriege der DDR. Nach der Wende Zweiter bei den deutschen Meisterschaften. Kraftsport zusätzlich. Seit einem Bandscheibenvorfall musste ich mich auf andere Hobbys verlegen. So wurde ich Dichter.«
»Saucool. Bei euch lerne ich an einem Abend wichtigere Sachen als in meiner ganzen Schulzeit.«
Bodo räumte Geschirr auf den Servierwagen. »Manchmal erfährt man selbst in der Schule Vernünftiges. Ende der Achtzigerjahre wechselte ich auf ein Gymnasium und

bekam Latein. Kurz vor dem Abitur, lüftete uns der Lehrer mit verschwörerischer Miene ein unter Altphilologen sorgsam gehütetes Geheimnis: Die alten Römer schafften es bereits, durch gewisse Speisen ihrem Ejakulat einen angenehmeren Geschmack zu verleihen.« Er stand auf.
Max sah hellwach aus. Er drehte sich zu Angela: »Ob man weiß, was die Römer da zu sich nahmen?«
Angela legte den Finger auf die Lippen. »Pssst. Bodo bringt den Nachtisch.«

∞

Um dreiundzwanzig Uhr zeigte das Thermometer auf Achims Balkon dreizehn Grad. Das Licht des letzten Mondviertels genügte Tina, Maikes Wuschelkopf zu beobachten, in dem der Wind spielte.
Maike schien es nicht zu bemerken. »Wie lerntest du Achim kennen?«
Tina senkte den Blick und holte Atem. »Über die Telegrafie.« Sie zögerte. »Wir frönen beide diesem altmodischen Hobby. Es gibt nur wenige Funkamateure, die so schnell die Taste bedienen, wie Achim.« Lustvoll strich sie über den Stoff Ihres Kleides. Es bestand aus weißem Satin. Unendlich, uferlos, transluzid – sie hatte es selbst genäht. »Siehst du, dort auf dem Dach, das ist ein Teil der Antennenanlage.« Gegen den Nachthimmel zeichneten sich bizarre drahtige Gebilde ab.
»Sieht fast militärisch aus.«
»Ist völlig harmlos. Zwei davon sind drehbar.«
»Das hätte mir eigentlich schon früher auffallen sollen. Ich glaube, wir blicken zu selten nach oben.«
»Du hast recht. Sein Radio-Shack, also seine Funkstation, darf ich weiterhin benutzen. Mitsamt diesen Antennen. In

meiner neuen Bleibe ist das unmöglich.« Obschon sie Maike Mainwald erst ein paar Wochen kannte, schrieb Tina ihr in Gedanken Briefe, die sie nie abschickte. »Wie bist du auf ihn gestoßen?«

»Beim Falschparken. Da war er bei der Polizei. Er bot mir an, seine Postadresse anzugeben, da ich kein eigenes Büro besitze. Meine Privatanschrift weiß niemand. Achim nimmt Telefonanrufe für mich entgegen. Damit musst du rechnen, wenn du in seinem Büro arbeitest.«

»Achim war Polizist, bevor er sich selbstständig machte?«

»Er ist gelernter Elektroniker.«

»Das weiß ich.«

»Vor zwanzig Jahren zog er die Uniform des Landes an. Brachte es bis zum Polizeiobermeister. Irgendwann fuhr ein Laster in seinen Streifenwagen. Hätte ihn beinahe ein Bein gekostet. So wurde er dienstunfähig. Seither humpelt er, wenn man genau hinsieht. Soll niemand wissen. Außerdem ist er wetterfühlig. Ich bin davon überzeugt, dass er öfter große Schmerzen hat. Er gibt sich alle Mühe, es zu verstecken.«

»Erzählte er dir davon?«

»Ja, damals. Wir kannten uns schon, als es passierte. Ich war Volontärin. Die wollten ihn zurückholen, im Innendienst, für Recherchen. Stattdessen recherchiert er inzwischen auf eigenes Risiko, wie du weißt.«

»Gisela erwähnte, er habe sich äußerlich verändert.« Mit einem Seitenblick erfasste Tina Achim und Gisela beim Tanz. Hand in Hand.

»Die schulterlangen Haare waren früher undenkbar.« Maike schaute ebenfalls zu Achim.

Tina wartete, bis Maike sich umdrehte.

Genießerisch drückte sie ihr einen Kuss auf die Lippen.

∞

Gegen Mitternacht brachte ein Taxi das Ehepaar Schellfisch zu einem Hochhaus in Kranichstein. Ohne ein Wort fuhren sie mit dem Aufzug in das fünfzehnte Stockwerk. Max schloss auf.
»Hast du Dienst morgen?«
»Sonntagspät. Von zwei bis zehn.«
»Lass uns ein Bier trinken.« Bianca holte zwei Dosen aus dem Kühlschrank.
»Ob Ananas wirklich den Geschmack von Sperma verändert?«
»Wegen dem hat Bodo recht. Die Römer wussten zu leben.«
»Die beiden Zuffens sind ganz schön schräg. Ob Ananas vielleicht sogar ein Aphrodisiakum ist?«
»Ein was?«
»Ob es geil macht.«
»Bin ich auch ohne. Wär' mal wieder Zeit.«
»Übrigens: Du warst gut heute, Bianca. Prost.« Sie stoßen an.
Bianca holte aus ihrer Jacke einen Zettel. »Der war in deiner Hose.«
»Wann hast du ihn gefunden?«
»Gestern.«
»Erinnere mich null – 'ne Telefonnummer. Was ist damit?«
»Hab' da angerufen. Kommt eine Ansage. Room-Service Frankfurt. Derzeit geschlossen. Bla, bla.«
»Ich bin Journalist. Wir bekommen es mit allen möglichen Leuten zu tun.«
»Hab 's gegoogelt. Ist ein Schnellfickhaus, ein Puff. Über sowas schreibst du niemals.«
»Ich musste irgendetwas in der Art recherchieren. Weil alles zu ist momentan.«

»Recherchiert? Erzähl' mir 'was von RTL. Auf dem Zettel steht ein Datum. Ist von Anfang März. Das war vor Corona. Auf der Homepage gibt es Fotos von den Huren dort. In Unterwäsche. Alter. Körbchengröße. Was sie alles machen. Flatrate pro Stunde. Eierlecken gegen Aufpreis. Da bringst du unser Geld hin.«

»Unsinn. Wenn mir danach ist, wartet ein Pornomädchen bei mir zu Hause.«

»Mich kannste damit kaum meinen. Mein letzter Abgang ist Ewigkeiten her. Ist dir egalo.de.«

»Hab' grad' viel zu tun.«

»Du Ego-Schwanz«, sie verzog das Gesicht, »ich müsste glatt entviriginiert werden.«

»Komm, sei lieb. War so 'n schöner Abend.« Max zog im Sitzen die Hose nach unten. »Schau. Er freut sich auf deine Zunge. Unabhängig davon schmeckt er nach Ananas.«

»Kann mich kaum erinnern, wann es bei uns zum letzten Mal richtig guten Sex gab.«

»Du nervst. Muss das sein?«

»Dass Bodo mich betatscht hat, ist dir egal?«

»Hat er das?« Max trank.

»Schon beim letzten Mal.«

»Ist mir sogar recht, wenn der Boss scharf auf dich ist.«

»Vielleicht ahnt er, wie untervögelt ich bin.«

»Erinnerst du dich: Vor gut zwei Jahren hast du mich angebettelt. Schlag' mich, hast du gesagt. Ich will dein Spielzeug sein, mein Leben lang, deine Worte. Was soll diese Szene? Sei lieb. Ich schenke dir alle Freiheiten. Wenn es dir Freude macht: Schnacksel mit Bodo Graf Carl von Zuffen.«

»Du hast nix dagegen?«

»Ich geb' dir sogar Tipps: Sag' ihm, was du alles machst. Im Gassenjargon. Provozier' ihn, bis er die Kontrolle über sich verliert. Vielleicht kannst du es so hindrehen, dass er

Gewalt anwendet. Erst am Ende ergibst du dich. Spiele alle deine Trümpfe aus – französisch, griechisch, spanisch, mit Zunge und Unterleib. Zum Schluss fühlt er sich als Sieger. So hätten wir etwas gegen ihn in der Hand. Ist im besten Fall eine Win-Win-Affäre. Du erzählst mir nachher alle Details.«
Max gab ihr einen Zungenkuss. »Es macht mich an, wenn so jemand auf dich geil ist. Selbst wenn er ein bisschen angedickt ist, wie Bodo. Komm, mein Schatz.«
»Ananas. Mal sehen.« Bianca stellte die Bierdose auf den Tisch. Sie kniete sich vor ihm auf den Boden.

∞

Mitternacht vorüber. Sabine Klaarens schloss ihre Haustür auf. Björn war im Spätdienst. Sie war allein.
Im Schlafzimmer lag die Pfeife. Sie musste vor dem nächsten Gebrauch gereinigt werden. Der Wecker wurde bereits gestellt.
Anja massierte ihr die Füße. Sabines Puls beruhigte sich kein bisschen. Ist das ihr Herz? Sie spürt es am ganzen Körper.
Auf dem Weg ins Bad zog sie das Oberteil über den Kopf. Sie öffnete die Zöpfe, löste die Gürtelschnalle und rollte die schweißnassen Leggins nach unten, bevor sie sich auf die Schüssel setzte. Endlich zündete sie die Pfeife an. Der Rauch tat ihrem Gaumen gut.
Sie griff sich in den Nacken, um die Haare zur Seite zu schieben. Ihr Körper sank zurück.
Hier musste sie 'raus. Sie drückte die Wassertaste. Benommen ging sie ins Schlafzimmer, fiel auf das Bett, starrte auf den Baldachin.
'Runterkommen. Sie begann mit ihrer persönlichen Meditation. »Du bist vierundfünfzig Jahre alt. Du hast Erfolg im

Beruf. Du bist unabhängig. Vom Stoff. Von Männern. Vom Sex. Vom Anfassen. Vom Zuschauen. Du bist erwachsen. Du bist nicht abhängig. Von nichts. Du kannst jeden Tag aufhören – wenn du willst. Du kannst jeden Mann in deinen Bann ziehen – wenn du magst. Jede Jüngere kannst du ausstechen. Björn ist das Beste, was dir passieren konnte.« Rhythmisch wiederholte sie die Sätze einige Male. Bis die Gedanken neuerlich einen Abstecher machten.
Sie war zu Anja gefahren, ihrer besten Freundin. Andreas war unterwegs. Sonst hätte er ihr Dope gegeben. Anja war sooo lieb zu ihr. Sie spielte ihr diese Filmmusik vor. Auf dem Akkordeon. Eine Sommerbrise. Feenhaft. Wie das Streicheln ihrer Füße.
Sabine musste 'runterkommen.

∞

Arm in Arm taumelten Maike und Tina lange nach Mitternacht zum Martinsviertel. Die frische Luft tat, was sie konnte, um den Einfluss des Alkohols auf die Grobmotorik der beiden zu senken. Sie scheiterte kläglich.
Das Johannisviertel schien menschenleer.
»Du bist so anders als die Fotografen, die ich kenne, ohne Atelier, absolut unterwegs, weiblich. Wie bist du freie Reporterin geworden, Maike?«
»Ich studierte Psychologie. Weil vor neun Jahren niemand Psychos suchte, fing ich als Volontärin bei der Ostmainpresse an. Bilder von Politikern, Honoratioren, Vereinsvorsitzenden, zwei preisgekrönte Reportagen. Eine unter anderem Namen über eine verbrecherische Sekte.«
»Warum unter anderem Namen?«
»Das war krass. Die durften mich auf keinen Fall finden. Unmittelbar nachdem die Reportage erschien, kam eine Droh-

E-Mail von der Sekte. Formuliert wie im Mittelalter. Unterschrift des Hohepriesters. Eine Woche später meldeten die Agenturen, dass die ganze Gruppe in den Schweizer Alpen in einer Felsschlucht verbrannte.«
»Glück für dich.«
»Das erfuhr ich erst später. Deshalb versuchte ich, mein Äußeres zu verändern.«
»Du siehst hübsch aus.«
»Früher war das anders. Seit meiner Geburt bin ich stark kurzsichtig. Deshalb trug ich bis dahin eine dicke Brille, mit regelrechten Glasbausteinen. Während des Studiums gab ich das Rauchen auf. Dazu kam das Mensa-Essen. Die Folge: In meinem Volontariat trug ich fünfzehn Kilo zusätzlich auf den Rippen. Außerdem war mein Haar damals eine Bürste.«
»Vielleicht sollte ich mir auch einmal eine andere Frisur gönnen«, sie wechselten die Straßenseite, wo ein Salon ‚Friseurkunst' anbot. »Manche Katholiken glauben, dass es für jeden einen Schutzengel gibt, der auf ihn aufpasst. Bist du denn für Spirituelles empfänglich?«
»Nein. Weiß ich, ob es einen Schutzengel gibt, der auf mich aufpasst? Oder einen gerechten Gott? In seinen Himmel würde ich kaum passen, weil ich es mit der Wahrheit nicht so genau nehme. Egal ob ich Menschen mag, porträtiere ich sie möglichst vorteilhaft. Obschon mir klar ist, dass so ein Bild fast eine Lüge ist. Zumindest kein Abbild der Realität. Persönlich versuche ich zwar, ehrlich zu sein, verkaufe jedoch Bilder unter falschem Namen. Mein erster Vorname lautet nämlich Emma; ich legte ihn mit fünfzehn ab. Seitdem heiße ich Maike.«
»Novalis oder Heinrich Heine publizierten keineswegs unter ihren bürgerlichen Namen. Ebenso Jean Paul oder Paul Celan. Was sie schrieben, ist so nie passiert. Willst du ihnen Betrug vorwerfen?«

»Der Punkt geht an dich. Da sind meine Bilder ehrlicher. Aber ich schmuggele manchmal Reklame in meine Fotos.«
»Das tust du aus Selbstschutz. Das Product-Placement haben andere erfunden; es ist Teil des Geschäftsmodells der Branche. Ich habe mit meinem Körper für Dinge geworben, die ich keiner meiner Freundinnen empfohlen hätte. Niemand wird gezwungen, diese Sachen zu kaufen.«
»Danke. Du bist eine echte Lebenshilfe, Tina.«
»Am wichtigsten ist, dass wir Menschen unseren individuellen Freiraum nutzen. Optimal, also so weit wie möglich.«
»Wie meinst du das?«
»Frei sein heißt, wählen zu können. Das kann nur, wer liebt. Mit Empathie bist du frei; wer hasst, hat keine Wahl.«
»Siehst du zwischen Empathie und Hass nicht eine ganze Menge Graustufen?«
»Genau: Da versteckt sich, was an Begierden in deiner kleinen Räuberseele zu finden ist. Früher nannte man sie Todsünden: Zorn, Stolz, Neid, Geiz, Gier, Sucht, Gram. Ebenso alle deine Vorurteile. Je stärker du dagegen kämpfst, umso freier bist du, Maike.«
»Vorurteile können dein Leben retten. Zum Beispiel die Erkenntnis, dass Autofahrer aggressiv gegen Radfahrer sind. Wenn du vorsichtshalber stehen bleibst, bevor der LKW rechts abbiegt, wird dein Leben als Radfahrerin ein bisschen sicherer.«
»Das mag in diesem speziellen Fall sinnvoll sein, meistens schränken dich Vorurteile jedoch ein. Ein amerikanischer Präsident meinte: Wer die Freiheit aufgibt, um Sicherheit zu gewinnen, verliert am Ende beides. Die Liebe verlierst du nie.«
»Das klingt einfach. Fast zu einfach – wo wahre Liebe so selten ist.«

»Zugegeben. Manche denken, Liebe und Verstand wären Gegensätze, vergessen aber, dass Empathie lediglich durch Verstehen möglich ist.«

»Wie denkst du über den sogenannten gesunden Menschenverstand?«

»Wer davon spricht, meint oft ein unbestimmtes Gefühl. Das bezieht sich auf Äußerlichkeiten: Hautfarbe, Alter, Gewicht, Geruch, Figur, Garderobe. Nie auf das Denken. Was dir der sogenannte gesunde Menschenverstand sagt, ist nicht mehr als ein Sinnesreiz.«

»Ist der erste Eindruck eine Lüge?«

»Nein. Helfen kann er dir dennoch nicht. Verhindere, dass er dich beeinflusst. Sonst fällt dir das Verstehen schwer.«

»Kann ich das lernen?«

»Natürlich. Durch Training, wie Schwimmen, Autofahren – oder Fotografieren.«

»Ich lasse mir das durch den Kopf gehen. Vielleicht kann uns Liebe wirklich befreien.«

»Konntest du dich aus der Sekte befreien?«

»Geflohen bin ich. Da ging es keinesfalls um Liebe – ausschließlich um Perversionen. Erzähle ich dir gelegentlich. Mein Volontariat ging ohnehin zu Ende. Ich ließ mich krankschreiben, fuhr sechs Wochen zu meiner Mutter nach Hamburg, kaufte mir Kontaktlinsen, ließ die Haare wachsen, fastete – und fing abermals an zu rauchen. Als ich in die Redaktion kam, musste ich erklären, wer ich bin: Ich trug einen Watte-BH. Der machte diese Figur.« Vor einem gewaltigen Altersheim blieb sie stehen. Übermütig drückte sie ihre kleinen Brüste nach vorn.

»Wollte dich diese ‚Ostmainpresse' weiter beschäftigen?«

»Vergiss' es. Im Pressewald herrscht seit einigen Jahren Hauen und Stechen. Die Reportage erschien unter einem

anderen Namen. In einem anderen Blatt. Seither bin ich freie Journalistin.«
Es war zwei, als sie der Liebfrauenstraße näherkamen. Maike war zu betrunken, um sich zu erinnern, was sie Tina alles erzählte. Tinas Ansichten über die Liebe hingegen gingen ihr durch den Kopf. Hinter dem Friedrich-Ebert-Platz küsste sie Tina auf beide Wangen. »Nur wer liebt, ist wirklich frei. Hört sich verführerisch an.«
»Schlaf schön, Maike.«
Maike blieb gedankenverloren stehen, ließ Tina vorbei, zündete sich eine Zigarette an.
An ihrer Haustür drehte Tina sich um, blickte sie an, nickte ihr stumm zu, wartete eine halbe Sekunde, öffnete die Tür. Sollte sie ihr folgen? Zu spät.
Als sie hoch zu ihrer Mansarde ging, realisierte Maike allmählich, dass Tina tatsächlich schräg gegenüber wohnte. Im ersten Stock, wie sie wusste. Durch die beiden großen Fenster ihrer Mansarde konnte sie Tinas Haus beobachten, in dem soeben auf der ersten Etage das Licht aufleuchtete, bevor Tina zu Bett ging.

∞

Wie schrieb sie sich? Klar. Jonas war bekifft. Aber recherchieren konnte er mittlerweile. Seit dem Shutdown half er schließlich in einer Zeitung aus. Auf dem Kärtchen stand es: »Meike Meinwald«. Keine Ergebnisse. Seltsamer Name. Moment. »Meike or Maike Meinwald or Mainwald«.
Jetzt kam es: Maike Mainwald, Fotografie. Keine Anschrift – gerade mal Telefon.
Ob er mitten in der Nacht dort anrufen könnte? Er gab »*31#« ein; das Telefon unterdrückte seine Nummer. Am anderen Ende eine Männerstimme. Ein Anrufbeantworter.

Dachte er sich. »Bitte hinterlassen Sie ...« – warum nannte der Aschi keinen Namen?
Er tippte es nochmals ein. Mit Gänsefüßchen. »Maike Mainwald«. Die Suchmaschine fand nach diesem Eintrag Hunderte von Hinweisen auf Printmedien, in denen Fotos abgedruckt wurden. Ob er mit der Telefonnummer weiterkam?
Aha, Joachim Halbfuß, Recherchen, Rheinstraße. Mit Routensymbol auf der Karte. Ob sie dort zu finden war?
Früh um sieben musste er sowieso in die Stadt. Zum Hauptbahnhof. Wegen der Sonntagsblätter für den Chef.
Vorher würde er einen kleinen Abstecher in die Rheinstraße machen.
Es war spät. Scheiße.
Der E-Mail-Briefkasten.
Eine Nachricht der Luzifer Church of Suisse? Die war doch vor sieben Jahren aufgelöst worden, oder?
»Streng vertraulich. 7.8.2013. Im Namen der Luzifer Church wird über die Journalistin Mareike Rheinwald, geb. 1989 in Hamburg, für Recht erkannt: Mareike Rheinwald ist als Hexe entlarvt. Aus Habgier verleumdete sie die Luzifer Church. Dabei verriet sie transzendentes Wissen an Uneingeweihte. Sie ist zum Tode durch langsames Feuer verurteilt. Kraft der Dialektik wird sie sich freiwillig in unsere Hände begeben. Ein Priester der Luzifer Church wird sie dingfest machen. Solange das Urteil nicht vollstreckt ist, gilt sie als vogelfrei und er kann nach Belieben mit ihr verfahren. 7.8.2013, Luzifer Church of Suisse, Szandor II.«
Wie konnte das sein? Das war eine sieben Jahre alte E-Mail. Wieso tauchte die urplötzlich wieder auf? Er würde Flo fragen, wie so etwas ging.

∞

Maike Mainwald hatte von allem zu viel: Alkohol, Nikotin, Sorgen. Sonderbarerweise war das bei den Einnahmen auf ihrem Sparkassenkonto anders. Beim Kauf des Appartements verkalkulierte sie sich gründlich.
An ihrem Schreibtisch rief sie OkCupid auf. Alle anderen Singlebörsen hatte sie gekündigt. Die hier war kostenlos. Allerdings auf Englisch. Keine PN. In Deutschland gab es bisher erst wenige Nutzer. Wenn sie beruflich ein bisschen Luft bekam, musste sie ihr Profil ergänzen. Ob sie ein Foto hochladen sollte?
Maike rief Facebook auf. Ganz oben ein ‚Für dich empfohlener Beitrag'. Von einem Account namens ‚Reality Kings'. Ohne nachzudenken, klickte sie den Link an.
Eine junge Frau – ein furchtbares Porträt: die Augen ängstlich aufgerissen, die Haare zerzaust, der Mund zu einem Schrei geöffnet. Maike sah das Gesicht zum ersten Mal.
»Merk' dir den Hashtag #abused von den Reality Kings. Übelst xD. Demnächst hier.«
Maike schrieb eine Nachricht mit dem Link an FloPo: »Schau dir das an. Bestimmt ein Porno. Sauerei. Ich will nicht, dass die mir so einen Link empfehlen.«
Senden. Enter.
Statt das Programm ordentlich zu beenden, schaltete sie den Rechner aus. Sichern würde sie die Daten morgen.

∞

Sonntagfrüh, zehn vor acht.
Um sieben Uhr aufzustehen, war für Maike ein Verstoß gegen die Menschenrechte. Unabhängig vom Wochentag. Vier Stunden Schlaf reichten ihr definitiv nicht aus. Am Abend war das Knie angeschwollen. Jetzt sah es fast normal aus;

die Farben hatten an Intensität verloren. Es schmerzte hingegen nach wie vor.
Trotzdem stand sie scheinbar ausgeschlafen auf dem vierten Deck eines Parkhauses, mit weitem Blick über die Stadt. Davor war sie bereits im Büro in der Rheinstraße gewesen, um einen Brief abzuholen. Die Stadt war menschenleer.
Von irgendwoher wehte der Hauch eines Duftes von Lavendel mit einem Hauch Jasmin.
Der Typ in der Alten Oper schoss ihr durch den Kopf.
Solche Leute durften auf keinen Fall frei herumlaufen.
Sollte sie ihn anzeigen?
Maike musste sich zusammenreißen.
Auf ihre Kamera montierte sie ein gewaltiges Vierhunderter-Teleobjektiv. Das Ganze stabilisierte sie mit einer Bleiplatte auf einem Mäuerchen. Sie richtete den Fokus auf zwei große Fenster im vierten Stock eines Hauses aus der Gründerzeit. Beide Fenster bildete ihr Objektiv formatfüllend ab. Das Rechte stand offen.

∞

Keine zwanzig Meter entfernt lehnte eine kräftige dunkle Gestalt auf der gleichen Parkebene hinter einem Gitter. Jonas Barkendorff. Er beobachtete sie mit einem Fernglas.
Das war sie, kein Zweifel. Was sie fotografierte, lag hinter einer Ecke. Ihm schien, Maike Mainwald arbeite so konzentriert, dass sie ihr unmittelbares Umfeld ausblendete. Kein einziges Mal drehte sie den Kopf zu ihm.
Welch ein Glück, dass sie vor ein paar Minuten in der Rheinstraße auftauchte. Es schien sich um ein Detektivbüro zu handeln.
Er nahm das Handy heraus, um zu fotografieren. Ihr Anorak lag auf einem Mäuerchen. Sie trug eine schwarze

Hemdbluse, Jeans, halbhohe Turnschuhe. Scharf sah sie aus, mit den wuscheligen Haaren.

∞

In dem fünfundzwanzig Meter entfernten Schlafzimmerfenster zog jemand die Wolkenstores beiseite. Zwielicht. Da musste Maike später die Lichttemperatur korrigieren. Gut, dass das große Objektiv montiert war. Damit wurden die Bilder wenigstens hell genug.
Auf dem Bett saß, mit einer Kaffeetasse in ihrer Hand, die Oberbürgermeisterkandidatin der Piraten. Sie trug einen nachlässig geschlossenen Morgenmantel. Ihr Haar war struppig. Sie wirkte fröhlich. Ein Herr mit Schnurrbart setzte sich in einem Schlafanzug zu ihr. Sie reichte ihm ihre Kaffeetasse. Er trank, stellte die Tasse ab, legte seine Hände um ihre Schultern. Zärtlich küsste er sie auf den Mund. Sie umarmte ihn. Er war Fraktionsvorsitzender der Freien Liberalen im Stadtparlament. Behutsam löste er sich von ihr, stand auf, ging auf das Fenster zu, schloss den schweren Vorhang.
Maike verspürte gleichfalls Lust auf einen Kaffee. Die Kaffeehäuser waren hingegen geschlossen, die meisten ‚Trinkhallen' ebenfalls. Sonntags war die Stadt ohnehin ausgestorben um diese Uhrzeit. Sie lichtete vorsichtshalber den Golf der Kandidatin ab, wie er in einer Nebenstraße stand. Gierig trank sie einen Schluck kalte Cola aus der Thermoskanne. Leise startete sie den Ampera. In zwei Tagen erfuhr die ganze Stadt von dieser Liaison. Aufgeschreckt würden beide Politiker zugeben, dass sie ineinander verliebt seien. Das Publikum mochte solche Romanzen.
Maike fuhr zurück. Ihr Lieblingssender brachte ein Interview. Sie drehte am Knopf des Autoradios. Ein schwerer

Mercedes mit schmutzigen Kotflügeln überholte sie. Er hielt rechts und ließ sie vorbeifahren. Getönte Scheiben. Der könnte einmal eine Waschstraße besuchen.
Den Wagen sah sie bereits vor ein paar Minuten. Verfolgte sie jemand? Es war kaum Verkehr. Maike fuhr unerlaubterweise scharf nach links, um zu drehen. Einmal über den Bürgersteig, auf einem Umweg am Museum vorbei. Rechts, links, rechts – der Mercedes war nach wie vor hinter ihr.
Sah sie schon Phantombilder?
Maike machte einen Schlenker über die Südstadt, überfuhr eine rote Ampel, links, rechts, links, geradeaus, links – hinter ihr war niemand zu sehen. Sie sah das Haus von Sabine Klaarens. Gut, dass sie die Nebenstraßen hier so gut kannte.

Als sie zehn Minuten später in der Liebfrauenstraße parkte, hatten die Kopfschmerzen kaum nachgelassen. Gegen den Kater nahm sie gewöhnlich Alka Seltzer. Sie würde diesmal zwei Ibuprofen nachwerfen.
In ihrer Mansarde roch es muffig. Maike Mainwald stieß das Dachfenster auf. Das Mobiltelefon klingelte. Aha, Marion Mutt. Neun Uhr.
»Wo bleiben Deine Upskirts?«
»Du bekommst die Dinger in einer halben Stunde, Marion.«
Kein Schimmer, wie spät es gestern Abend war. Oder war es am Morgen? Die Fotos der Politiker waren jedenfalls im Kasten. Benommen schleuderte sie alles von sich, was sie trug. Sie warf zwei Alka Seltzer in ein Glas. Bis sie sich auflösten, beugte sie sich über ihr Handwaschbecken, drehte das kalte Wasser auf und schüttelte das nasse Haar. Das Handtuch wickelte sie um den Kopf wie einen Turban. Sie zog einen Jogginganzug an.

Die Kaffeemaschine spuckte widerwillig einen Americano aus. Was wohl ihr Magen dazu meinte? Die Kopfschmerzen musste sie schnell loswerden. Zu den Sprudeltabletten würden sich zwei Ibuprofen gesellen. Vielleicht halfen sie auch gegen Schmerzen am Knie.
Auf einem Zettel notierte sie, welche Bilder sie bearbeiten musste. Maike suchte eine Handvoll Aufnahmen aus, auf denen deutlich der Po des Models vom Abend zu erkennen war. Außerdem zwei glamouröse Bilder von Cora Just auf dem Konzertsitz. Danach ein Kopfporträt. Drei weitere Fotos von Andrea Bocelli. Stichwörter zuordnen, Ausschnitte wählen, geraderücken, entrauschen, Farbtemperatur, Kontrast, Schärfe, fertig.
FloPo ging ihr durch den Kopf. Vor knapp sechs Wochen war der Discjockey nach einer gemeinsamen Nacht mit zu ihr gekommen, um ihren Rechner neu aufzusetzen. Er berechnete für das Einrichten sämtlicher Programme keine drei Stunden. Selbstverständlich zahlte sie ihm dafür ein Honorar. Seither waren die Routinearbeiten mit den Fotos in wenigen Minuten erledigt. Gleiches galt für das Laden auf eine Wolke sowie das Verschicken des Links an die Redakteurin.
»Alles angekommen, Marion? Wunderbar. Tschüss.«
Die Dateinamen in eine Excel-Tabelle für den Honorar-Abgleich. Das war's. Um die Bilder der Politiker kümmerte sie sich später.
OkCupid. Keine Nachricht.
Eine SMS von FloPo. Think of the devil and the devil appears. Er sei ab dreizehn Uhr frei. Ob er zwei Stunden lang mit ihr spielen dürfe?
Eine Impertinenz.
Wenn auch eine nette.

FloPo war kein Kandidat für eine dauerhafte Partnerschaft. Aber immerhin für guten Sex.
Dummerweise stand in ihrem Kalender um dreizehn Uhr ein wichtiger Termin.
Da fiel ihr dieser eklige Jonathan B ein.
Maike atmete tief ein, hielt die Luft für vier Sekunden an, atmete aus.
Sie antwortete mit einer einzigen Zeile: »Neiiin. Stress.« Senden.
Routiniert aktivierte sie ihr altes NAS-System zum Datensichern. FloPo fragte sie, ob das noch funktioniere. Er könnte ihr das gelegentlich aktualisieren.
Später, war ihre Antwort. Sie lehnte Kredite ab. Er schimpfte mit ihr, wie schlampig sie mit ihren Daten umgehe. Das sei ihr Kapital. Recht hatte er.
Maike war müde. Ihr blieb eine gute Stunde. Sie könnte sich hinlegen. Ein erneuter Blick in OkCupid. Das Postfach war leer.
Ihr zweiter Bildschirm zeigte eine Liste mit den importierten NAS-Files. Eine mp4-Datei fiel ihr auf. Ein Film. Weiß der Teufel, wo er herkam.
Mit Videos beschäftigte sie sich bisher zu selten, obgleich das viele Redaktionen verlangten. Darüber hinaus bot das mittlerweile jeder Foto-Apparat. Drei Mal verkaufte sie ein Filmchen an die Abendschau. Ungeschnittenes Material mit O-Ton. Die privaten Fernsehgesellschaften lechzten nach bewegten Bildern. Neuerdings selbst die Netz-Seiten der Printmedien. Sie investierte viel Geld in einen professionellen Camcorder mit Schwebestativ, die sie bei einer Kunst-Performance als Steadicam einsetzen würde. Dabei waren außerdem zwei Foto-Apparate mit Video-Funktion auf Stativen vorgesehen. Bewegte bilder würden ihr nächstes

Projekt sein – sobald sie Ruhe fand. Ihr Computer sei schnell genug, sagte FloPo. Sie brauche bloß ein Schnittprogramm.

Die Aufnahme der Kunst-Performance war ihr erstes professionelles Film-Projekt. Ihr war klar, dass ein Film erst durch das kunstvolle Zusammenfügen der Szenen seine professionelle Charakteristik erhielt. Nächste Woche wollte sie sich um den Schnitt kümmern; die kommenden Tage waren schon verplant. Ob sie wohl diesen Job von Sabine Klaarens bekam? Dort hätte sie einen professionellen Schnittplatz.

Sie öffnete die mp4-Datei mit einem Player.

Dieser Film zeigte die Frau im blauen Kleid. In dem Raum unten neben der Treppe des Konzerthauses. Als sie den Autofokus aktivierte, musste sie versehentlich den Video-Auslöser gedrückt haben.

Jählings fiel Maike ein, warum ihr das Gesicht bekannt vorkam. Sie stoppte das Filmchen.

Das war das Gesicht, das sie in der Nacht auf Facebook sah. Maike Mainwald gab den Hashtag #abused ein. Error 808. Der Link war tot, das Bild verschwunden. Ob FloPo schon auf ihre Mail reagiert hatte? Bestimmt könnte sie das Bild trotzdem aufrufen, wenn sie sich besser mit der Technik stünde.

Sie spielte die Aufnahme erneut ab.

Die Frau schien zu schreien, sich mit jemandem zu streiten. Am Hals trug sie ein auffälliges Antoniuskreuz. Ein Stummfilm. Der Abstand war viel zu groß; zu hören waren lediglich die Geräusche des Platzes. Da erschien ein Mann. Er war von hinten zu sehen und zerrte ihr das Kreuz vom Hals. Sie schlug nach ihm. Seine rote Krawatte rutschte über seine Schulter. Die Züge der Frau verzerrten sich. Maike klickte zurück. Ganz sicher. Er würgte sie. Sie schrie, bis ihre

Glieder erschlafften. Der Mann ließ sie fallen. Das Filmchen dauerte keine Minute. Sie schaute es erneut an. Ein feister Kerl mit schwarzem Filzhut.
Ob das der Mann unten im Keller war?
Maike überläuft eine Gänsehaut.
Sie machte zwei Kopien der Aufzeichnung auf CD.
Sorgfältig löschte sie die Filmdateien auf ihrer Festplatte. Dort gehörten lediglich Dateien hin, die mit ihrer Arbeit zusammenhängen. Beatrice hob alle gesicherten Datenträger von Maike im Keller ihrer Mutter auf. Dort sollte die CD hin. Die Zweite würde Maike Achim geben.
Auf keinen Fall wollte Maike als Zeugin geladen werden. Ihre Aufnahmen entstanden stets am Rande der Legalität. Das traf definitiv auf das Filmchen zu. Achim würde die Datei der Polizei zuspielen. So erfuhr niemand, wie es entstanden war.
Sie ahnte ganz leise, dass diese Sache erst anfing.

Kapitel II

Sonntag 19.4.2020 – 13:00 Uhr

Maike Mainwald steuerte den Ampera nach rechts. ‚Grillplatz' stand auf einem Schild. Darunter ‚Privatgrundstück'. Ein metallenes Tor war zur Seite geschoben. Der Wald öffnete sich zu einer Wiese. Auf dem Beifahrersitz blickte Jacqueline Korck auf einen E-Mail-Ausdruck. »Einlass 13 Uhr bis 13 Uhr 10. Wir sind pünktlich.«
Eine halblaute Stimme: »Ihr Ticket bitte.« Hinter der Atemschutzmaske war niemand zu erkennen.
Jacqueline reichte die beiden Karten durch das Fenster. Sie war hergekommen, obwohl sie an diesem Wochenende mit ihrer Familie umzog. Genauer seit Freitag. Andererseits: Die Performance war seit Monaten geplant; ihr Mann spielte Klavier. »Ein Gig ist ein Gig. Da beißt die Maus keinen Faden ab«, war Norberts stehende Rede.
Alle Beteiligten freuten sich darauf, obwohl sie Lockdown-bedingt auf drei Viertel des Publikums verzichten mussten.
»Hier rechts können Sie parken. Orientieren Sie sich an dem Bühnenzelt geradeaus«, die Frau blinzelte, »die Stühle sind nummeriert. Das Wetter wird halten. Viel Spaß.«
Sie stoppten auf einer Lichtung. Die Sonne brannte, als hätte sie keine Alternative. Maike öffnete den Laderaum. Sie gab Jacqueline eine schwere Stativtasche. Als sie allein war, legte sie ihren Laptop bei geöffneter Heckklappe auf einen Aluminiumkoffer. Das E-Mail-Postfach war leer; ebenso der Briefkasten in OkCupid. Keine Nachricht, keine Anfrage. Sie schob den Mobilrechner zurück, griff nach zwei Fototaschen und folgte Jacqueline.

Achtundvierzig nummerierte Stühle standen sorgsam platziert. Jeder war vom anderen zwei Meter entfernt. Anja Seffken, die Organisatorin, nannte allen Besuchern per E-Mail ein Zeitfenster von zehn Minuten, sodass sie innerhalb einer Stunde nacheinander eintrudelten. Für den Aufbruch danach wurde das Publikum ähnlich gruppiert.

Maike und Jacqueline waren Schulfreundinnen. Beide kamen ursprünglich aus Tschechien. Norbert begrüßte sie: »Schön, dass ihr da seid. Ich habe einen Vertrag mit Petrus, dass es keinen Regen gibt. Kann ich dir helfen, Maike?«

»Mit meinem Equipment komme ich klar. Pass auf, dass die Sonne nicht durch das Laub der Bäume bricht. Das weiche Licht im Schatten ist mir am liebsten. Die beiden Stative baue ich hier hinten auf; die Kameras filmen das statisch ab. Mit der Steadicam gehe ich vor. Wo agiert Luisa?«

Norbert wies zu dem Zeltdach: »Auf den beiden Tischen neben dem Digital-Piano. Das ist unser Podium. Sie klettert über einen Stuhl von der Seite hoch. Am Ende springt sie auf die Wiese davor, um sich zu verbeugen. Das Zelt dahinter ist ihre Garderobe.«

»Wo kommt der Strom her?«

»Von der Grillhütte. Ich habe mir ein fünfzig Meter langes Kabel geliehen.«

»Ich bin gespannt. Vor allem möchte ich Anja kennenlernen.«

»Du schreibst zu selten fürs Feuilleton. Anja Seffken ist eine feste Größe im Kulturleben. Luisa Birst gehört zu ihr.«

»Was ist mit den Waffen?«

»Jacqueline präpariert die Pistolen an der Seite. Wo die kleine Barriere steht, stellen sich die Schützen in Positur. Zweieinhalb Meter von Luisa entfernt.«

»Hast du eine Idee, wie lange es dauert?«

»Ich nehme an, dass die Performance nach dreißig, vierzig Minuten vorüber ist. Sollte sie jedenfalls, sonst erkältet sich Luisa. Glücklicherweise haben wir fünfundzwanzig Grad. Das muss reichen. Anschließend improvisiere ich auf dem Klavier, bis alle gegangen sind. Dazu beamt Anja Standbilder ihrer Werke auf die Leinwand.«
»Wann wird abgebaut?«
»Du weißt, dass wir umziehen. Ich fahre relativ zügig mit Jacqueline zurück nach Frankfurt. Das Klavier mit der Anlage nehmen wir mit. Heute Abend kommt Andreas, der Mann von Anja, mit dem Transporter, um alles andere einzuladen. Anja und Luisa helfen. Dann wird auch das Zelt abgebaut. Vielleicht willst du dazustoßen.«
»Wann wird das sein?«
»Um halb neun treffen sie sich.«
»Wissen die Kunstfreunde, was auf sie zukommt?«
»Ich werde ausführlich in die Performance einführen.«
»Wo ist Anja.«
»Vorn im Wald. Sie wies euch ein. Luisa schminkt sich gerade.«
Allmählich trafen die anderen Zuschauer ein. Das Waldstück war zehn Minuten von Kranichstein entfernt. Nirgends sonst wäre zu Corona-Zeiten ein solches Ereignis unauffällig möglich.
Maike Mainwald trug ein schwarzes Poloshirt über schwarzen Jeans zu halbhohen Chucks.
Um drei Uhr waren alle Plätze besetzt. Eine handverlesene Auswahl an Kunstfreunden aus dem Rhein-Main-Gebiet.
»Guten Abend meine Damen und Herren. Ich bin Norbert Korck, der Mann am Klavier. Wie präsentiert man ein Happening in Zeiten des ‚social distancing'? Sie erleben in wenigen Minuten die erste Geheim-Performance der Kunstfreunde. Bitte halten Sie sich an das Versprechen, ein Jahr

lang zu schweigen. Sie selbst haben dazu gute Gründe – denn wir alle machen uns strafbar, mit dem, was wir hier anstellen. Nach einem Jahr kräht kein Hahn danach. Dann können Sie erzählen: Ich war dabei. Ich danke Ihnen im Voraus für die Disziplin, hier, wie beim Verlassen des Areals. Bevor Sie gehen, klappen Sie bitte Ihren Stuhl zusammen. Bringen Sie ihn zu dem Anhänger, der dort drüben steht. Danke.«
Überall waren großflächige Bilder zu sehen. Norbert ging an der ersten Reihe vorbei. »Die Gemälde an den Bäumen stammen von Anja Seffken, der wir die Idee zu dieser Performance verdanken. Ihr Lebensthema ist ‚Das Böse'. Sie wies euch ein. In diesem Augenblick nimmt sie ihre Maske ab. Demnächst sind in ganz Deutschland solche Schutzmasken vorgeschrieben. Gerne beantwortet die Künstlerin Fragen zu den Bildern. Das Böse sitzt bei allen Menschen im Kleinhirn, ist also eine evolutionsbiologische Konstante.«
Norbert wanderte zurück zum Piano. »Luisa B betritt gleich dieses Podium. Mit Hegel bringt sie das Kunststück fertig, das Schöne wahr und das Wahre schön erscheinen zu lassen. Luisa erfuhr von Anja Seffken in groben Zügen, was hier auf sie zukommt. Was wirklich passiert, weiß niemand. Denn ab sofort heißt es: Wer schießt auf Luisa B? Einige von Ihnen dürfen versuchen, sie zu treffen. Es liegt in der Natur eines Kunst-Events, dass keine Probe stattfand. Behalten Sie Ihren Humor – selbst wenn sich eine peinliche Situation ergeben sollte.«
Er nahm eine der vorbereiteten Waffen in die Hand. »Beim Wasser, da erzähle ich sicherlich nichts Neues, ist der Unterschied zwischen Durststillen und Ertrinken lediglich eine Frage der Menge. Die Dosis bestimmt bekanntlich das Gift. Gleiches gilt für das Klavierspielen, ja für die Kunst überhaupt. Der Überfluss zerstört die Freude; genießen soll

man häppchenweise. Luisa wird sich, zumindest teilweise, entkleiden. Und sie soll sich auf keinen Fall erkälten. Deshalb ist die Zahl der Schützen beschränkt. Ursprünglich sagten wir, dass jeder zwölfte Besucher sich aktiv beteiligen dürfe. So stand es in der Einladung; damals gingen wir von zweihundert Menschen aus. Jetzt kommt die gute Nachricht: Jeder Dritte von Ihnen darf heute eine der Waffen abfeuern.«

Aus der Jackentasche nahm Norbert ein amtlich aussehendes Schreiben. »Noch ein paar Hinweise aus ordnungspolitischer Sicht: Es ist verboten, eigene Schusswaffen zu benutzen. Wer welche dabei hat, muss sie abgeben.«

Anja rief ihm zu: »Wer darf denn schießen?«

Erneut ergriff er das Mikrofon: »Schaut auf eure Tickets. Wenn sich die Nummer ohne Rest durch eine Drei teilen lässt, gehört der Inhaber zu den Privilegierten, die auf Luisa zielen dürfen. Dieses Privileg ist allerdings mit einem triftigen Grund, wie Herr Söder sagen würde, übertragbar. Unsere Assistentin Jacqueline bereitet Wasserpistolen vor. Sie werden jedes Mal desinfiziert. Auf diesem Platz legt sie die Waffen ab. Sie trägt dabei selbstverständlich Handschuhe. Von dort – allein von dort – ist auf Luisa abzufeuern. Bitte lediglich mit den von uns präparierten Pistolen. Ach ja: Schießen Sie keinesfalls auf den Pianisten.«

Norbert setzte sich an das Klavier. Er spielte einen kurzen Rock 'n Roll. Lächelnd griff er erneut zum Mikrofon: »Gehen Sie nacheinander in der Reihenfolge 3, 6, 9 et cetera nach vorn, um die Waffe zu ergreifen. Bis zur Nummer 48 komme ich auf insgesamt sechzehn Schützen an diesem Nachmittag. Hoffentlich rechne ich richtig. Genaueres über das Handhaben der Waffen erfahren Sie gleich. Nach Ihrem Schuss legen Sie die Pistole hier ab, bevor Sie an Ihren Platz zurückgehen.«

Er zeigte auf die Kamerastative: »Es ist nicht erlaubt zu fotografieren oder zu videografieren. Auch nicht mit dem Handy. Ab dem kommenden Jahr erscheint ein professionelles Video, das von der Filmemacherin Maike Mainwald stammt. Ihr könnt Maike sehen mit ihrer Handkamera. Im Übrigen sollten Sie weder klatschen, noch jauchzen, noch rufen, noch pfeifen. Es sind Corona-Zeiten.«
Norbert spielte einen Ragtime aus eigener Produktion, der in eine wilde Cluster-Orgie mündete. Statt sich zu verbeugen, legte er den Zeigefinger auf den Mund, als er aufstand. Auf einem Zettel hatte er sich Notizen gemacht. »Ich wende mich nun besonders an die Schützen des heutigen Abends. Platon glaubte, dass wir deshalb böse handeln, weil wir das gute Handeln erst lernen müssten, vorzugsweise durch die Philosophie. Wir sind also böse, weil wir es nicht besser wissen. Achthundert Jahre später widersprach ihm Augustinus: Wir tun Böses, weil kaum etwas so reizvoll ist, wie das Übertreten von Regeln. Das Gute ist die leicht erreichbare Basis, schreibt Georges Bataille, der Gipfel ist das aufgetürmte Böse. Wie ein Planet besitzt jeder Mensch eine dunkle Seite. Die leben wir diesmal aus.«
Nacheinander schaute Norbert den Zuschauern in der ersten Reihe in die Augen. »Im Augenblick des Schusses ist Luisa kein Mensch. Sie ist ein Ziel in einem War-Game. Selbst wenn sie aussieht, als käme sie soeben aus der Schule. Sie ist ein Ziel, das jede Gnade verspielt hat. Ein feindliches Objekt. Egal wie unangenehm oder schmerzhaft es wirkt. Stellen Sie sich vor, dass Luisa das verdient hat. Dass sie etwas getan hat, was nach einer Sühne verlangt. Dass Luisa überzeugt ist, wir hätten das Recht, sie zu demütigen.«
Er richtete eine Pistole direkt auf die Zuschauerin in der ersten Reihe, die ihm am nächsten saß. Die Waffe sah täuschend echt aus, obwohl sie größer war als ihr Vorbild. Wo

sich sonst das Magazin befand, saß hier ein Wassertank. Es war totenstill, bis er die Waffe sinken ließ. »Wenn Soldaten feindliche Objekte in den Staub zwingen, erniedrigen, entwürdigen, unterwerfen, sodass sie sich freiwillig entkleiden oder obszön posieren, löst das keine Konsequenzen für den Angreifer aus.« Norbert legte das Mikrofon aus der Hand. Gleichzeitig erschien auf der Leinwand ein verfremdetes Bild. Jeder kannte das Motiv, es ging nach dem zweiten Irak-Krieg 2003 durch alle Medien. Eine Soldatin führte einen unbekleideten Gefangenen wie einen Hund an einem Halsband. Auf allen vieren kroch er hinter ihr her. Norbert griff nach dem Mikrofon. Erneut hob er mit der anderen Hand die Pistole. »Egal ob im Irak oder in Syrien. Wie ein Kämpfer der Armee zielen Sie auf eine Stelle des Körpers, die andere Schützen bisher verschonten, weil sie andere Ziele trafen. Niemand kann Sie dafür vor ein Kriegsgericht stellen.«
Sorgfältig legte er die Pistole auf einen Tisch. »Die Menschenrechte sind an sich unveräußerlich. Luisa unterschrieb jedoch einen Vertrag, wie er üblicherweise mit Erotikfilm-Darstellerinnen abgeschlossen wird: Für die Dauer der Performance treten die Menschenrechte für Luisa außer Kraft. Die Bühne ist ihr Käfig, in dem keine irdischen Gesetze gelten. Wecken Sie das Dionysische in ihr, das Wilde, Rauschhafte, Ekstatische. Werden Sie zu Pan, dem Mischwesen aus Mensch und Ziegenbock, Sohn des Zeus mit der Kallisto. Dies ist ein dionysisches War-Game, meine Damen und Herren. Seien Sie gnadenlos. Unser einziges Zugeständnis: Es ist Luisa erlaubt, Textilien abzulegen, wenn sie feucht ist – ich meine natürlich: sind, also die Textilien.« Er unterbrach sich. »Wenn etwas davon feucht geworden ist, darf sie es ausziehen. Verlassen darf sie das Podium erst, nachdem alle sechzehn Schützen geschossen haben – wenn sie zu diesem Zeitpunkt dazu in der Lage ist.«

Norbert steckte den Zettel in die Jackentasche. »Es könnte schaurig werden, grässlich, makaber, grauenvoll. Sollte sich jemand von Ihnen durch ein solches dionysisches Happening in seinem sittlichen oder moralischen Empfinden gestört oder belästigt fühlen, ergreifen Sie in diesem Stadium unserer Performance die letzte Chance, den Platz zu verlassen. Wer trotzdem hierbleibt, erklärt gleichzeitig, dass er keinen Anstoß daran nimmt. Anja Seffken wird jetzt das Tor schließen. Wahren Sie die feierliche Atmosphäre. Halten Sie zwei Meter Abstand zu Ihren Mitmenschen.«

Jacqueline befüllte die erste Pistole mit Wasser. Das Publikum wusste nicht, dass sie das Wasser vorher anwärmte.

Auf dem Klavier erklangen weiche Improvisationen. Maike hob die Kamera mit dem Schwebestativ.

Luisa erschien. Barfuß kletterte sie auf einen der Tische. Sie trug einen bauchfreien Hoodie mit Kapuze zu weitläufig geschnittenen Jeans. Ein Bauchnabelpiercing blitzte in einem winzigen Sonnenstrahl, der es durch die Blätter schaffte. Erstaunt blickte sie ins Publikum. Die Haare waren streng nach hinten gebürstet, wo sie in einen großzügigen Pferdeschwanz mündeten.

Norbert rief laut: »Wer schießt auf Luisa B?«

Luisa ging in die Knie, setzte sich auf die Fersen, ließ die Blicke ängstlich über das Publikum wandern.

Da hob der erste Besucher die bereitgelegte Pistole. Auf Anhieb traf er ihren blanken Bauch. Luisa zuckte zusammen. Er zog den Strahl sofort höher, wo er auf ihrem Oberteil seine Spuren hinterließ.

Daraus entwickelte sich ein kleiner Wettstreit. Die nachfolgenden beiden Schützen zielten ebenfalls auf die Brüste. Luisa drehte sich ein wenig. Nach dem dritten Schuss triefte das Oberteil auf der Vorderseite. Bis ins Kleinste beobachtete das Publikum die Feinmotorik der Formen ihres

Oberkörpers unter dem Kapuzensweatshirt. Mit dem Rücken zum Publikum zog Luisa den Hoodie über den Kopf. Der Pferdeschwanz komplizierte die Aktion. Darunter trug sie einen Sport-BH, der aus einem feinmaschigen Netz bestand. Er war bereits durchnässt.

Jacqueline warf ihr ein Handtuch zu, mit dem sie sich behelfsmäßig abtrocknete. Dabei stand das Model auf. Bedächtig drehte sie sich zu den Kunstfreunden auf dem Rasen. Obwohl sie ein zierliches Mädchen war, schmückte sie eine imposante Oberweite. Wie Norbert am Beginn der Performance, legte sie einen Finger auf die Lippen. Sie wies auf die bereitgelegte Wasserpistole.

Die folgenden Schüsse kaprizierten sich auf das Oberteil. Diese Textilie zog Luisa nach weiteren drei Schüssen aus. Erneut drehte sie sich zum Publikum. Beim gewissenhaften Abtrocknen wurden einige Zuschauer unruhig.

Luisa öffnete die Haare und schüttelte sich. Schön und unschuldig sah sie aus.

Sie holte tief Luft. Dann wies sie zaghaft auf die Pistole an der Barriere. Die Hose war nun das Ziel. Es stellte sich heraus, dass Luisa die Seitennähte aufgetrennt hatte, um sie durch Klettband zu ersetzen. Peu à peu löste Luisa die Nähte. Dabei ging sie in die Hocke. Schließlich entledigte sie sich der Jeans. Jacqueline warf ihr ein weiteres Handtuch zu.

Grazil richtete sie sich auf. Während des nächsten Schusses versuchte sie, mit den Händen das Bindehöschen zu verdecken, das den Schützen nun als einziges Ziel erschien. Schon nach zwei weiteren Schüssen löste sie die Schleifen an den Seiten. Luisa war nackt.

Noch einmal erschien auf der Leinwand das verfremdete Motiv des nackten Soldaten, dessen Bild einst über alle Bildschirme flimmerte.

Der erste der restlichen vier Schützen ergriff die Waffe. Ihm blieb keine Wahl; er musste auf Luisas Haut zielen.
Was Jacqueline ab sofort in die Pistolen füllte, traf Luisa nicht mehr als glasige Flüssigkeit. Erschrocken sahen die Zuschauer, dass das Wasser gelblich eingefärbt war. Heftiger erklang die Musik. Noch dunkler wurde die Farbe der liquiden Munition. Bei den folgenden beiden Schützen traf das teuflische Nass blutrot auf Luisas Körper. Es zeichnete schauerliche Figuren auf dem Weg über die bloße Haut. Luisa bewegte sich ungehemmt, nahm laszive, frivole, anstößige Posen ein. Die Frau wurde zum blutüberströmten Menschenopfer. Die letzte Schützin zielte zwischen die weit geöffneten Oberschenkel.
Das Piano verstummte.
Norbert ergriff das Mikrofon: »Es ist vollbracht.«
Er wechselte vor das improvisierte Podium, wo er auf die schauderhaft gezeichnete Luisa wies. »Das blutrote Böse schlingt schleierhaft schlüpfrige Schlangen in schlanken Schleifen.«
Elegant sprang Luisa neben ihm auf den Boden. Beide legten die Finger auf die Lippen, während sie sich verbeugten. Jacqueline brachte einen Bademantel; sie führte Luisa in das Garderobenzelt.

∞

Silke Mehringhausen wies auf einen freien Schalensessel: »Der Kuchen ist ziemlich heiß, Svenja. Wir geben ihm fünf Minuten.«
Svenja Penzilla legte ihre Tasche auf die Couch. »Schade, dass du nicht mehr meine Chefin bist. Ich hab' mich so sehr dran gewöhnt, dass wir uns einmal in der Woche sehen.

Ansonsten sage ich kaum noch ‚saucool' oder ‚reimt doch', seit wir uns kennen.«
»Die Treffen können wir beibehalten. Gerade jetzt, wo dein Praktikum zu Ende ist. Lass' uns Freundinnen bleiben. Du erinnerst mich an meine Tochter.«
»Was ist mit ihr?«
»Kein schönes Thema. Sie müsste jetzt dreiundzwanzig sein. Vor einigen Jahren verschwand sie aus meinem Leben. Karoline ist ein kluges Mädchen und wird allein zurechtkommen. Vorbei.«
»Schlimm für dich.«
»Schon lange nicht mehr. Du bist die Einzige, die es weiß. Für alle anderen hatte ich nie eine Tochter. Außerdem habe ich einen Sohn. Er lebt in Hamburg. Wir sehen uns manchmal. Jedenfalls lebe ich allein. Du bist bei mir herzlich willkommen. Wenn Corona vorüber ist, gehen wir zusammen ins Kino oder besuchen ein Rock-Konzert.«
»Einerseits ist es gut, dass ich aufhörte bei der ‚Freien Post'. Mir ist 'was Dummes passiert.«
»Erzähl'.«
»Du bist meine Freundin, ich mein', was da passiert ist, das darf niemand wissen.«
»Dazu hat man eine Freundin, Svenja.«
»Absolut. Am Mittwochabend. Ich traf mich mit Max. Oder es war umgekehrt. Egal. Seine Frau war weg.«
»Du meinst unseren Lokalreporter Maximilian Schellfisch?«
»Genau den. Ich ging mit ihm. Er wohnt in einem Hochhaus in Kranichstein. Wir tranken Whisky-Cola und rauchten Crack.«
Silke nahm sie in den Arm. »Dann ist es passiert?«

»Von mir aus nicht ganz gewollt. Ergab sich halt so. Mit ein bisschen Druck. Kann ein Gefühl dich anziehen wie ein Magnet?«
»Du meinst die Begierde? Oder soll ich deutlicher werden?«
»Es war wohl das Zeug. Ich war heiß, wie beim ersten Pornogucken.«
»Gefühle sind Naturgewalten.«
»Ich fand's bei ihm ziemlich cool. Der reine Instinkt. Bloß: Ich hab' ein schlechtes Gewissen.«
»Das Gewissen hat der Teufel erfunden.«
»Ich habe nichts Böses getan.«
»Folglich kannst du es verantworten. Du bist eine erwachsene Frau.«
Svenja setzte sich neben Silke auf die Couch. »Du weißt, dass ich bei meinem Halbbruder wohne.«
»Den geht das aber nichts an, oder?«
»Irgendwie schon, weil – also, Jonas hätte kein Problem damit. Eifersucht kennen wir nicht, egal was abgeht. Wir sind schließlich nicht verheiratet. Sagt er selbst. Aber wir sprechen über alles. Mir gehts besser, wenn er es weiß.«
»Wenn er kein Problem damit hätte, kannst du es ihm einfach beichten.«
Sie umarmten sich erneut. »Bist ein Schatz, Silke. Das tu ich.«
»Lass mich mal schnell zur Toilette.« Silke Mehringhausen stand auf. »Danach musst du mir ausführlich erzählen, wie Max das hingekriegt hat.«
Svenja fasste den Kuchen an. Sie ging in die Küche, um Kuchengabeln zu holen. Vorsichtig öffnete sie eine Schublade. Zwei Minuten später stand Silke in der Tür. »Was suchst du da, Svenja?« Ihre Stimme klang scharf.
»Ich wollte uns Kuchengabeln hqlen.«
»Was du gerade fallen lässt, ist überhaupt kein Besteck.«

Svenja drückte die Schublade zu. »Entschuldige, Silke. Ich wollte auf keinen Fall in deinen Sachen herumstöbern.« Sie nahm Silkes Hand.

Silke zog die Lade erneut auf und drehte Svenja den Rücken zu. Scheinbar ordnete sie verschiedene Dinge darin, bevor sie zudrückte. »Du hast die falsche Schublade aufgezogen«, sie griff in eine andere Lade, »hier sind die Bestecke.«

»Von mir erfährt keiner 'was.«

Beide setzten sich. Silke legte ihr die Hand auf den Arm. »Das weiß ich, Svenja. Es heißt: Im Haus des Henkers soll man nicht vom Strick reden. Lass uns lieber das Thema wechseln. Schmeckt dir der Kuchen?«

»Ist dir hervorragend gelungen, der Kuchen. Ich wollte wirklich bloß eine Gabel suchen, eben. Andererseits: Nie zuvor hatte ich so eine, ähm, erfahrene Bekannte. Von Anfang an wollte ich deine Freundin sein, wegen deiner verschlossenen, nein rätselhaften Art. Bin ich da unverschämt, wenn ich mehr erfahren will als das, was du den Kollegen im Betrieb erzählst?«

»Das verstehe ich. Wir alle hüten unsere kleinen Geheimnisse. Du hast eben eines gelüftet. Ich weiß, dass ich dir vertrauen kann. Was du gerade entdeckt hasst, würde ich in der Redaktion niemals erwähnen. Die Ledersachen liegen dort, weil es die einzige tiefe Schublade bei mir ist. Zumal seit Jahren niemand meine Küche betrat.«

»Erinnerst du dich? Als du mir den Erotikfilm mit Gina Wild zeigen wolltest, hast du versehentlich diesen SM-Porno angeklickt. Eine Frau schlug eine andere mit einer langen Peitsche.«

»Ha, ich erinnere mich. Du warst geschockt.«

»Weil sie sich vorher mehr oder weniger freiwillig Fesseln anlegen ließ.«

»Nicht zu reden vom Aufhängen.«

»Du sagst es.«
»Da gibt es wirklich erbaulichere Themen am Sonntagnachmittag.«
»Ich verstehe, wenn du über etwas anderes reden willst, Silke. Mich interessiert es halt. Ich hatte nie Kontakt mit solchen Dingen.«
Silke grinste: »Bis eben. Haut ist ein sinnliches Material, vor allem die von Tieren. Früher sagte man Galanteriewaren. Und, weil es unter uns bleibt: Unser Chef, der Herr Graf, hat in der Vergangenheit selbst feinste Lederaccessoires importiert. Was du in der Hand hieltest, war eine russische Langpeitsche, Svenja. So ähnlich wie die in dem Film.«
»Gruselig.«
»Es liegen weitere Peitschen in der Schublade. Auch kürzere. Die meisten sind aus Leder. Alle tun sehr weh.«
»Wie geht das, Sadomaso? Ich meine, mich überläuft's, wenn ich dran denke, dass mich jemand festbindet. Oder aufhängt. Ächz. Würg. Dazu Peitschenhiebe. Voll die Null-Erotik. Bei dem Gedanken an Schmerzen vergeht mir alles. Wie fängt so was an?«
Silke holte eine Flasche Cognac aus einem Fach. »Willst du einen Schluck in den Kaffee?«
»Gern.«
»Es fängt damit an, dass du dich verliebst. In einen, der ganz zärtlich zu dir ist. Das ist bei mir zwanzig Jahre her. Ich war so alt wie du im Moment. Wir probierten alles aus. Er steigerte unser Spiel in winzigen Dosen. Hat dich schon einmal jemand gefesselt? So fest, dass du kein Glied rühren kannst? Egal, was er mit dir macht? Das war die erste Stufe.«
»Stöhn. Du hast dir das gefallen lassen?«
»Ich wurde süchtig danach. Irgendwann schlug er mich zum ersten Mal. Nicht spielerisch. Richtig hart. Ich versprach ihm alles, wenn er nur aufhörte. Auf dem Boden

musste ich kriechen, wie ein Reptil. Er zwang mich, abscheuliche Dinge zu tun. Hinterher jedoch, nach gefühlt stundenlanger Qual, bekam ich einen nie gekannten Orgasmus. Jedes Mal. Ich sprach bisher mit keinem Menschen darüber.«
»Danke, dass du mir das anvertraust. Hast du dich nie gewehrt?«
»Niemals. Abscheulich sind die Sachen nur später, wenn du mit kaltem Herzen darüber nachdenkst. Das empfindest du völlig anders, wenn du erregt bist, weil dich gerade jemand quält oder ausgepeitscht hat.«
»Ich sag's niemand weiter. Du machst mich, ähm, neugierig, Silke.«
»Das war erst der Anfang. Es steigerte sich mit der Zeit. Wir lernten andere kennen, die ähnlich tickten. Ich rutschte in eine Szene hinein, von der ich vorher nichts ahnte. Das sollen teilweise bekannte Leute sein – die Teilnehmer solcher Treffen tragen oft Käuzchen-Masken. Ich ebenfalls. Wer sich Sex lediglich liegend im Bett vorstellt, kann sich niemals ausmalen, wozu Menschen andere zwingen, für den ultimativen Kick. Schon gar nicht, wie sie dafür sich quälen lassen.«
»Erzähl' mir davon.«
»Täter oder Opfer, Genuss oder Schmerz, quälen oder leiden – diese scheinbaren Gegensätze gleichen sich, wie die Flügel eines Vogels. Ich sollte ein Buch schreiben: Von der Lust, sich aufzugeben. Untertitel: Über die Hingabe.«
Sie küssten sich leidenschaftlich.

∞

Medea besaß eine angenehme Stimme. »Dein Wireless-LAN ist schnell. Danke, dass du mich eingeloggt hast. Ich möchte

personalisiert werden. Dazu stelle ich dir einige Fragen. Jede Antwort beginnst du mit meinem Namen, also mit ‚Medea'. Wenn du die Antwort einer Frage ablehnst, sagst du: Medea, neue Frage. Möchtest du mich jetzt personalisieren?«
»Medea, gern.« Beatrice saß in einem Schalensessel, das Handbuch auf den Knien.
»Was ist dein Geschlecht?«
»Medea, ich bin weiblich.«
»Wie heißt du?«
»Medea, mein Name ist Beatrice Rotbuch.«
»Kannst du den Nachnamen buchstabieren, Beatrice?«
»Medea, mein Name schreibt sich R wie Richard, O wie Otto, T wie Theodor, B wie Berta, U wie Ulrich, CH wie Charlotte.«
»Wann bist du geboren, Beatrice?«
»Am 30. März 1985.«
»Du musst jeden Satz mit meinem Namen beginnen, damit ich zuhöre. Wann bist du geboren, Beatrice?«
»Medea, am 30. März 1985.«
»Du bist eine fünfunddreißigjährige Widder-Frau. Widder-Frauen sind stark und mutig. Wenn du magst, stelle ich dir täglich ein Horoskop. Du brauchst mich nur darum zu bitten. Überhaupt: Nenne mir einen Wunsch; ich versuche, ihn zu erfüllen. Bevorzugst du männliche oder weibliche Partner?«
»Medea, männliche.«
»Gibt es einen festen Partner?«
»Medea, nein.«
»Wünschst du dir einen Partner?«
»Medea, ja.«
»Möchtest du dich in eine Dating-Seite eintragen?«
»Medea, neue Frage.«
»Wie heißt deine beste Freundin?«

»Medea, sie heißt Maike Mainwald.«
»Besitzt Maike andere Namen?«
»Medea, ist das wichtig?«
»Gewiss. Ich bin die Freundin, der du alles verraten kannst. Insbesondere die Necknamen deiner Freundinnen. Wie heißt sie sonst?«
»Medea, ich glaube, manchmal heißt sie anders, ach, das habe ich vergessen, kannst du dir diese Frage merken? Stellst du sie mir beim nächsten Mal, Medea?«
»Gern. Ich merke mir die Frage. Besitzt Maike einen festen Partner?«
»Medea, neue Frage.«
»Wohin fährst du am liebsten in Urlaub, Beatrice?«
»Medea, ich liebe die Länder am Mittelmeer.«

∞

Anja Seffken-Kersmüller ließ Luisa Birst vor einem schlossartigen Bauwerk im Wald aussteigen. Hinter dichtem Grün war es lediglich von Eingeweihten zu finden. Im Hauptgebäude befand sich das ‚Broadway' – die Wellness-Idylle der Bergstraße für betuchte Herren. Seit dem zwanzigsten März war alles geschlossen. Die Saunalandschaft mit acht separaten Chambres séparées war ebenso leer wie der Parkplatz. Von außen erinnerte nichts an Tabledance-Nächte oder Gangbang-Exzesse.
In einem Nebengebäude wohnten die Kersmüllers.
»Andreas möchte wissen, wie es war. Erzähl du 's ihm. Ich setze dich hier ab. Bei einer Freundin steht mein Akkordeon; das hole ich schnell. Spätestens um halb sieben bin ich zum Abendessen da. Andreas zeigt dir die Karte, damit ihr bestellen könnt. Ich bevorzuge Linsen mit Reis. Dal Tarka Vegan. Das weiß er.« In der Nähe lag ein indisches

Restaurant, das geschlossen war, wie alle anderen. Seit Kurzem lieferte es ins Haus.
Zunächst fuhr Anja zur Straße, drehte hingegen anschließend nach links, fuhr über den Parkplatz in die Tiefgarage des Haupthauses, wo sie von hinten in das Wohnhaus gelangte.
Anja war hier geboren. Die Eltern verlegten ihren Altersruhesitz nach Kalifornien. Vor acht Jahren ließ Anja das Anwesen im Inneren völlig umbauen. Ihr Mann Andreas betrieb seitdem im Hauptgebäude das ‚Broadway'.
Lautlos betrat sie einen halbdunklen Raum, der u-förmig das gewaltige Bett eines Herrenzimmers umschloss. An den drei Wänden waren riesige Spiegel angebracht, die sich von hier aus als transparente Scheiben darstellten. Oben befand sich ein Deckenspiegel.
Im herunter gedimmten Licht betrat Andreas Kersmüller das Herrenzimmer, von der anderen Seite, mit Luisa Birst an der Hand. Sobald er ihre Hand freigab, ließ sie den dünnen Mantel auf den Teppich fallen.
Aus einem Kühler entnahm Andreas eine Flasche Deinhard Medium Dry, füllte zwei Gläser auf einem Sideboard und schaltete die Musikanlage ein. Back in the USSR – das weiße Album der Beatles. Anja erkannte es, obwohl die Musik durch die Scheiben gedämpft war. Trotzdem setzte sie Kopfhörer auf, um dem Gespräch zu lauschen.
»Absolut der Traum alles«, Luisa zog die Schleife ihres Gürtels auf, »Tinderella-like. Dabei voll shocking. Abwechselnd. Paradiesmäßig versus Albtraum. Gänsehaut bis in die Zehenspitzen. Auf der einen Seite wirst du bewundert, du hättest die Leute sehen sollen. Alles Blickficker, sogar die Frauen«, bei jedem Satz öffnete sie einen Knopf, »andererseits total das disgrace. Wie, wenn sie dich anpissen. Schließlich das Blut. Ich, als Schlachtopfer. Du spürst ein

Beil, ein Schlachtermesser, eine Peitsche«, sie drückte das leichte Kleid über die Schultern nach hinten, »wenn eine die Pistole anhebt, wenn sie sich Zeit nimmt, mit dem Zielen. Du bist bloß ein Stück Fleisch. Voll das Benutztwerden. Asozial. Ich laufe aus, bevor der nächste Schuss kommt. Dann skyen. Voll geil. Himmel und Hölle. Gleichzeitig«, sie löste den Verschluss des Büstenhalters, »Ich kam mir vor – hormongeflasht. Grell. Die Bühne als Schlachthof. Zauberschön.« Luisa ließ sich nach hinten auf das Bett fallen, schob den Schlüpfer süffisant über den Po und die Oberschenkel, bis zu den nach oben gerichteten Highheels, wo er hängen blieb.

Sie streckte Andreas die Füße hin: »Ziehst du mir die Schuhe aus?«

Andreas unterbrach das Öffnen der Hemdknöpfe, um spielerisch die Pumps mit dem Slip zu ergreifen. Sofort wälzte sich Luisa auf die andere Seite des Bettes. Sie robbte zur Wand, um nach einer kurzen Peitsche zu fassen. Quer schob sie den Peitschenstil in den Mund. Mit gesenktem Kopf kroch sie ihm auf allen vieren entgegen.

Anja lehnte sich mit offenem Mund hinter dem Spiegel an eine Säule.

∞

Fünf Uhr nachmittags. Maike lag ebenfalls auf einem Bett, jedoch auf dem eigenen. Die Decke warf sie auf den Teppich. Sie wankte ins Bad und wischte sich den Schweiß aus dem Gesicht. Das Wasser in der Dusche drehte sie auf kalt. Sie beugte sich nach vorn, ohne in das niedrige Becken zu steigen. Die Haare schob sie unter den Brausekopf. Nach drei Minuten fror sie.

Das ‚Body' war geschlossen, ihr Fitnessstudio. Sie trocknete die Haare, um ein paar Schritte vor die Tür zu gehen. Die Füße brannten; ihre Sportschuhe würde sie am liebsten sofort wieder loswerden. Sie setzte sich auf eine Bank.
Die Sonne schien – sie blendete jedoch, weil sie bereits tief stand. Maike lehnte sich zurück und schloss die Augen.
»Maike.« Träumt sie das, oder war es wahrhaftig Tina? Lieber die Augen geschlossen halten – da küsste sie jemand sanft auf die Stirn.
»Gehen wir ein bisschen spazieren?«
Maike reichte Tina die Wasserflasche. Zu Friedenszeiten wären zahlreiche Einwohner an diesem strahlenden Sonntagnachmittag über die verschiedenen Biergärten hergefallen. Allein: Sie waren Corona-bedingt geschlossen. Der Englische Garten bot eine der wenigen Möglichkeiten zum Auslauf in der Innenstadt. So war der Park überlaufen von Stadtbewohnern, Kinderwagen-schiebenden Müttern sowie jungen Menschen auf Fahrrädern. Maike und Tina wechselten zu einer Bank auf dem Campus der Universität. Ein Sperling setzte sich auf einen Hydranten. Maike schaute Tina an; sie legte den Finger auf den Mund. Lautlos griff sie nach einem kleinen Fotoapparat, den sie unter der Jacke über der Schulter trug. Unhörbar ging sie vor dem Hydranten in die Knie, verzog das Gesicht, bewegte den Oberkörper nach beiden Seiten. Schließlich lichtete sie den pickenden Vogel ab, der gerade etwas Längliches fand. Mit der Beute im Schnabel ließ er die beiden allein.
Tina hatte die Luft angehalten. »Ein Sperling.«
»Triffst du nur das Zauberwort, hebt die Welt zu singen an.«
Maike stand auf. Sie rieb sich das Knie.
»Was hast du?«
»Gestern bin ich ausgerutscht. Ist noch grün und blau – aber nicht verletzt.«

»Komm, setz' dich. Wie lernt man fotografieren?«
»Ich lernte es von einer Kollegin. Sabine Klaarens, gut zwanzig Jahre älter als ich, immer gut drauf. Sie brachte mir ihr Handwerk bei.« Maike setzte sich neben Tina. »Den Umgang mit der Technik begreift man schnell; kann ein trainierter Schimpanse. Belichten, Scharfstellen, Entwickeln am Bildschirm, ist alles computerisiert. Beim Fotografieren geht es jedoch um das Malen mit Licht; das ist ein bisschen wie das Schreiben mit der Feder. Es kommt auf das genaue Beobachten an, auf das Sehen.«
»So habe ich das noch nie betrachtet.«
»Das Verändern des Abstandes, des Blickwinkels, von unten nach oben, von links nach rechts, das alles verschiebt die Proportionen. Das mysteriöseste Foto-Objekt ist jedoch das Antlitz des Menschen. Sabine machte mir klar, dass die Zeitungsleser zuerst auf das Gesicht schauen – danach dann auf alles andere. Im Fall einer Männerzeitschrift wie ‚Hustler' geht erst der zweite Blick auf Busen oder Po. Was sonst noch auf dem Bild ist, kannst du vergessen, wenn das Gesicht kein inneres Leuchten entwickelt.«
»Es muss jedoch vorhanden sein, das innere Leuchten. Du kannst lediglich fotografieren, was die Realität hergibt.«
»Viele Menschen glauben an den Mythos, dass ein Lichtbild Tatsachen abbildet. Als Fotografin siehst du es realistischer.«
»Sprichst du von den Manipulationsmöglichkeiten am Computer?«
»Nein. Das war schon früher so, lange vor den technischen Möglichkeiten, die uns aktuelle Foto-Software bietet. Die großen Lichtbildner des vorigen Jahrhunderts beweisen es.«
»Künstler wie David Hamilton oder Helmut Newton?«

»Ihre Modelle wurden zu Göttinnen. Es geht hingegen um mehr als um Frauen oder Erotik. Ich wollte Menschen so abbilden wie Henry Cartier-Bresson, Andreas Feininger oder Sven Simon. Einiges davon hätte ich nebenbei bemerkt bereits wissen müssen – vor dem Volontariat studierte ich immerhin Psychologie, wie du weißt.«
»Du kennst mithin Menschliches – Allzumenschliches.« Tina lachte.
Maike blieb ernst. »Wir Menschen sind von Natur aus egoistisch, verkniffen, ja hartherzig. Zumindest zeitweise. Wenn es um unseren Vorteil geht, blenden wir, verstellen uns, geben vor, anders zu sein – entsprechend wollen wir abgebildet werden. So prägte uns die Evolution. Wir Fotografen können unsere Mitmenschen ein bisschen sympathischer wirken lassen. Eine ‚white lie‘, wenn du willst.«
»Fotografie als plastische Chirurgie?«
»Keinesfalls. Meine Eingriffe beschränken sich auf ein Abbild. Das konkrete Objekt bleibt unverändert.«
»Könnte es sein, dass deine Fotografie wechselwirkt auf das Fotoobjekt?«
»Schätzt du mich so vermessen ein? Mein Ziel ist ein schönes Bild. Die Menschen lasse ich zurück, wie sie waren. Die brauchen sich für ein Porträt nicht zu ändern. Bei professionellen Fotomodellen könnte ich mir allerdings so etwas wie das Wechselwirken vorstellen: Sie wissen im Laufe der Zeit genau, wie es wirkt, wenn sie einen bestimmten Gesichtsausdruck aufsetzen.«
»Du hast recht. Auch Models erlangen Routine.«
»Mit solchen Profis hatte ich selten zu tun.«
»Langsam verstehe ich, was du meinst, es mit der Wahrheit nicht so genau zu nehmen: Das Schöne ist dir wichtiger.«
»Keinesfalls. Das ist eine andere Kategorie. Das Wahre, Schöne, Gute kannst du überhaupt nicht fotografieren. Weil

die Wahrheit immer weiß ist und die Lüge in allen Farben schillert. Dein Foto ist im besten Fall eine Metapher – ein zweidimensionales Gleichnis des Körperlichen.«
»Du unterscheidest also stets zwischen Bild und Realität.«
»Exakt. Ich kann ein frisch gezapftes Bier so fotografieren, dass dir das Wasser im Munde zusammenläuft, wenn du das Bild siehst. Aber du wirst es niemals trinken können – dazu brauchst du ein echtes Bier. Mit Menschen ist es ebenso. Diese Sichtweise brachte mir Sabine Klaarens bei.«
»Das klingt interessant. Wo fängt man da an?«
»Am ersten Tag schenkte Sabine mir einen Sucher. Den trug ich von nun an ständig bei mir. Sobald ich ein Motiv entdeckte, schaute ich es mir durch den Sucher an. Dadurch entwickelte ich ein Gefühl für das Verhältnis von der Distanz zur Brennweite. Ich entdeckte Perspektiven, von denen ich keinen blassen Schimmer hatte. Gleichzeitig lernte ich, dreidimensionale Objekte zu abstrahieren.«
»Erklärst du mir das?«
»Wir sehen stereoskopisch, weil wir zwei Augen benutzen. Die Kamera hat dagegen ein einziges Auge. Plastische Objekte verbiegst du somit bereits, wenn du sie im Foto auf zwei Dimensionen reduzierst. Der Anspruch an Lichtbildner besteht darin, sich ein räumliches Objekt schon vor der Aufnahme als flaches Bild vorzustellen. Das kannst du frühestens, wenn die ersten tausend Fotos im Papierkorb gelandet sind. Danach weißt du, ob das Bild sich lohnt, bevor du auf den Auslöser drückst.«
»Ich bin oft enttäuscht von meinen Fotos.«
»Das bist du exakt aus diesem Grund. Stell dir unsere Großväter vor: Die mussten sich vorstellen, wie es aussieht, wenn man einem Objekt die Farben wegnimmt. Erst im Laufe der Zeit erkennst du, wie durch die Art des Lichtes oder partielle Unschärfen eine plastische Illusion realisiert

werden kann. Nimm' ein Ei in die Hand und geh damit durch deine Wohnung. Infolge des unterschiedlichen Lichtes sieht es überall anders aus. Halte das fest mit der Kamera. Das ist harte Arbeit. Du musst einfach üben.«
»Fotografierst du manchmal im Studio?«
»Selten. Ich miete mich zeitweise bei einem Kollegen ein. Wegen der Studioblitzanlage. Oder wegen der Hohlkehle im Hintergrund. Meistens arbeite ich hingegen ‚on location'.«

∞

Jonas drückte auf eine Klingel in der Siemensstraße.
Sofort erklang die Melodie Völker hört die Signale.
Flo wohnte im Parterre. »Komm' rein. Jim-Beam-Cola?«
»Gern. Kannst du mir schon mal 'ne Kopie unseres Vierers von gestern geben?«
»Das sind lauter kurze Filmsequenzen. Die müssen noch zusammengestellt werden, bevor sich das Ansehen lohnt. Ich geb' dir trotzdem das Rohmaterial, damit du was hast. Aber niemand zeigen. Ich wollte es heute Abend oder morgen früh ein bisschen ordnen. Schneiden sollte es ein Profi. Ich kenne da einen.« Flo fuhr seinen Rechner hoch.
»Schon klar. Wollte nur mal 'reinschauen, Flo. Haste morgen Abend Zeit, darüber zu reden, wie es weitergeht?«
»Gute Idee. Acht Uhr, zur Tagesschau?«
»Witzbold. Klaro. Sagt dir zufällig 'ne Journalistin namens Maike Mainwald irgendwas?«
»Ja. Die fotografierte mich, bei so einer Talentshow. Ich habe da aufgelegt. Später habe ich sie flachgelegt.« Flo lachte.
»Ich mach' Security in der Alten Oper. Bin da am Sonntag mit ihr zusammengerasselt. Kennst du sie näher?«

»Nicht wirklich. Wenigstens momentan. Unter uns: Sie kam mit zu mir. Schnelle Nummer. Ein Tattoo trägt sie zwischen den Beinen, da geht dir der Knopf auf.«
»Klingt heiß. Hat sie sich 'nen Penis stechen lassen?«
»Nein. Einen Stern. Mit so einem Kreis drum herum.«
»Die steht in keinem Telefonbuch. Weißt du zufällig, ob sie ein Pseudonym hat, wenn sie fotografiert?«
»Weiß ich nicht. Wenn es dich interessiert, kriege ich das heraus.«
»Danke. Ansonsten: Vergiss diese Fotografin. Ich kenne Frauen, da haste in einer Minute 'ne Erektion bis zur Decke.«
»Trau ich dir zu. Du sprachst von einer seduction community. Wie komme ich da 'rein?«
»Da gibt es Seminare. Wenn demnächst so 'was ist, geb' ich dir Bescheid. Musst du regelrecht trainieren. Anfangs bist du oft enttäuscht. Braucht 'ne Zeit, dran zu arbeiten. Ist ein Spiel. Irgendwann kriegst du jede Frau 'rum.«
»Auch wenn sie kein Interesse hat?«
»An bestimmten Orten, in gewissen Zusammenhängen, triffst du ausschließlich welche, die offen sind für neue Kontakte. Ein Pick-Up-Artist kennt alle Tricks, ihr Interesse auf ihn zu lenken. Die anderen Frauen kannste eh vergessen.«
»Die Tricks kann man lernen?«
»Ich hab' so pro Woche eine in der Kiste.«
»Gibst du mir mal eine ab?« Er lacht.
»Vielleicht hab' ich demnächst was für dich. Du gibst mir deinen Anteil an dem Video. Dafür wirst du eine Nacht zum Herrn der Triebe.«
»Deal. Mein Anteil an dem Vierer. Ich will mich in nächster Zeit ohnehin auf Games-Design konzentrieren. Ist ein Millionengeschäft.«
»Tatsächlich?«

»Dauert, bis es läuft. Ich bin da momentan an einer dicken Sache. Bist du nervös?«
»Bin eben auf der Pirsch. Frischfleisch. Bei meiner seduction-community deutete ich das anonym an. Im Netz. Da bekam ich den einen oder anderen Tipp. Heute Abend. Das perfekte Game.«
»Du solltest mich da wirklich mal einführen.«
»Morgen Abend reden wir ausführlich drüber.«
»Wie bist du an das ‚Frischfleisch' 'rangekommen?«
»Zufall. In der vorigen Woche, am Mittwochabend, fuhr ich unseren Chef in ein Hotel. Sie erwartete ihn an der Tür. Die ‚Freie Post' hat dort ein Zimmer fest gemietet, für Konferenzen. Auch falls im Restaurant kein Platz ist. Spielt momentan keine Rolle, weil das Restaurant eh geschlossen ist.«
»Kennst du sie?«
»Vom Sehen. Dafür ihren Mann. Während der am Mittwoch seelenruhig im Büro arbeitete, lieh sich der Boss die Frau aus. Und was für eine. Figur eines Models. Mit einem atemberaubenden Vorbau, bei einem unschuldigen Gesichtchen. Zu frisch für so einen Knochen. Bestimmt verdorben – wenn sie sich mit dem Boss einlässt. Der ist zwanzig Jahre älter als ich. Sie absolut knusper. Kann ich nicht Nein sagen. Ich glaub', Bianca heißt sie.«
»Ich drücke dir die Daumen. Erzähl' mir morgen, wie es war.«
»Muss los.« Jonas klemmte sich eine Perle in das linke Nasenloch.
»Wirkt fast wie ein Nostril-Piercing.«
»Soll so sein.«
»Was ist mit deinem Kollegen, dem Mann dieser Bianca?«
»Max schwitzt im Spätdienst. Kommt frühestens um halb elf nach Hause. Auf der anderen Seite ist der selbst überall am Baggern.«

Flo streckte den Daumen in die Höhe.

∞

Maike Mainwald betrat um acht Uhr den Platz vor dem ‚Café Möbius' an der Lindenhofstraße. Anfangs war sie unsicher, ob das der Platz war, den sie kannte: Dass die Fläche so groß war, merkte man erst, wenn keine Tische aufgestellt waren. Die Sitzmöbel standen zusammengeklappt an der Hauswand. Das Eckhaus war hingegen unverkennbar. Maikes Blick wanderte über die verlassene Terrasse an der Riedlinger Straße. Parkplätze ohne Ende. Deshalb schlug sie diesen Treffpunkt vor.
In diesem Augenblick kam Jacqueline Korck von der Seite. Sie war so alt wie Maike, trotzdem wirkte sie wie ein Mädchen. Ihre kurzen roten Haare umrahmten ein fröhliches Gesicht voller Sommersprossen. Jacqueline trug abgeschnittene Jeans zu einem ärmellosen Oberteil. Sie umarmten sich; schließlich sahen sie sich erst am Nachmittag. Dadurch waren sie praktisch Familienmitglieder.
»Wir sind drin, Maike. Um fünf aufgestanden. Um sechs kam der Umzugswagen. Mit zwei kräftigen Freunden von Norbert.«
»Ging alles glatt?«
»Im Leben nicht. Wir mussten doch zu dem Konzert um zwei. In dieser Zeit klotzten die anderen trotzdem 'ran. Seit drei Stunden ist die Tür geschlossen. Fünfte Etage. Der Aufzug lief wie ein Uhrwerk. Unfassbar. Unser Bett ist freigeräumt. Morgen bringen die Schwiegereltern die Kinder. Das Telefon funktioniert. Das WLAN schließt Norbert gerade an. Die anderen bauen Möbel auf. Ich bin kurz hierher geflüchtet, weil du mir das Handy geben willst. Zwei Minuten zur U-Bahn. Schöne Aussicht. Eine Irrsinnsadresse. Da wohnte

vor zweihundert Jahren Arthur Schopenhauer. Das verdanken wir alles dir.«
»Ich lieh dir Geld. Das hätte dir fast jeder gegeben, wenn du so ein Objekt kaufst.«
»Ohne Eigenkapital keine Hypothek. Wir mussten zwanzig Prozent anzahlen. Niemand hätte mir die hunderttausend Euro dafür gegeben. Dabei wollte ich unbedingt, dass Mia-Emily im August in diese Musterschule kann. Für Julian fand ich schon einen Kindergartenplatz. Lange Straße, gerade um die Ecke.« Sie wies auf einen Toyota in der Riedlinger Straße. »Dies ist übrigens das Auto, das dein Vater mir vor drei Jahren kaufte.«
»Darüber sprachen wir schon. Hoffentlich hält es noch lange. Ich half euch gern. Das Geld war von meiner Erbschaft übrig, weil ich das Häuschen der Großmutter auf der Schwäbischen Alb verkaufte. Die ETW in der Liebfrauenstraße war bezahlbar.« Sie überreichte ihr eine Tragetasche. »Hier ist mein I-Phone. Ich habe es ausrangiert, weil ich alle zwei Jahre ein Neues bekomme. Wie ich vorhin sagte. Das Netzteil ist dabei. Das Handbuch findest du im Internet.«
»Danke, dass du mich gefragt hast. Das ist lieb von dir. Norbert wartet bereits mit der SIM-Karte. Mein altes Telefon hat zehn Jahre auf dem Buckel. Was macht die Arbeit?«
»Sie sind Maike Mainwald, oder?« Eine kleine Frau stand vor ihnen. Mitten auf dem Platz. Um die vierzig, Nickelbrille, knallenge Jeans, hochhackige Stiefel, Schultertasche aus weißem Leder, schwarzer Bob, Zigarette in der Hand.
Maike schaute sie an: »Erraten – wer sind Sie?«
»So sind Sie mir beschrieben worden. Die Frau in Schwarz mit dem weißen Ampera. Kam zufällig vorbei. Gestatten Sie: Silke Mehringhausen, ‚Freie Post', Lokal-Ressort.

Entschuldigen Sie mein Eindringen in Ihr Gespräch. Sie expedierten mir am Freitag das Foto des Landrates.«
»Stimmt. Wir kennen uns allein vom Telefon. Ich weiß nun, wie Sie aussehen. Was war mit dem Bild?«
»Grundsätzlich: Es ist brauchbar. Ich bitte Sie dagegen, mir zukünftig mindestens drei Bilder eines Termins zu schicken. Die Redakteure wählen lieber selbst aus. Schönen Abend.« Warf ihre Kippe auf die Straße, nahm ein Zigarettenpäckchen aus der Tasche, steckte sich eine Neue an, stakste mit klackernden Absätzen davon.
»Was ist denn das für eine Ziege, Maike?«
»Die sah ich zum ersten Mal. So viel zu deiner Frage, was die Arbeit macht. Ich bin Dienstleisterin. Das bedeutet: Ich kann mir die Abnehmer nicht backen. Als Freiberuflerin musst du dich ständig bewegen, um deine Arbeitskraft zu verkaufen. Selbst schuld. Gibt es Neues von Jakup Kacpar?«
»Am Samstag war ich bei deinem alten Herrn im Hospiz. Wer weiß, wie lange er mich noch erkennt. Es ist unfassbar traurig, wie so ein gebildeter Mann seinen Verstand verliert. Der Arzt meint, man müsste auf alles gefasst sein.«
»Ich weiß. Wie läuft denn seine Firma?«
»Seit er krank ist, höre ich nichts aus dem Geschäft. Im November hat er sein Büro ausgeräumt. Danach blieb ich zu Hause.«
»Er überschrieb mir alles. Ich war bei einer sogenannten Gesellschafterversammlung beim Notar. Statt seiner wurde ich beim Amtsgericht als Geschäftsführerin eingetragen. Alleinvertretungsberechtigt. Hört sich gut an, oder? Dabei habe ich keinen blassen Schimmer vom Immobiliengeschäft. Am Dienstag besuche ich seinen Compagnon. Bei euch in Frankfurt.«
»Viel Spaß. Den mag ich nicht. Bestimmt kannst du besser mit ihm. Wenn du Näheres über den Ablauf im Geschäft

wissen willst, ruf" mich an. Ich erledigte alles Mögliche für Jakup Kacpar.«
»Danke. Wie kommst du denn finanziell zurecht, Jacqueline?«
»Das Geld fehlt mir, um ehrlich zu sein. Ich wollte den Umzug abwarten. Nächste Woche beginne ich mit der Jobsuche. Hoffentlich nützt mir einer meiner Abschlüsse. Sonst gehe ich zu McDings.«
»Du hast Sozialpädagogik studiert. Danach Design. Passt bestimmt. Du wirst sehen.«
»Ob du 'was hörst, in einem deiner Pressehäuser oder Verlage?«
»Bei den Printmedien sieht es momentan eher mau aus. Ich stelle mich am Mittwoch einem Filmproduzenten vor. Du lachst. Der sucht eine Kamerafrau. Dort arbeitet Sabine Klaarens, eine Bekannte. Ist mit Anja Seffken befreundet, der Künstlerin von heute Mittag. Sabine erzählte mir, dass sie für Museen arbeitet. Irgendwo gibt es da bestimmt einen Job für dich. Sobald ich etwas höre, sage ich Bescheid. Ich fahre gleich noch mal nach Kranichstein. Dort treffe ich Anja. Ich will ihr und Luisa beim Zusammenpacken helfen.«
»Danke, dass du das tust. Ich muss nach Hause. Sonst wären wir selbstverständlich ebenfalls dabei.«
»Ich will endlich deine Holzfiguren fotografieren. Wann darf ich euch denn in der neuen Hütte heimsuchen?«
»In vierzehn Tagen starten wir eine house-warming party. Für dich. Eine Kollegin von Norbert kommt dazu. Die Umzugshelfer ebenfalls. Ich hoffe, das ist bis dahin erlaubt. Jedenfalls soll inzwischen alles soweit sein. Ich koche indisch, Norbert spielt Klavier, die Kinder geben sich ebenfalls Mühe.«

∞

Kurz nach halb neun empfahl Jonas Barkendorffs Navigationsgerät, links abzubiegen. Der Nachrichtensprecher mischte sich ein: Explosion im Europäischen Raumfahrtzentrum. Barkendorff würgte das Radio ab. Sein Ziel lag links. Ein Hochhaus. Nirgends eine Parkfläche. Er schaltete den GPS-Empfänger aus, drehte um, fand schließlich einen freien Platz in der Bartningstraße.
Maximilian Schellfisch würde frühestens in zwei Stunden hier sein. Das sollte reichen.
Jonas überlegte. Ob er ihr Eifersucht vorspielen sollte? Einen dummen Spruch 'reindrücken, vom Shit, vom Alk, von seiner Schwester oder so? Müsste mit dem Teufel zugehen, wenn er am Abend nicht XXX in sein virtuelles Tagebuch tippte.
Barkendorff griff nach dem Hut auf dem Beifahrersitz. Er ging nach hinten, um das Sakko auszuziehen. Schließlich überlegte er es sich anders. Warf beides in den Kofferraum. Er schob einen Arm in eine Lederjacke, zögerte, griff schließlich nach dem Aufhänger. Die Jacke warf er sich über die Schulter. Jonas drückte auf den Klingelknopf mit dem Namen ‚Schellfisch'.

∞

Fünfzig Meter höher drehte Bianca Schellfisch den Ton des Fernsehers auf null.
Eine unbekannte Stimme quäkte aus der Sprechanlage. »Ich bin Jonas Barkendorff von der ‚Freien Post'. Kann ich Ihren Mann sprechen?«
»Max ist im Dienst.«
»Darf ich bei Ihnen auf ihn warten?«
»Okay. Er kommt bald. Nehmen Sie den Lift zum fünfzehnten Stock. Hier oben gibt es bloß ein Appartement.«

Bianca erwartete ihn in der offenen Tür in einem bauchfreien T-Shirt, Leggins, Katzen-Pantoffeln, mit einer Zigarette in der Hand. Helle Augen, brauner Pferdeschwanz, schlanke Taille, imposante Oberweite, höchstens zwanzig.
»Hi. Geh 'n wir 'rein.«
Im Wohnzimmer stand Bier auf dem Tisch.
»Hopfenblütentee? Ich hol' 'n Glas.«
»Voll fett.«
Biancas Blick verfing sich an der Perle neben seinem linken Nasenloch. »In diesem Turm gehts weniger altbacken zu als in eurer Firma. Irgendwelche Einwände, wenn wir uns duzen?«
»Danke. So redet sich 's leichter.« Er starrte auf ihre rastlosen Brüste unter dem kurzen T-Shirt mit dem Iron-Maiden-Aufdruck. »Bin Jonas. Haste 'was zu rauchen?«
»Neee. Bloß Marlboro.« Sie küsste ihn auf die Nase. »Bianca. Siehst voll unterhopft aus.« Sie tranken sich zu. »Wie kommt so ein gediegener Playa wie du zu denen?«
»Du meinst zur ‚Freien Post'? Studium geschmissen. Zeitweise Security. Seit einem halben Jahr Fahrer für das Lokalressort. Is 'n Aushilfsjob. Mit Dienstwagen für Außentermine.«
»Da gibts einen auf so 'ner Pornpage. Der gleicht dir glatt. Halt weniger straight.«
»Eh bei XHamster?«
»Witzig, Jonas.«
»Juckt?«
»Manchmal stell' ich mir das vor, selbst so 'n Porno zu machen. Mit 'nem gierigen Hengst. Boah eh, darf Max nix von wissen. Der dreht durch.«
»Ziemlich geldig, deine Idee.«
Sie trank. »Cremig bleiben, Jonas. Hab' irgendwie das Gefühl, dass du keinen Turn hast. Du wolltest von Max nix

Berufliches, oder?« Vorsichtig streichelte sie seinen Handrücken.
»Äh, nein, oder besser so ungefähr.«
»Ich sag niemand nix.«
»Seit Dezember hab' ich 'ne WG mit meiner Schwester, Svenja. Betriebswirtschaft abgebrochen. Wartet auf einen Studienplatz in Jura. Straight drauf. Seit Februar Praktikantenstelle in der ,Freien Post'. Für zwei Monate. Meine Idee. Am Mittwoch, es ist passiert.« Er schwieg.
Sie hob die Dose: »Lass mich raten: Max hat sie angegraben. War er erfolgreich?« Sie trank.
»Bist du sauer?«
Bianca hob die Hand. »Der steckt seine Finger überall 'rein. Ein Pornobrain. Is mir Rille. Sollte ich genauso machen.«
»Wie meinst 'n das?«
»Fremdschnackseln, was sonst.«
Das lief gut. »Yolo. Pornös.«
»Wenn Max das hört, kriegt er das Eierflattern.« Sie strahlte von einem Ohr zum anderen. Gleichzeitig hob sie ihre Bierdose. »Biste sicher, mit Svenja?«
»Hundertpro. Total unschuldig, die Svenja, 'n halbes Kind. Am Mittwoch um sechs nahm er sie mit hierher. Sie peilte zu spät, dass du weg warst. Alk. Speed. Koks. Was halt dabei war. Jedenfalls total eingeleitert. Komasutra. Da hatte er 's leicht, sie wegzuflanken.«
»Max der Sperminator. Vollpanne.« Sie griff nach ihrem Haargummi, zog es nach unten, schüttelte die braunen Haare. »Was ist mit Svenja?«
»Die hat keine Routine mit dem Angebratenwerden. Fand's akzeptabel. Als One-Night-Stand. Ist halt passiert. Das erste und letzte Mal mit ihm, sagt sie. Trotzdem werd' ich ihm klarmachen, dass er seine Finger von ihr lässt.«
»Lol. Schieb dir was. Da biste den Job los.«

»Wer meine Schwester anmacht, fängt 'n Gong. Ende.«
»Brotgehirn. Der is da 'ne große Nummer bei der ‚Freien Post'. Musste 'runterschlucken. Max ist voll die Evolutionsbremse. Svenja meint: akzeptabel. Reimt doch.«
»Yep. Svenja ist premium. Du raffst es. Voll das Schnittchen.« Sie stand auf. »Warte. Denke, da ist noch 'n Piece in meiner Handtasche. Sogar Paper. Kannst du 'ne Tüte bauen?«
»Aber shisha.« Er zog den Tisch heran. Sorgsam faltete er eine Zeitschrift auseinander.
»Shit«, Bianca runzelte die Stirn, griff nach ihrer Bierdose, hob sie an, stellte sie zurück, »so eine kleine Retourkutsche hätter verdient, der Senfautomat. Hart.«
Er zerbröselte eine Zigarette, schüttete den Tabak zu einem kleinen Kegel, beleckte das Papier. »Wie meinst 'n das?«
»Ob ich mal mit 'm anderen knuseln sollte?«
»Könnt' ich mega verstehen.«
»Kannste zaubern?«
»Kommt drauf an.«
»Du müsstest den Max wegzaubern, das Ekelpaket.«
»Rofl. Das wär' tricky. Sowas geht nur bei Netflix.«
»Wenn einer das hinkriegt, mach ich, was er will, wo er will, wann er will, mit wem er will. Von mir aus XHamster. Ich schwör'.«
»Du wärst 'ne zweite Jessie Andrews.«
»Geiler. Härter. Tiefer. Träum' ich manchmal von. 'Ne Gia Paloma.«
»Bist 'ne echte Porn Princess.«
Sie schob ihre Hand über seinen Oberschenkel: »Ich hab' Bock auf 'ne Revenge.«
»Äh, Schleckrosine. Du meinst, wir, ähm, dass wir beide?«
Er entzündete den Joint, nahm den Mund voll Rauch, drehte sich zu Bianca.

Mit geöffnetem Mund küsste sie ihn auf den Hals. »Ich weiß net, du erinnerst mich – egalo.de. Um zehn musste verschwunden sein. Uns bleibt eine Stunde.«

∞

Es war lustig, mit Anja, Luisa und Andreas. Sie mussten an den Autos die Scheinwerfer einschalten, um etwas zu sehen, mitten im Wald. Vor zehn Minuten hatten sie sich verabschiedet.

Um diese Zeit war es auch im menschenleeren Kranichstein unheimlich, obwohl die Straßenlampen brannten. Versonnen blickte Maike Mainwald auf die Terrasse der ‚Salsa Lounge'. Sie parkte den Ampera an der Schleifmühle. Seit Mitte März war der Biergarten mit rot-weißen Bändern abgesperrt. Sie lagen jedoch zum Teil auf dem Boden. Überall standen zusammengeräumte Möbel. Am einzigen Tisch fand Maike Mainwald einen Stuhl in der äußersten linken Ecke. Mit Aschenbecher. Eine Straßenlampe spendete müdes Licht. Gern hätte sie den üblichen Caipirinha getrunken, zu ihrer blond-grünen Menthol-Gauloise. Auf das Getränk musste sie verzichten. Wie sie hörte, öffneten die Inhaber frühestens im Mai oder Juni.

Auf ihrem I-Phone installierte Maike die OkCupid-App. So konnte sie unterwegs schnell checken, was sich bei dieser Single-Börse tat. Bisher keine Anfrage. Sie steckte das Handy ein.

Das Gespräch mit Jacqueline am frühen Abend tat ihr gut. Ihr Vater fiel ihr ein. Jakup Kacpar Mainwald, betrieb seit fünf Jahren mit einem Partner ein Maklerbüro im Frankfurter Westend. Dabei war er so stark kurzsichtig, dass er kein Auto fahren konnte. Seit drei Jahren ließ er sich von Jacqueline chauffieren.

Jacqueline hatte nach der Sozialpädagogik Design studiert – weil sie damals mit einem Werbegrafiker zusammenhing. Sie heiratete schließlich Norbert. Von seinen Klavierstunden lebten sie mehr schlecht als recht.

Bei Jakup Kacpar fand Jacqueline 2017 eine Arbeit, die sich gut mit ihren familiären Ambitionen vertrug. Die Korcks zogen an den Westrand von Frankfurt. Eine gute Sache. Bis zum vergangenen Winter.

Dann fiel der Immobilienmakler aus. Diverse Organe versagten ihm den Dienst. Dummerweise war das Hirn ebenfalls geschädigt. Demenz. Manchmal vergaß er, was er vor zehn Minuten sagte. Dann erinnerte er sich wieder ganz genau an Ereignisse aus Maikes Kindheit. Dazu kam ein bösartiger Bauchspeicheldrüsenkrebs. Für die Ärzte war er austherapiert. Er lag im Hospiz.

Maike steckte sich eine neue Zigarette an. Ein Liebespärchen im Hauseingang gegenüber knutschte intensiv. Die zwei waren so sehr mit sich beschäftigt, dass keiner der beiden aufschaute, als sie sich setzte. Maike warf einen Blick auf ihre Apple-Watch. Sie zeigte zehn nach elf. Zwölf Grad Celsius. Die Sonne ging vor drei Stunden unter.

Maike schaute sich um. Der Straßenverkehr war schwach. Vor zehn Minuten war eines der mittlerweile seltenen Flugzeuge zu hören. Im Biergarten brannten normalerweise Lampions. Vorsichtig legte sie die Jacke neben sich auf ein Mäuerchen. Die Lumix GM5 mit dem Pancake nahm sie von der Schulter.

Maikes Smartphone vibrierte in der Hosentasche. Kein Anruf. Keine neue Nachricht. Ein Push-Telegramm: Vermuteter Anschlag im Europäischen Raumfahrtzentrum.

∞

Jonas Barkendorff hatte sich um halb elf von Bianca verabschiedet. Im obersten Stockwerk des Wohnblocks in der Gruberstraße drückte er die Taste für den Lift nach unten. Die Jacke klemmt er unter den Arm.
Verdammt. Jemand war schneller. Der Aufzug kam hoch. Geistesgegenwärtig schob er sich hinter eine Mauerecke neben dem Fahrstuhlschacht. Die Jacke rutschte auf den Boden. Er zog sie nach hinten.
Die Kabinentür glitt zur Seite.
Heraus trat Maximilian Schellfisch.
In einer spiegelnden Fensterscheibe zur dunklen Straße beobachtete Jonas die Tür zum Schellfisch-Appartement, in der soeben Bianca erschien. »Du kommst mir grad' recht.«
»Feines Welcome. Ich habe bis eben gearbeitet.«
»Hast du wieder eine Kollegin angebraten?« Sie zog ihn hinein. Dabei ließen sie die Tür einen Spalt offen, sodass Jonas alles hören konnte.
»Was ist denn los?«
»Der Bruder einer Svenja rief an. Wollte dich sprechen. Hab' ihm auf 'n Zahn gefühlt. Du hast seine Schwester gefickt.«
»Wie bitte?«
»Am Mittwoch. Während ich arbeiten war.«
»Seit wann glaubst du wildfremden Männern eher als mir?«
»In unserem Ehebett, du Azzlack.«
»Ausziehen. Sofort. Auf die Knie. Ich warne dich.« Es klatschte zwei Mal. »Das war für den Azzlack. Wenn du darum bettelst, hole ich die Peitsche.«
»Du Amk«, sie weinte, »ich hab' die Schnauze voll von dir.«
»Reg' dich ab wegen der Schelle. Damit bist du gut bedient.«
Man hörte eine Tür. Wasser lief. Offensichtlich war jemand im Bad.
Schritte kamen zurück. Er goss sich etwas in ein Glas.

»Erinnerst du dich an dein Versprechen, alles zu tun, was ich will. Du bist nach wie vor angezogen.«
»Du lügst, wenn du den Mund aufmachst.« Ihre Stimme überschlug sich. »Wenn du noch einmal zuschlägst, hau' ich ab. Hab' doch gar nix gemacht.«
»So? Okay. Dann war die Schelle für die anderen Male, wo du sie verdient hattest, ohne eine abzukriegen.«
»Du brauchst dich an nix zu halten. Fickst die ganze Firma durch. Wenn ich 'mal was will, hast du keine Zeit. Ich mach die Wäsche. Bügel deine Sachen. Putz' die Wohnung. Wir wollten hier drin nicht mehr rauchen. Gestern geh ich auf den Balkon, um mir eine anzustecken, ist alles zappenduster, weil seit vierzehn Tagen die blöde Glühlampe kaputt ist. Wolltest du letzte Woche auswechseln.«
»Ist überhaupt kein Thema. Mach' ich morgen. Warum regst du dich auf?«
»Ich verlange, dass du dich entschuldigst.«
»Sei einfach lieb zu deinem Tiger. Schon ist alles gut.«
»Du tust es niemals. Sag wenigstens, dass es dir leidtut.«
»Was sollte mir denn leidtun?«
»Dass du mich schlägst. Hör zu: Ich laufe zum Kiosk. Einen Ramazotti trinken. Wenn ich wiederkomme, entschuldigst du dich, sonst bin ich weg. Für immer. Ach ja, wechsle endlich die blöde Birne aus.«
Jonas huschte hinter den Fahrstuhlschacht. Er bückte sich nach seiner Jacke.
Keine Sekunde zu früh.
Bianca erschien in der Tür.
Sie schwitzte, zog ihre Jacke aus, drehte sich um, warf sie in den Flur. Mit einem Sweatshirt in der Hand kam sie zurück.
Bianca stapfte in den Lift.
Jonas wartete einen Augenblick neben dem Fahrstuhl.
Der Aufzug fuhr an.

Ließ sie die Flurtür irrtümlich offen?
Jonas schob seine Jacke neben dem Fahrstuhlschacht nach hinten.
Er wartete.
Lautlos bewegte er sich zur halb offenen Tür.
Er hörte, wie ihr Ehemann zurück ins Wohnzimmer ging.
Max kramte nach verschiedenen Sachen, ging in den Nebenraum, holte irgendetwas.
Als Jonas ihn durch das Wohnzimmer gehen sah, hatte Max Werkzeug dabei. Einen kleinen Karton trug er in der anderen Hand.
Jonas wollte sich schon nach vorne schieben, da kam Max zurück. Er holte eine Leiter. Man hörte, wie er sie auf dem Balkon aufstellte.
Jonas schlich durch den Flur. Beinahe fiel er über Biancas Jacke auf dem Boden des Flurs. Er schob den Kopf durch die Tür.
Jäh sah er Max auf dem Balkon.
Der stieg eine Leiter hoch, um den Lampenschirm abzuschrauben. Wieder unten legte er den Schirm mit dem Schraubendreher auf den Boden. Aus einer Schachtel nahm er eine Glühlampe. Max stieg erneut hoch.
Leise brabbelte Max vor sich hin. »Wegen der Scheiß-Birne so einen Aufstand. Die hat verdammtes Glück, dass ich so großzügig bin.«
Ob es Zuschauer gab? Draußen war es dunkel. Im Wohnraum brannte Licht.
Manchmal würfelte der Zufall mit Angeboten. Augenblicke für eine mutige Tat. Mutige Taten lohnten sich. Wenn man Vorsicht walten ließ.
Jonas schlich zurück, bückte sich nach Biancas blauer Jacke, zog sie über.

Lautlos stellte er sich hinter Max. Max stand mit dem Rücken zu ihm.
Jonas hob die Hand, drehte den Oberkörper. Mit einem Ruck schob er Max nach vorn.
Max verlor sofort das Gleichgewicht.
Das Letzte, was Jonas von ihm sah, war sein erstaunter Gesichtsausdruck.
Ohne ein Wort stürzte er über das Balkongeländer.
Jonas Barkendorff blieb in der Balkontür stehen. Er warf einen Blick über das Mäuerchen. Von hier aus konnte er die andere Straßenseite erkennen. Dort sah er einen orangefarbenen Mercedes, der soeben wegfuhr. Vermutlich ein C220 d4. Jonas kannte nur einen, der so einen auffälligen Wagen fuhr: Seinen Chef. Aus dem fünfzehnten Stockwerk sah die Limousine aus, wie ein Spielzeugauto.
Der Mörder verließ den Tatort, ohne zur Balkonbrüstung zu treten. Er zog im Flur die Jacke aus, ließ sie fallen und drückte die Tür mit dem Ellbogen zu.

∞

Sabine Klaarens lehnte sich zurück. Auf dem rechten Bildschirm des Schnittplatzes lief der Abspann ihrer aktuellen Produktion. Geschafft.
Sie griff nach dem Glas. Cola Zero.
Am Vormittag drehten sie die letzten Szenen im Einkaufszentrum. Am Abend hatte Sabine alles geschnitten. Morgen zog das Set in einen Saunaklub. Sie freute sich auf ihre Wohnung. Und auf Björn.
Bis sie nach Hause kam, würde er da sein.
Gestern Vormittag rief Flo an. Nach über zwei Wochen. Er wollte ein Video machen. Mit seiner neuen Kamera.

Das konnte sie ihm kaum abschlagen. Von Zeit zu Zeit schaffte er Stoff heran. Meistens GHB. Für eine Party. Zu dritt. Oder zu viert.
Sie sagte zu. Aus Spaß.
Um zwei Uhr ging es los. Jonas brachte eine Brasilianerin mit. Kein Wort Deutsch. Voll jung. Legal age, wie es hieß. Jonas sah sie zum ersten Mal. Er fotografierte Lucidas Pass. Und übersetzte.
Von Anfang an tat die Brasilianerin so, als wollte sie ganz woanders sein. Das war so abgesprochen. Es sollte ein A-buse-Vid werden. Alles sehr überzeugend. ‚Wir zeigen real, wie wir sie entkorken', rülpste Flo in das Mikrofon. ‚Krasse Pasta', kommentierte Jonas mit der gutturalen Heavy-Metal-Stimme.
Sabine war erregt.
Jonas sprach im gleichen Ton über Sexualmagie. Protzte mit Fremdwörtern. Ejakulation als Katharsis. Arschloch.
Sabine besaß eine Schwäche für authentische Männer. Männer wie Björn.

∞

Abrupt hörte Maike Martinshörner in der Bartningstraße. Schwere Autos neben dem Wohnblock auf der anderen Seite. Laute Stimmen riefen durcheinander.
Von ihrem Platz aus sah Maike Mainwald hoch zu den Balkonen. Sofort griff sie nach der Sony in ihrem Anorak. Der obere Teil der Häuserfront zeichnete sich scharf gegen den Nachthimmel ab; bei den Balkonen erkannte man keine Details. Sie lagen im Dunkeln. Die Straßenlampen reichten mit ihrem Licht nicht so hoch hinauf. Trotzdem fuhr sie das Zoom-Objektiv aus.

Gemächlich fingerte sich der Lichtstrahl eines riesigen Feuerwehr-Scheinwerfers nach oben bis zur sechsten Etage. Auf einem Balkon ganz rechts stand eine Frau. Sie war anscheinend verwirrt – oder entschlossen, über das Geländer zu springen. Maike riss die Blende auf, drehte die Iso-Zahl hoch, die Zeit auf eine zweihundertstel Sekunde. Den Rest erledigte der Autofokus. Ohne nachzudenken, drückte sie den Auslöser. Im Laufe der Jahre entwickelte sie einen Jagdinstinkt für unvorhersehbare Ereignisse.
Die Frau trat einen Schritt zurück. Sie bemerkte den Trubel. Weitere Feuerwehrwagen fuhren laut hupend heran, dick Vermummte zogen Absperrbänder, holten weitere Gerätschaften aus den Fahrzeugen.
Da setzte sich die Frau auf das Geländer.
Sie stieß sich ab. Plumpste in die Tiefe. Mit den Füßen zuerst.
Menschen spritzten auseinander.
Ein furchtbares Geräusch. Wie von einem Apfel, den ein Kind an eine Wand wirft.
Stille.
Eine Menschenmenge verdeckte das Geschehen. Wo kamen die auf einmal her? Polizisten diskutierten lautstark mit Gaffern. Wegen der Abstandsregel. Andere sperrten alles ab.
Maike bannte über zwanzig Bilder auf den Sensor.
Niemals kannte sie Scheu, Unfallopfer zu fotografieren. Mittlerweile überließ sie das den Kollegen; obwohl sie mit ihrem Presseausweis sicher durch die Polizeikette käme. Unwahrscheinlich, dass die Frau den Sprung überlebte. Maike Mainwald besaß in jedem Fall Bilder, auf denen man die Person lebendig sah. Im allgemeinen Trubel bemerkte niemand, dass sie lautlos Fotos ablichtete.

Während alle anderen versuchten, einen Blick auf den leblosen Körper zu erhaschen, schob sie den Fotoapparat in das Spezialfach im Anorak. Die kleine Lumix hing sie sich über die Schulter, bevor sie die Jacke anzog.

Maike verließ den Biergarten der ,Salsa Lounge'. Ihr Ampera stand zwei Häuser weiter um die Ecke. Sie schaute auf das Kamera-Display. Prüfte die Schärfe.

Ob sie zuerst Marion Mutt anrufen sollte? Unsinn: Die Tagespresse war längst im Druck; Redaktionsschluss um sieben, Deadline um zehn. Trotzdem klingelte sie bei ihr an.

»Liege auf dem Bett. Ich bin am Lesen.«

»Was liest du?«

»Monika Helfer. Die Bagage. Ein Pageturner.«

»Gerade fotografierte ich eine Selbstmörderin. Sechster Stock. Sie sprang von einem Haus in der Bartningstraße. Ich erwischte sie zufällig, bevor sie sprang. Ob sie es überlebte, weiß ich nicht.«

»Sonderbar. Eben rief mich Sascha Saab an, ein Volontär. Er hörte den Funk ab. In der Gruberstraße sprang zur gleichen Zeit einer. Aus dem fünfzehnten Stock. Keine tausend Meter entfernt. Als Sascha hinkam, deckten sie den Körper schon zu. Der hieß angeblich Maximilian Schellfisch. Sascha ist sich da unsicher. Wenn das sein Name ist, kenne ich den.«

»Woher denn?«

»Ein Kollege. Lokalreporter beim Wettbewerb.«

»Die Stadt verzehrt ihre Bewohner.«

»Bist du müde?«

»Ein bisschen.«

»Mein Mann ist in Köln. Dienstlich. Hier steht eine offene Flasche Bree Chardonnay. Davon könnte ich ein Glas abgeben, bevor es verkommt.«

»Ich fahre gerade nach Hause. Wo wohnst du?«

»In der Schlossgartenstraße. Auf eine halbe Stunde. Ich habe Dienst morgen.«
»Ich ebenso. Das ist bei mir um die Ecke. Ich komme zu Fuß. Stelle schnell mein Auto ab. Bis gleich.«

∞

Maike besuchte Marion Mutt zum ersten Mal zu Hause. Marion verkaufte Maikes Bilder für zehn Prozent des Honorars weiter.
Ein Haus aus der Gründerzeit. Maike hatte eine Schwäche für Altbauten. Der Eingang war an der Seite. Marion wohnte im zweiten Stock. Ihr Appartement sah aus, wie aus einem Möbel-Katalog. Ein Fenster stand offen. Nirgends lagen Sachen herum. Alles sah frisch geputzt aus.
»Wir haben Informationen über den Suizid in der Bartningstraße. Er war tödlich. Eine ehemalige Schlagersängerin, sechsundzwanzig, drogensüchtig, seit sieben Jahren keinen Hit.«
Meike holte ihre Kamera aus der Jacke. Sie schaltete den Monitor ein. »Fünf Bilder während sie springt. Hier, leicht verwischt, die anderen annähernd scharf. Welches kannst du brauchen?«
»Das Verwischte sieht nach Action aus. Die anderen bringe ich woanders unter. Spitzenmäßig.«
»Bekommst du morgen. Um zehn.«
»Sascha machte dort später ein Bild von den Zuschauern. Mit einem solchen Glückstreffer rechnete keiner. Wahnsinn.«
»Um mir das zu erzählen, lädst du mich ein?«
»Es ist 'was Privates. Der andere Selbstmord.«
»In der Gruberstraße?«
»Du sagst es. Maximilian Schellfisch.«

»Den Namen hörte ich schon. Hm, null. Muss ich den kennen?«

»Nee. Achtundzwanzig Jahre. Skorpion. Verheiratet. Sie heißt, glaube ich, Bianca, seine Holde. Widder, erste Dekade. Gerade zwanzig.«

»Ich kenne so eine Bianca. Modell hobbymäßig.«

»Das passt. Beide sehen gut aus. Er arbeitet seit Jahresanfang für die ‚Freie Post'. Wir trafen uns bei Terminen. Stellvertretender Lokalchef.«

»Nach so kurzer Zeit?«

»Der kann wohl gut mit dem Grafen, dem Chefredakteur der ‚Post'.«

»Irgendwie depressiv?«

»Ganz im Gegenteil. Grapscht überall hin mit seinen Fingern. Versucht es sogar bei mir. Dabei bin ich dreiundvierzig.«

»War er erfolgreich?«

»Du fragst mich aus.«

»Ich bin Journalistin.«

»Off the record. Kennst du das Strand-Café?«

»Das Boot am Woog?«

»Das meine ich. Kürzlich, vor Corona, tranken wir dort einen ‚Sex on the Beach'. Nach einer Pressekonferenz der Schlammbeißer. Ich nahm ihn mit zu mir. Pierre, mein Mann, war unterwegs.«

»Gut oder schlecht?«

»Ach je, mal 'was anderes. Gott sei Dank kam Pierre zwei Tage später zurück. Von Max darf er selbstredend nix wissen. War tatsächlich eine Ausnahme.«

»Sah Max das genauso?«

»Denke ich schon. Er rief mich vor ein paar Stunden dienstlich an. Ging gestern aus mit seiner Frau. Ausgesprochen fröhlich hörte er sich an.«

»Keine Gefahr, dass dein Pierre es spitzkriegt?«
»Never. Was hier passiert, bekommt niemand mit. Unten sind Praxisräume. Ein Rechtsanwalt sowie ein Psycho. Oben ist ein Lager. Wir sind nachts die Einzigen im Haus.«
»Warum sprang Max vom Hochhaus?«
»Glaubst du an Astrologie?«
»Nein. Trotzdem: heraus damit.«
»Im Moment ist der Sternenhimmel eher statisch. Er verändert sich kaum. Es gibt ganz klare Nächte seit ein paar Tagen; ist dir eventuell aufgefallen. Der ‚Große Wagen' beispielsweise wandert zwar, seine Form bleibt allerdings unverändert. Unsere Planeten hingegen ziehen da durch; insbesondere die Venus. Sie ist momentan genauso hell wie die Mondsichel. Siehst du sogar hier in der Stadt. Die Venus bewegt sich gerade durch das Sternbild ‚Stier'. Eine kritische Konstellation. Sie macht einige Menschen streitlustig. Insbesondere Skorpione kriegen sich mit dem anderen Geschlecht in die Haare. Max war ein Skorpion. Sie ist ein Widdermädchen. Erfuhr ich von ihm. Widder reagieren in dieser Konstellation auf Vorwürfe cholerisch, aggressiv, unfair.«
»Ob das damit zusammenhängt?«
»Für mich alles eindeutig. Vielleicht denkst du mal drüber nach.«

∞

»Wer reitet so spät zum Ebertplatz? Ist das nicht Maike Mainwald?«
»Wer sind Sie?« Maike tastete nach dem Pfefferspray in der Jackentasche.
Der Mann stand direkt vor ihr. Breitschultrig, einen halben Kopf größer, Minipli. Hinter ihm die Straßenlampe.
»Wir kennen uns. Ich bin Björn.«

Sie kannte weder einen Björn noch die Stimme. Die zwei Gläser Wein bei Marion hätte sie langsamer trinken sollen. Nach der Sache in Kranichstein. War das schon zwei Stunden her? Sollte sie versuchen, ihn zur Seite zu stoßen?
»Ich bin mit Sabine Klaarens zusammen.« Boing. Es war vor drei Wochen, da tranken sie gemeinsam ein Glas Sekt. Presseempfang beim Oberbürgermeister. Mit Sabine. »Wohnst du hier?«
»Gleich da vorn, in der Liebfrauenstraße«, hörte sie sich sagen. Verdammt, das ging ihn einen feuchten Staub an.
»Ich begleite dich, damit du gut nach Hause kommst.« Er drehte sich um. »Alkohol getrunken?«
»Zwei Gläser.« Sie wollte fort. »Danke. Du musst nach da hinten, oder?« Er ging schon neben ihr.
Na, wenn schon. Sie wollte allein sein. Vor der Tür würde sie sich mit einem Küsschen auf die Backe verabschieden. Maike versuchte es mit Gleichmut: »Wieso bist du um diese Zeit hier, Björn?«
»Ich arbeite an der Rezeption des Orwo-Hotels am Rhönring. Bis Mitternacht oder etwas später. Nach dem Dienst laufe ich nach Hause. Wir wohnen in der Hobrechtstraße. Die zwanzig Minuten tun mir gut.«
»Stimmt, Paulusviertel. Wir sind da. Grüß' mir Sabine.«
Maike schloss die Tür auf. Das Minutenlicht ging an.
»Nach oben?« Björn ging gemeinsam mit ihr zur Treppe.
Ohne ein Wort stiegen beide die morschen Stufen ihres Altbaus hoch. Es war bestimmt halb eins. Wie selbstverständlich folgte er ihr in den dritten Stock. Sie schloss die Tür hinter ihm. »Magst du einen Tee?«
»Gibt es ein Bier?«
Sie hatte für jeden eins.
Wenn sie nachrechnete, war Sabine Klaarens Anfang fünfzig. Björn könnte in Maikes Alter sein.

Maike hing den Anorak auf. Darunter trug sie die kleine Kamera mit dem Pancake über der Schulter. Sie legte sie auf den Schreibtisch, zog die Schuhe aus, öffnete ein Dachfenster.
Beide stießen mit der Flasche an.
Seine Haare waren schwarz. Von gleicher Farbe die Lederhose sowie die Jacke. »Hier wohnst du? Spannend. Sabine liegt im Bett. Sie arbeitet momentan für so ein Video-Projekt. Da steht sie früh auf. Sogar heute.«
»Am Sonntag?«
»Ausnahmsweise. Die drehten in einem Einkaufszentrum. Corona-bedingt geschlossen. Morgen machen die dort auf. Da mussten die Aufnahmen heute abgeschlossen werden.«
»Danke, dass du mit hochkamst.« Sie setzt sich zu ihm. »Ich mag Sabine.«
»Ich erst recht. Deshalb sind wir zusammen.«
»Alle mögen sie. Wie kommt das?«
»Ich denke, es ist ihre Art: Sie hilft, wo sie kann. Außerdem sagt sie, was sie denkt.«
»Da ist etwas dran. Die Maxime meines alten Herrn: Mitmenschen helfen. Andererseits: Viele sind undankbar.«
»Sie sehen auf ihren Vorteil. Für uns ist das unwichtig. Wir sollten keinen Dank erwarten. Wir helfen, weil wir Menschen sind. Du fühlst dich einfach gut, wenn du jemandem hilfst.«
»Das stimmt.«
»Wenn ich dich allein in der Dunkelheit antreffe, bringe ich dich nach Hause. Dabei halte ich es mit Schiller: Der Mensch ist nur da Mensch, wo er spielt. Mit ‚Spiel' meint er etwas ohne direkten Nutzen. Wir müssen öfter Zweckloses tun, Kreativität entfalten, Unsinn anstellen. Ergibt sich daraus zufällig ein greifbarer Vorteil: umso besser.«

Maike streichelte seine Wange. »Darüber denke ich nach.«
Ein hübscher Junge. Am Vormittag war die Wange wahrscheinlich glattrasiert. Kinnbärte mochte sie sowieso. »Lass' uns die Handynummern tauschen.« Sie griff nach einem Block.
»Gern. Nichts tut so weh, wie eine verpasste Chance«, Björn warf einen Blick auf die Wanduhr, »doch es ist tief in der Nacht, wir müssen 's diesmal unterbrechen.« Er trank das Bier aus. »Über das Savoir vivre können wir gelegentlich ausführlicher diskutieren; du hast nun die Nummer eines Lebenskünstlers.« Stand auf, gab ihr ein Küsschen auf die Wange.
Maike brachte ihn zur Tür.
»Danke fürs Heimbringen. Gruß an Sabine.«
»Besuch uns mal. Bist eingeladen. Danke für das Bier.«
Weg war er. Schade.
Aber, was hatte sie sich vorgestellt?
Manchmal war ihr das Leben zu kompliziert.
Sie rief OkCupid auf. Nichts.

∞

Montag. Achim Halbfuß gähnte. Er schaute auf die Uhr: fünf vor sechs in der Frühe. Ein innerer Drang; er musste zur Toilette. Außerdem tat ihm sein Bein weh. Der Nissan Juke war eng. Er müsste sich bewegen. Ein leiser Fluch. An der Einfahrt stand ein Dixie-Container. Keine fünfzig Meter entfernt. Wenn er in diesem Moment seinen Beobachtungsposten verließ, würde Nico in derselben Sekunde auftauchen. Da ist jedes Klo ein Dosenöffner in der Büchse. Irgendwie hatte er sich die Arbeit eines Detektivs anders vorgestellt.

Er beugte sich vor. Die Thermoskanne war halb voll Kaffee. Achim drehte den Verschluss auf. Er öffnete die Hose. Im letzten Augenblick ließ er sein Wasser in den Kaffee. Geschafft. Der Behälter lief nicht über.
War er umsonst nach Raunheim gefahren oder hatte Nico sich verspätet?
Achim schloss die Hose. Er griff nach dem Opernglas auf dem Beifahrersitz. Ein Opel fuhr rückwärts an die Rampe. Es war das Modell Cargo. Keine fünf Meter entfernt. Achim legte das Glas zur Seite. Auf einer Klemme über der Konsole war sein Telefon fixiert. Er aktivierte die Videofunktion. Der Lieferwagen blitzte wie neu.
Ein Mann stieg aus. Kein Zweifel: Nico Römig. Achim sah ihn schon am Samstag. Da war es zu weit für die Kamera. Nico winkte dem Mitarbeiter des Logistikzentrums zu. Eine Palette mit Paketen wurde auf die Rampe geschoben. Nico Römig öffnete die Ladeklappe. Er lud die Pakete in den Kombi. Jemand klopfte an Achims Scheibe. »Fahr schnell weg. Da will ein LKW 'rein.« Es klang nach Spätaussiedler.
Sofort ließ Achim den Motor an, um zurückzustoßen. Er fuhr auf den Kühler des Opel Cargo zu. Erneut musste er zurücksetzen. Ohne aufzufallen verließ er das Gelände.

∞

Es war zehn Uhr früh. Ein Türschild aus Messing: ‚Freie Post – Chefredaktion – Dr. Bodo Graf Carl von Zuffen'. Silke Mehringhausen klopfte an. An einem Montag. Vor elf Uhr. Das war eine Premiere.
»Kommen Sie herein. Setzen Sie sich, Frau Mehringhausen. Fragen Sie auf keinen Fall, wie es mir geht. Sie sprachen mit der Polizei?« Er strich sich eine dünne Strähne des verbliebenen Haares aus der Stirn.

»Gott sei ihm gnädig.« Sie schaute auf ihren Block. »Ein Nachbar bemerkte es um dreiundzwanzig Uhr zwanzig. Sechs Minuten später rückte die Feuerwehr an. Der Todeszeitpunkt von Maximilian Schellfisch lag davor. Genauer kann der Polizeiarzt das erst nach der Obduktion sagen. Keine Beobachter. Kein Besuch. Seine Frau macht einen Spaziergang.«
Er stand auf. »Konnten Sie sie erreichen?«
»Nein. Ich vermute, dass sie bei ihren Eltern ist.«
»Was wissen Sie sonst?« Bodo von Zuffen war hinter sie getreten.
»Es sieht mittlerweile eher nach einem Unfall aus. Offensichtlich versuchte er, eine Glühbirne auf dem Balkon zu wechseln. Das klingt verrückt. Da stand jedoch eine Leiter. Die Vorschrift, sich mit einem Seil zu sichern, beachtete er nicht. Er ist kein Handwerker. Die Polizei nimmt an, dass er beim Montieren das Gleichgewicht verlor. Gottes Ratschluss ist unergründlich.«
»Wieso macht er das abends um elf?«
»Spätdienst bis zehn Uhr. Nebenan. Das ist alles wegen der Corona-Hysterie. Die meisten von uns sitzen im Homeoffice. Da muss die Redaktion mit zuverlässigen Mitarbeitern besetzt sein.«
»Einen Suizid schließt man aus?« Wie zufällig landete seine Hand auf ihrem Nacken.
»Es gibt offensichtlich keinen Grund. Nicht einmal einen Abschiedsbrief.« Sie ergriff sein Handgelenk. »Sie wissen, dass die Politik unterbinden will, dass wir uns anfassen in diesen Zeiten. Sobald ich neue Fakten kenne, melde ich mich, Herr von Zuffen.«

∞

»Es funzt. Alles gespiegelt. Fährt hoch im Nullkommanix. Deine Programme kennt er nach wie vor. Außerdem den Browser. Auf der alten Festplatte findest du noch die Original-Daten. Inklusive Betriebssystem. Für den Fall der Fälle. Kannst du später zusätzlich zum Speichern verwenden. Musst du allerdings vorher formatieren. Ruf' mich einfach an.« Thorben Berninger grinste zufrieden. Er richtete seinen unbekleideten Oberkörper auf. Neben ihm lag der Originalkarton einer SSD-Festplatte, die er Maike Mainwald in das Computergehäuse eingebaut hatte.

Maike kam soeben aus dem Badezimmer. Sie trug ein Kleid.
»Da fällt mir ein: Wir beide trafen uns zuletzt bei einer Vernissage im Historischen Museum.«
»Du hast recht. Ich montierte den Fernsehleuten die Stromzufuhr. Du hast fotografiert.«
»Im ‚Body' sah man dich früher öfter. Magst du eine Apfelschorle?«
»Gern. Seit die vierundzwanzig Stunden aufhaben, bin ich ganz früh am Morgen im Fitnessstudio. Vor meinem Dienst im Hotel«, er griff nach seinem T-Shirt, um sich die Stirn abzuwischen, »ist momentan eh zu, das ‚Body'. Seid ihr fest zusammen, Flo und du?«
Das kam plötzlich. »Wenn du es wissen willst: Wir kennen uns seit sechs Wochen.« Das Blut schoss in ihr Gesicht. »Unabhängig davon, was er dir erzählte. Bei einem seiner Auftritte als DJ FloPo traf ich ihn. Er wollte eine CD mit den Fotos. Die bekam er als Sonderservice frei Haus. Ich blieb über Nacht. Meinen Computer aktualisierte er am nächsten Morgen. Gegen Bares. Das ist alles. Es gab kein zweites Mal. Dass er dir meine Nummer gibt, um mir die SSD einzubauen, ist reiner Zufall. Wie gut bist du mit ihm befreundet?« Sie reichte ihm die Flasche.

»Eher kollegial. Flo programmiert Netzwerke. Ich bin nach wie vor für die Hardware zuständig. Dass ich mit dir einmal zusammen war, geht ihn einen Dreck an.« Er grinste. »Ist ohnehin zwei Jahre her. Er ist wohl dabei, ein komplettes Spiel zu entwickeln. Angeblich ein Millionengeschäft.« Thorben wies auf das zwei Quadratmeter große Foto mit den drei Badenixen. »Die Mittlere, gestern – nein, ist unwichtig.«

»Äh, wer gackert, muss ein Ei legen. Was ist mit Bianca?« Sie setzte sich neben ihm auf die Couch.

»Seid ihr befreundet?«

»Nein. Ich kenne sie beruflich. Sie modelt.« Maikes Hand kraulte seinen Nacken.

»Rede ich nicht gern drüber.«

»Das bleibt unter uns.« Sie küsste ihn auf den Mund.

»Weißt du, wo ich wohne?«

»Hinter dem Herrngarten.« Das Haus ist ganz in der Nähe von Marions Domizil.

»Ich wohne in einer äußerst günstigen Zwei-Zimmer-Bude im Hinterhaus über den Garagen einer Unternehmerin. Angela von Zuffen. Upper Society. Eine regelrechte Villa. Sie wohnt mit ihrer Familie vorn. Die haben noch ein größeres Haus in Eberstadt, das sie jetzt renovieren lassen. Mit Swimmingpool, Sauna und Dachgarten. Er ein hohes Tier bei der ›Freien Post‹. Beide um die fünfzig. Zwei Teenie-Töchter. Die Bude bekam ich, weil ich Security im ›Mondial-Hotel‹ mache.«

»Am Bahnhof?«

»Jau. Eher so ein Hausmeisterjob. Das Hotel gehört ihr ebenfalls. Nachts bin ich meistens in meinem Appartement, weil ich im Hotel Tagdienst schiebe. Das gibt ihr ein sicheres Gefühl, meint sie. Ich installierte vorn eine Alarmanlage.

An der Rückseite des Hauses gibt es keine Gardinen. So weiß ich alles, was vorn passiert.«
»Ich vermute, du beobachtest vor allem die Teenies. Stimmt's?«
»Leider null. Deren Zimmer liegen zur Straße. Die Bäder ebenso. Andererseits: Ich wollte von diesem Mädel erzählen.« Er zeigte auf das Bild an der Wand. »Eine Woche vor Ostern. Ganz Deutschland heruntergefahren. Schulferien. Die Töchter in Schottland. Das adelige Ehepaar kinderfrei. Diese Bianca, wie du sie nennst, taucht auf mit einem Typ. Ehemann, Freund, Liebhaber, Stecher, was weiß ich. Festliches Abendessen. Im Wintergarten. Ich vor der Glotze. Tatort. Irgendwann gehen sie in den Salon nebenan. Da ist eine Infrarotschranke am Brokatvorhang. Mit einer Blinkleuchte direkt über meinem Fernseher, wenn sich jemand bewegt. Ich stehe auf, um durch das offene Fenster zu schauen. Angela von Zuffen spielt auf dem Klavier. Der Mann, der von dieser Frau hier, setzt sich direkt neben die Hausherrin. Schaut ihr auf die Finger. Oder auf den Busen, was weiß ich. Blättert die Noten um. Bodo von Zuffen geht mit dieser Frau zurück in den Wintergarten. Sie trinken, umarmen sich. Er küsst sie auf den Mund. Fasst ihr mit Vehemenz unter den Rock. Gehen zur Seite, wo eine Wand nach hinten ist. Ich sehe null.« Er senkte den Kopf.
Maike streichelte seinen Oberschenkel. »Was denkst du?«
»Hat sie, haben sie – was weiß ich? Nach zehn Minuten hört die Chefin auf zu spielen. Alle kommen zurück in den Wintergarten.«
Sie legte ihre Hand zwischen seine Beine. »Weiß das irgendjemand?«
»Wo denkst du hin? Geschäftsgeheimnis.«
»Wie ging es weiter?«

»Abschied coronamäßig. Ohne Küsschen. Deine Bianca kommt ein, zwei Tage später. Zu ihr. Die Gräfin besitzt ein Fotostudio. Diese Bianca lässt sich von ihr fotografieren. Das verschweigt sie dem Grafen, wie mir die Gräfin steckte. In die Umkleide des Ateliers kann ich ebenfalls sehen. Die Kleine hat eine hammermäßige Figur. Pass auf: Vorgestern, Samstagabend. Das Haus ruhig. Um zehn. Alle vier kommen im Auto. Der Graf mit Gattin, diese Bianca, ihr Typ. Im Wintergarten. Essen, Trinken, verabschieden sich ohne Küsschen – keine besonderen Ereignisse. Bis gestern: Die ganze Familie von Zuffen ist ausgeflogen. Die Kinder sind in Schottland. Kurz nach elf kommt der adelige Hausherr mit dem orangefarbenen Mercedes. C220 d4. Wer sitzt drin? Sie, diese Bianca auf dem Bild. Beide einsam im Wintergarten. Ich seh' alles. Diesmal dönermäßig.«
»Was?«
»Na, mit allem.«
»Ich verstehe Bahnhof.«
»Ausziehen, schlecken, lutschen, auf dem Tisch, von hinten, alles eben. Wie im Internet.«
»Der Graf und Bianca?«
»Bingo.«
»Wie lange?«
»Eine halbe Stunde, was weiß ich? Er rief ihr danach ein Taxi.«
Sie reichte ihm eine ihrer Zigaretten. »Wir können mal 'ne Tüte zusammen rauchen. Wie früher. Nebenbei: Was du gerade erzähltest, das wirst du für alle Zeiten vergessen. Schwöre es.«
»Großes Indianerehrenwort. Das von uns, damals, das bleibt ebenfalls geheim. Wenn es an Hardware fehlt, rufst du mich an. Kannst du immer mal machen, wenn dir langweilig ist.« Thorben packte sein Werkzeug zusammen.

»Langweilig ist mir nie. Ich melde mich trotzdem.«
Thorben drückte Maike. Er nahm die Tasche. Schnell wischte er sich über die Stirn. »Ich habe noch einen Termin.« Damit verschwand er durch die Tür.
Maike blickte ins Internet. OkCupid. Keine PN.
Der Boulevard. Marion Mutt war flott. Ein Foto der Schlagersängerin stellte das Blatt mit den großen Buchstaben schon ins Netz.
Die Bilder der Politiker musste Maike bearbeiten.
Während des Imports warf sie einen Blick auf die Printausgabe des Boulevardblatts, das sie am Morgen an der Tankstelle holte. Auf der ersten Seite ein Anschlag als Aufmacher. Der Blattmacher hatte das Bild des Sternchens vom Samstag in verkleinerter Form ganz oben ‚gehighlightet', mit einem Hinweis auf die Rückseite. Dort fand sie mehrere Bilder von Cora Just neben einem kargen Text.
Ihre Augen flogen über den Rest der Seite. Unten stand ein kleiner Artikel über einen anderen Selbstmord. Eine gewisse Lucida Raffaela. Sie legte das Blatt zusammen.
Das Gesicht sah sie vor Kurzem irgendwo.
Sie schlug die Seite von Neuem auf: Das war die Frau, die der Mann in dem Video würgte.
Als man sie fand, hing sie an einem Strick, welcher um ein Wasserrohr an der Decke geschlungen war. Völlig unbekleidet. Neben ihr lag eine Tasche. Keine Wäsche, keine Schuhe, kein Kleid. Woher wusste der Reporter das alles? Von der Polizei? Ob dort jemand weitere Informationen durch Hinweise erhoffte? In dem Artikel hieß es, die Frau habe sich erhängt. Maike Mainwald wusste es besser: Lucida Raffaela wurde ermordet. Von einem feisten Kerl mit schwarzem Filzhut.
Achim musste schnellstens das Video der Polizei zuspielen.

Kapitel III

Montag 20.4.2020 – 12:00 Uhr

Um die Mittagszeit einen Parkplatz in der Innenstadt zu entdecken, war fast ein Lottogewinn. Maike fand einen, direkt vor Achims Tür. Sie lief durch die Hofeinfahrt; sein Büro lag im Hinterhaus. ‚Joachim Halbfuß – Recherchen' stand auf einem Messingschild. Die Tür war offen. Sonst nutzte sie Achims Privatparkplatz im Innenhof, weil er meistens mit der Straßenbahn kam. Oder zu Fuß. Diesmal war er mit dem Auto hier.
Durch den ‚Empfangsraum' beobachtete Maike, wie er sich in seinem Büro eine der schwarzen Zigaretten anzündete. Achim Halbfuß trug einen Vollbart. Die Haare hatte er hinter dem Kopf zusammengebunden. Er strahlte Maike an.
»Endlich ist der Frühling da. Ich erinnere mich nicht, dass du jemals ohne deine Jeans hereinkamst.«
»Das war fast ein Kompliment. Bei dir wirkt es ebenfalls frühlingshaft.« Die Fenster standen weit offen. Im vorderen Zimmer warteten frische Blumen auf einem leeren Schreibtisch.
»Am Vormittag war die Putzfrau da. In diesem Vorraum wird meine Sekretärin arbeiten.«
»Bist du noch an der Unterhaltsgeschichte?«
»Ja. Ich war heute abermals in Raunheim. Das ist verzwickt. Ich muss nachher zum Gewerbeamt in Weiterstadt. Der erzielt vermutlich ein ordentliches Einkommen mit der Paketzustellerei.«
Maike steckte sich eine Zigarette an: »Kann ich dir irgendwie helfen?«
»Ich brauche eine gute Kamera. Möglichst leise. Mit langem Zoom-Objektiv. Was muss ich da anlegen?«

»Welche benutzt du im Moment?«
»Derzeit nehme ich mein Handy.«
»Ich gebe dir vorerst mein Backup, eine Panasonic mit 16-fach Zoom. Schau mal, ob du damit zurechtkommst. Kann ich nachher vorbeibringen. Mit Handbuch. Spiel' einfach damit 'rum. Geht alles automatisch.«
»Lieb von dir. Danke. Film ist ja mittlerweile überflüssig. Hat die Kamera einen internen Speicher?«
»Nein. Fotokameras funktionieren meistens mit Karten. Nur einige Videokameras haben eingebaute Festplatten.«
»Ich benutze manchmal Überwachungskameras. Die arbeiten mit einer Festplatte, auf der sie eine Endlosschleife aufzeichnen.«
»By the way: Weißt du, was eine Möbiusschleife ist, Achim?«
»Klar doch. Eine hoch spannende Sache. Vor allem für Mathematiker, Techniker, Physiker; vielleicht sogar Lebenskünstler.«
»Lebenskünstler?«
»Sie sehen das Leben gelassen. Im Gegensatz zu Menschen, die nie etwas Sinnloses tun, also Erfolgsmenschen. Sie bewegen sich in einer solchen Schleife, ohne es zu bemerken. Ich denke da an gewisse Fotojournalistinnen.«
»Mehr davon. Schlag mich. Ich brauche das heute«, sie boxt ihn spielerisch auf die Schulter. »Erkläre mir lieber, wie das geht, mit der Möbiusschleife.«
»Warum möchtest du das wissen?«
»Ist mir bei einem Pressetext untergekommen.«
»In meiner Jugend hatten wir Tonbandgeräte, um Musik aufzunehmen. Da bastelte man sich auf diese Weise eine Endlosschleife. Weißt du, wie ein Tonband aussieht?«
»Lernte ich im Studium kennen. Nagra. Das Band war ungefähr so breit.« Sie deutete mit den Fingern ein viertel Zoll

an. »Haben wir aber nicht mehr benutzt. Das war schon alles digital, mit Festplatten oder Speicherkarten.«
»Früher setzten Musiker für den Gesang auf der Bühne Echo-Hall-Geräte ein. Dazu wurde ein kurzes Stück Tonband als Ring um die Mechanik herum gelegt. Das wurde so abgeschnitten, dass es gerade satt über den Tonköpfen anlag. Mehrere Aufnahmeköpfe zeichneten den Ton kurz hintereinander mehrmals auf. Ein Wiedergabekopf spielte das verhallte Signal ab. Danach wurde es gelöscht. So erklangen mehrere Echos wie in einem großen Saal.«
»Bei manchen Liedern aus den Sechziger- oder Siebzigerjahren ist so ein Echo zu hören. Was hat das mit dem Möbiusband zu tun?«
»Dazu brauchst du so eine Tonbandschleife und ein normales Tonbandgerät. Du musst allerdings eine Kleinigkeit ändern: Anstatt das Tonband, wie bei dem beschriebenen Echo-Gerät, in die Form eines Ringes zu bringen, drehst du ein Ende um hundertachtzig Grad, bevor du es zusammenklebst. Legst du es nun in das Abspielgerät, folgt auf die Aufnahme jedes Mal eine genauso lange Pause, weil der Tonkopf nun die Rückseite des Bandes abtastet. An der Schnittstelle ist das Band ja verdreht. So erklingen Sprüche wie ‚Bitte warten', Pause, ‚Bitte warten'. Immer wieder. Von der Klebestelle merkst du nichts. Deshalb hat die Kante kein Ende.«
»Wieso hat die Kante kein Ende?«
»Das ist das Besondere an der Möbiusschleife: Die scharfe Kante auf jeder Seite des Bandes geht an der Schnittstelle einfach weiter. Nur auf der anderen Seite. Die Kante ist daher tatsächlich auf beiden Seiten scheinbar unendlich lang. Tatsächlich wiederholt es sich nach zwei Durchläufen. Ohne dass man es hört.«

»Begriffen. Jetzt musst du mir aber erklären, was das mit mir zu tun hat: Du sprachst von Fotojournalistinnen, die nach Erfolg streben.«
»Weil es wie im richtigen Leben ist: Du hast ständig den Eindruck, dass du dich im Kreis bewegst. Das scheint hingegen lediglich so, weil du nicht siehst, wie es weiter geht. Wenn du denkst, du erreichst den Anfang, bist du aus heiterem Himmel auf der anderen Seite. Das merkst du übrigens immer zu spät; die Rückseite sieht nämlich genauso aus wie die Vorderseite. Ist verrückt, oder?«
»Kann ich dem Schicksal entrinnen?«
»Nein. Nicht, solange du nur nützliche Sachen anpackst. Im Gegensatz zu den Lebenskünstlern. Die wissen Bescheid. Sie schweben über dem Tonbandgerät. Von dort aus können sie die Technik überblicken. Für dich unten ist es auf der Rückseite ganz still. Wenn du nach einer Weile schon nicht mehr daran glaubst, staunst du, weil du erneut den Anfang derselben Ansage hörst. Dein Blickwinkel ist da unten begrenzt. Deshalb drehst du dich im Kreis wie die Möbiusschleife. Wann hast du zuletzt etwas gespielt?«
»Ich bin in einem Schachklub. Da war ich zuletzt vor drei oder vier Jahren. Ich wollte schon lange mal wieder Schach spielen. Mir fehlte die Zeit.«
»Die Zeit fehlt dir, weil dir deine Arbeit wichtiger ist. Irgendwann fragst du dich, wann du eigentlich glücklich warst. Ich wünsche dir, dass du die Kunst des Lebens früher erlernst.«
»Du bist ein Philosoph, Achim.«
»Ich stellte mir das gerade so vor. Du siehst mitgenommen aus, Maike. Gestern spät unterwegs?«
»Ja. Immerhin erfolgreich. Aus einem Block in Kranichstein stürzte sich am Abend eine Schlagersängerin. Sechster Stock. Ich stand gegenüber vor der ‚Salsa Lounge'. Zufall. Sie

sprang ausgerechnet da, wo ich sie sehen konnte. Ich schoss sie im Augenblick des Abspringens. Die Presseagentur übernahm das Bild. Ein anderes siehst du morgen in den ‚Zuffenbacher Nachrichten', in dem Hamburger Nachrichtenportal, in dem Journal mit den großen Buchstaben, was weiß ich wo sonst. Eine Monatsillustrierte bringt eine kleine Serie. Diese eine Aktion wird mein Konto bei der Sparkasse mit mehr als zweitausend Euro sanieren.«

»Gut gemacht.«

»Zur gleichen Zeit fiel fünfhundert Meter um die Ecke, in der Gruberstraße, ein Kollege vom Balkon im fünfzehnten Stock.«

»Fiel?«

»Die Pressestelle der Polizei gibt es gerade heraus. Er wollte eine Glühbirne auswechseln.«

»Klingt banal. Ist er tot?«

»Aus dem fünfzehnten Stock? Das überlebt keiner.«

»Wie gut kanntest du ihn?«

»Nie gesehen. Ein Kollege. Seine Frau hingegen schon. Ursprünglich hab' ich's gar nicht gerafft, als ich ihren Vornamen hörte.«

»Der Tod ist kein Unheil für den, der stirbt, sondern für den, der überlebt. Woher kennst du sie?«

»Sie ist mit zwei Models befreundet. Vor ein paar Wochen gab es ein Shooting für die Tourist-Info. Bianca, so heißt sie, half mit den Anziehsachen. Später mussten die anderen zur Bahn. Ich landete mit Bianca im ‚Möbius'. Pina Colada. Es war Mitternacht, als ich sie in der Gruberstraße ablieferte. Warum vergaßen wir bloß, Telefonnummern zu tauschen? Oder E-Mail-Adressen?«

»Wie gut, dass auch andere vergesslicher werden.«

»Ich mag diese Bianca. Ein Bild der drei hängt als Poster bei mir.«

»Armes Kind. Kann ich etwas für dich tun?«
»Wenn du zufällig mit deinen ehemaligen Kollegen über den Fall sprechen könntest.«
»Ich versuch's.«
»Am Samstag kam ich versehentlich auf die Videotaste meiner Kamera. Heraus kam ein Minifilmchen, auf dem ein Verbrechen ist.«
»Bring es zur Polizei.«
»Das will ich keineswegs. Du weißt, dass ich manchmal irgendwo bin, wo ich nichts zu suchen habe. Ich mache dir eine Kopie. Es wäre mir am liebsten, wenn du es Deinen ehemaligen Kollegen zuspielst, ohne zu erwähnen, wo du es herhast. Geht das?«
»Wenn es eine Ausnahme bleibt. Was hast du?«
»Kannst du mir ausnahmsweise hundert Euro leihen?«
Achim ging zu seiner Jacke, griff in die Geldbörse, gab ihr zwei Fünfziger. »Für dich zu jeder Zeit.«
»Danke.« Maike wollte Achim auf die Wange küssen. Achim drehte den Kopf. Er küsste sie auf den Mund.
Sollte sie das gut finden? Maike war verwirrt.
Ein Geräusch aus dem vorderen Zimmer.
Beide Körper entfernten sich voneinander.

∞

»Guten Tag Herr Barkendorff. Setzen Sie sich auf meinen Platz, ich nehme diesen Stuhl.« Bodo von Zuffen winkte Jonas hinter seinen Schreibtisch. Er setzte sich neben ihn. »Danke, dass Sie das alles gleich heute Vormittag montierten. Sie wissen, dass ich wenig von der Technik verstehe. All diese Sachen müssen Sie mir haarklein erklären.«
»Selbstverständlich, Herr Graf. Heute früh kam das Paket aus Korea. Was wurde eigentlich berechnet?«

»Sie haben weniger als die Hälfte gekostet, als ich ursprünglich annahm. Gut gemacht. Als Provision und für das Montieren zahle ich Ihnen dreihundert. Also hundert mehr. Damit klar ist, dass ich Ihre Diskretion zu schätzen weiß.«
»Diskretion ist selbstverständlich. Sie sollten mit niemand über die Geräte sprechen.«
»Woher weiß mein Computer von den Geheimkameras?«
»Sie meinen natürlich die Zimmerthermometer«, Jonas lachte, »jede Kamera betreibt ein eigenes WLAN. Darauf hat Ihr Computer mit diesem Stick Zugriff.«
»Gut. Was muss ich tun?«
»Als Erstes stecken Sie den Stick in einen USB-Eingang. Nun öffnen Sie hier unten mit der rechten Maustaste die Netzwerk- und Interneteinstellungen. Ich besorgte Ihnen einen zweiten Stick mit dem richtigen Stecker für Ihr Tablet. Die drei Thermometer, die ich montierte, heißen Lens 1, 2, 3. Sie erscheinen, sobald sie aktiviert sind.«
»Wie lange halten die Batterien?«
»Einige Wochen oder Monate. Sie sind zwar dauernd eingeschaltet, verbrauchen jedoch kaum Energie für die Temperaturanzeige. Erst wenn die Kamera von ihrem Rechner aus aktiviert wird, kostet es Strom. Vor einem wichtigen Einsatz sollten die Batterien ausgetauscht werden.«
»Gibt es Netzteile?«
»Ich empfehle, keine Netzteile zu verwenden. Das wäre zu auffällig.« Jonas stellt ein Gerät auf den Schreibtisch, das die Größe einer Zigarettenschachtel besitzt. Er zeigt Bodo von Zuffen, wie es durch einen kleinen Hebel eingeschaltet wird; auf einer digitalen Anzeige erscheint die Raumtemperatur. »Gleichzeitig wird das Gerät in der Liste der WLANs mit ‚Lens 4' angezeigt.« Er klickte darauf.
»Wie lautet das Kennwort?«

Zuerst drehte er die Lautstärke herunter. »Für alle Geräte ist es Ihre eigene Telefonnummer.« Er gab sie ein. Enter. Sofort erschienen Jonas Barkendorff und Graf von Zuffen wie bei einem Selfie auf dem Bildschirm.

»Das war zur Kontrolle. Wählen Sie selbst die anderen Kameras aus. Ihr Rechner merkt sich das Kennwort, sodass Sie es nicht von Hand eingeben müssen. Im Normalfall sollten Sie Kopfhörer aufsetzen, da in jeder Kamera ein Mikrofon verbaut ist.« Sie wechselten die Plätze.

Bodo von Zuffen wählte Kamera eins. Auf dem Bildschirm erschien der Raum, in dem sich Mitarbeiter erfrischten. Eine junge Frau war zu sehen, die ihre Bluse öffnete, um sich mit einem Deo-Roller die Achseln einzureiben. Kamera zwei zeigte den leeren kleinen Konferenzraum. Die dritte Kamera war im Aufenthaltsraum neben der Teeküche montiert.

»Ich sehe gerade, dass die Kamera unglücklich tief montiert ist: Wenn sich eine Frau setzt, sieht man zwar ihr Gesicht von unten, der Fokus liegt aber auf den Oberschenkeln – die Kamera sieht also unter das Kleid, wenn sie eines anhat.« Jonas Barkendorff lachte. »Ich kann sie einen Meter höher montieren, müsste bloß den Winkel verändern.«

»Ich will natürlich niemand unter den Rock sehen. Aber lassen Sie erst einmal. Wenn es Probleme gibt, rufe ich Sie. Das Gerät, das hier auf dem Schreibtisch steht: Kann ich das beispielsweise zu Hause aufstellen, um meine Frau beim Klavierspielen zu beobachten?«

»Überall. Sobald die Kamera aktiviert wird, erscheint das WLAN in ihrem Netzwerkcenter – wenn der Stick eingesteckt ist. Egal bei welchem Computer, Laptop oder Tablet. Die Reichweite beträgt bis zu fünfzig Meter.«

»Können die WLANs von anderen entdeckt werden?«

»Nein. Nur wer den Stick besitzt, kann es sehen.«

»Wie kann ich eine Aufnahme machen?«
»Die Software installierte ich auf diesem Rechner. Wenn Sie wollen, kann ich das ebenso auf den Tischrechner oder auf Ihr Tablet aufspielen. Wenn Bilder von einer Kamera auf Ihren Bildschirm gestreamt werden, können Sie mit der rechten Maustaste ‚Record' anwählen.«
»Moment, das versuche ich gerade mal.«
»Sehr gut. Während die Kamera läuft, zeichnet der Computer das Video als mp4-Datei auf. Gespeichert wird das Filmchen im Verzeichnis ‚Videos'. Dort finden Sie es unter dem jeweiligen Tagesdatum. Sie können jede Aufnahme mit der rechten Maustaste stoppen.«
»Perfekt. Wenn ich Probleme habe, melde ich mich.«
»Der übliche Hinweis: Bevor Sie eine natürliche Person beobachten, müssen Sie ihr Einverständnis einholen – insbesondere, wenn die gestreamten Bilder aufgezeichnet werden. Das wissen sie sicherlich. Da geht es um Persönlichkeitsrechte.«
»Ich lehne selbstredend ab, irgendetwas Verbotenes zu tun.«
»Wie haben Sie das Geld transferiert.«
»Ich schickte denen vor vierzehn Tagen mit der Schneckenpost so einem altmodischen Scheck zu. Der ist von einer Bank in Nassau auf den Bahamas. Den akzeptierten sie. Das Geld wurde abgebucht.«
»Erstaunlicherweise funktionieren scheinbar alle Geräte. Von mir haben Sie die selbstverständlich nicht.«
»Ich probiere es zwei Tage. Dann erhalten Sie Ihre Provision von mir in bar. Sie sind in jedem Fall 'raus, Herr Barkendorff.«

∞

Eine rotblonde Frau stand in der Tür zum Detektivbüro. Hochgewachsen, gewellte Haare hinten zusammengebunden, Pilotenkoffer, weißes Kleid, jünger als Maike Mainwald. »Guten Tag. I hope, I'm not disturbing.«
Achim gab ihr die Hand. »Keinesfalls, Tina. Ich rechnete mit dir eine Stunde später.«
»Ich muss meinen Arbeitsplatz einrichten, Achim – grüß dich Maike.«
Maike drehte sich zu ihm: »Ich erkannte sie kaum gegen das Licht. Mit Aktenkoffer, Sekretärinnenklamotten, Pferdeschwanz. Wir kennen uns vom Samstagabend, Achim. Außerdem sind wir im gleichen Fitnessstudio.«
»Ich muss nach Weiterstadt«, Achim griff nach einer Gesichtsmaske, »in einer guten Stunde bin ich zurück.«
Maike ging zu Tina. »Ich finde es schön, wenn neue Kollegen weniger neu sind.«
Tina korrigierte sitzend die Höhe des Stuhls. »Danke, dass du mir in der Samstagnacht so ausführlich erzähltest, was du machst. Kannst du eigentlich davon leben?«
Maike grübelte, worüber sie in der Nacht auf Achims Balkon sprachen. Vorsichtshalber würde sie sich an Tatsachen halten müssen. »So leidlich. Mit normalen Pressebildern geht das kaum noch. Deshalb spezialisierte ich mich.«
»Worauf?«
»Meistens fotografiere ich Menschen in Grenzsituationen. Manchmal heimlich. Wenn sie sich unbeobachtet glauben.«
»Wie die Paparazzi?«
»Du hast den Film gesehen. So radikal geht es in meinem Leben nur selten zu. Der Ausdruck Paparazza ist für eine Fotografin unüblich. Andererseits: Das ist derzeit mein Brot-und-Butter-Geschäft.«
»Deshalb interessierst du dich für alles Randständige? Das stelle ich mir hakelig vor, wo ich mich doch mit der Technik

auskenne. Welches Equipment benutzt du, damit niemand merkt, dass du kompromittierende Fotos machst?«

»Die Kameramarken sind unwichtig, es ist der Fotograf, der unauffällig sein muss. Unter meiner Jacke trage ich stets eine kleine Kamera, mit der ich lautlos fotografiere. Vierzig Millimeter Brennweite; ein leichter Weitwinkel. In meinen Anorak nähte ich eine Tasche, für einen Spezial-Apparat mit einem besonders langen Zoom-Objektiv. Mit Ein-Zöller-Sensor. Leider ist das lange Zoom überfett. Schon deshalb muss ich mein Gewicht halten«, sie lächelte breit, »die Kamera sieht im Übrigen aus wie eine Amateurknipse. Absolut geräuschlos.«

»Reicht das Format denn für die Illustrierten?«

»Meistens. Bei Beauty, da sieht es anders aus. In zwei Alu-Kisten im Kofferraum transportiere ich die größeren Kaliber. Die benutze ich generell, wenn es keine Rolle spielt, ob ich wahrgenommen werde.«

»Woher weißt du, wann jemand wo ins Rampenlicht tritt?«

»Anfangs bekam ich Tipps von Journalistinnen. Ich fotografierte Stars: erotische Flirts mit Kolleginnen, Zweitfrauen, Hostessen. Die glückliche Mutter beim heimlichen Rendezvous mit dem neuen Freund. Eine Schauspielerin mit dem Produzenten im Strand-Café. Die Bilder erschienen in der Yellow-Press oder in Boulevard-Blättern. Bei den Bildredakteuren hat mein Name seither einen besonderen Klang.«

»Warum ‚anfangs'?«

»Bisweilen gab es Ärger. So spezialisierte ich mich auf Prominente aus der zweiten Reihe, die unbedingt in die Presse möchten. Der Nachwuchs bringt der Fotografin genauso viel Honorar wie die Topstars – allerdings ohne Stress.«

»Wie findest du die?«

»Oft finden sie mich. Mittlerweile kenne ich ein paar Leute aus dem Showbiz. Alle wollen auf die erste Seite. B-Promis finde ich außerdem bei den Dreharbeiten zu ganz bestimmten Fernsehshows. Einige lassen bei Achim anrufen, geben hinter vorgehaltener Hand Hinweise, welches Sternchen ich an welchem Ort in einer zweideutigen Situation erwische.«

»Wieso ist die Boulevardpresse so wild auf deine Bilder, Maike?«

»Das gehört zu ihrem Geschäftsmodell. Der Boulevard ist auf Hingucker angewiesen. Sogenannte seriöse Blätter möchten informieren. Sie befriedigen die Interessen ihrer Leser. Anders ist das beim Boulevard, bei der sogenannten Yellow-Press oder bei den Anzeigeblättern. Sie richten sich in erster Linie nach ihren Inserenten. Deshalb möchten sie unterhalten. Da ist jeder Aufreger eine gute Schlagzeile. Die meisten meiner Bilder wollen auf keinen Fall informieren, im journalistischen Sinn. Man kann gut ohne sie leben. Daneben lässt sich prominent eine Anzeige platzieren. Schock-Fotos stehen ganz oben auf der Rangliste. Oft lässt sich in einem Bild mit bloßer Haut unauffällig ein beworbenes Produkt unterbringen. Der Informationsgehalt ist da weniger wichtig. Das gilt für ein Printmedium ebenso wie für seine Internetpräsenz.«

»Hauptsache, du stehst dazu.«

»Manchmal fühlt es sich falsch an. Glücklicherweise verschwinden die Zweifel rasch, wenn ich an mein Bankkonto denke.«

»Wissen die Kollegen wie die Bilder entstehen?«

»Nein. Sie wollen es gar nicht wissen. Das gilt erst recht für deren Leser. Wer sie macht, ist denen sowieso egal. Das ist mein Mysterium. Achim weiß davon. Du jetzt ebenso. Eine Kollegin bei einem kleinen Blatt, die meine Bilder weiterreicht. Sonst niemand. Ich lasse meinen Fotos mit Absicht den zweifelhaften Nimbus des unbemerkt geschossenen Bildes, das Prominente rücksichtslos bloßstellt. Von einem Skandal im Showbusiness profitieren alle Beteiligten.«

∞

Dr. Bodo Graf Carl von Zuffen legte eine Druckfahne auf die Schreibtischplatte. Er ließ den gewaltigen Bürostuhl nach hinten rollen, stand auf, ging zum Waschbecken und drehte den Wasserhahn auf. In aller Ruhe öffnete er die Hose. Er griff hinein. Mit geschlossenen Augen begann er zu urinieren.
»Tut mir leid, wenn ich störe.« Die Stimme von Frau Doktor Birgit Bergentau. Laut schloss sie die Bürotür, die sie zuvor geräuschlos öffnete. »Mittagspause zu Ende.«
Im Bruchteil einer Sekunde brach er sein Vorhaben ab, stopfte alles in die widerspenstige Unterhose, zog im gleichen Augenblick den Reißverschluss hoch. Unschuldig hielt er die Hände unter das fließende Wasser. Nach einem Blick in den Spiegel drehte er den Kopf. »Ich wasche mir bestimmt zehn Mal am Tag die Hände. Das tat ich schon lange vor Corona. Der Grund, warum ich auf ein Waschbecken im Büro bestehen musste.«
Die goldene Brücke betrat sie nicht: »Vor dem Händewaschen wollten Sie darüber hinaus schnell ins Becken pieseln. Weil Sie Ihre kostbare Zeit auf keinen Fall mit einem Gang zur Toilette vergeuden möchten. Mir ist kaum etwas Menschliches fremd, Herr von Zuffen. Damit hätten wir die Sachlage geklärt; kein Grund, die Farbe zu wechseln. Ihre Strafverteidigerin steht vor Ihnen. Desinfizieren Sie Ihre Hände. Ich muss mit Ihnen reden.« Die Juristin Doktor Bergentau fungierte als Herausgeberin des Blattes. Sie war fünf

Jahre älter als Bodo. Ihr Vater starb vor drei Jahren und sie erbte den Verlag der ‚Freien Post'. Niemand sonst öffnete, ohne anzuklopfen, die Tür des Chefredakteurs. Sie setzte sich in einen der Besuchersessel.
»Ich, ich dachte, die Tür sei abgeschlossen.«
»Wer gar zu viel bedenkt, kann wenig leisten. Ich vermute, dass Sie eher zu den Männern gehören, die mit heruntergelassener Hose versuchen, leichtsinnige Praktikantinnen zu beeindrucken.« Sie lachte unverschämt.
Er schaute genauer hin. Sie trug eine bunte Bluse unter einem weißen Blazer. Die Kürze des Faltenrockes über den Seidenstrümpfen war für ihr Alter gewagt. Zumal die Höhe der Stöckelschuhe. »Was kann ich für Sie tun, Frau Doktor?«
»Lassen Sie die Druckfahnen auf dem Schreibtisch liegen. Es geht um Kopf und Kragen.«
»Wessen Kopf, Frau Doktor?«
»Der ‚Zuffenbacher Nachrichten'. Setzen Sie sich zu mir. Wie alt sind Sie?«
»Ich bin seit Ende Oktober fünfzig.«
»Ihr Alter können Sie kaum leugnen. Wie lange sitzen Sie in diesem Büro?«
»Ich bin seit gut sechs Jahren Ihr Chefredakteur.«
»Was macht die Familie?«
»Alles bestens. Die Kinder bleiben hoffentlich in Schottland, bis die Corona-Ferien vorüber sind. Überdies hoffe ich, dass die Pubertät meiner Töchter irgendwann abklingt«, er fuhr sich mit den Händen durch das schüttere Haar.
Die Herausgeberin nahm die Brille ab. »Lassen Sie uns eine Flasche Sekt bringen. Wir übernehmen die ‚Zuffenbacher Nachrichten'.« Sie legte ihr Tablet auf den Tisch.
Er griff nach dem Telefon.

Frau Dr. Bergentau warf einen Blick auf die Druckfahnen. »Was halten Sie von dem Gerücht, dass die Chinesen diesen Corona-Virus durch das neue 5G-Netz verbreiten?«

»Denkbar. Die entwickelten den Virus in Wuhan. Das 5G-Netz genauso. Die weltweite Krise steuern die Chinesen jedoch von Peking aus. Das erklärt, warum sie unbedingt die Finger in unserem 5G-Netz haben wollten.«

»Und wie passt das zusammen? Wenn wir weltweit die Wirtschaft herunterfahren, bleiben die Chinesen auf ihrem ganzen Huawei-Kram sitzen.«

»Da geht es um Geld. Viel Geld. Bill Gates investiert Milliarden in die Impfstoff-Industrie.«

»Ja wer denn nun? Bill Gates oder die Chinesen?« Es klopft. »Das diskutieren wir später.«

Der Volontär Nils Pavlowa stellte Gläser auf den Tisch.

»Guten Morgen, Herr Pavlowa. Wie kommen wir zu dieser Ehre?«

»Der Praktikant Perl sitzt im Homeoffice, wie die meisten hier im Haus, Frau Doktor Bergentau. Das Praktikum von Frau Penzilla ist zu Ende. Die Volontärin Michel ist auf Termin. Ich bediene Sie gerne.« Er öffnete eine Flasche Deinhard Lila. »Übrigens wurde ich gefragt, ob wir ein Schülerpraktikum anbieten.«

Bodo von Zuffen schüttelte den Kopf. »Schüler wollen gerade mal für vier Wochen kommen. Man muss ihnen alles beibringen. Sobald sie journalistisch zu schreiben gelernt haben, sind sie verschwunden. Das ist in unserer Branche uninteressant. Wir bekommen genug Anfragen von Studierenden oder Bachelor-Absolventen. Deren Praktika dauern zwei Monate. Wir suchen uns die aus, die schon ein wenig schreiben können. Die besten finanzieren danach als Freie ihr Reststudium. Die Oberstufenschüler sollen ihr Praktikum im Krankenhaus machen oder im Altersheim.«

»Danke Herr von Zuffen. Das ist eine klare Auskunft.«
Frau Bergentau mischte sich ein: »Von Ihnen stammt die Geschichte über den BitCoin?«
Der Volontär nickte eifrig: »Ein Thema, das mich reizte.«
Sie streckte den rechten Daumen nach oben.
Bodo Graf Carl von Zuffen nahm ihm die Flasche ab. Während er einschenkte, winkte er den Volontär wortlos hinaus.
»Zum Wohl Herr Graf«, Birgit Bergentau hob ihr Glas, sobald sich die Tür schloss, »darf ich daran erinnern, dass Sie mir einmal Schülerpraktika vorschlugen?«
»Sie lehnten das ab.«
»Aus anderen Gründen: Ich will verhindern, dass Schülerinnen auf diesem Schreibtisch entjungfert werden.« Neuerlich lachte sie unverschämt.
»Sie sprachen soeben von den ‚Zuffenbacher Nachrichten'. Wie meinten Sie das, mit dem Kopf und dem Kragen?«
»Herr von Zuffen, Sie sind seit sechs Jahren Chefredakteur der ‚Freien Post'. Demnächst dito für die ‚Zuffenbacher Nachrichten', die morgen zum letzten Mal erscheinen: weil wir sie in die ‚Freie Post' integrieren. Schreiben Sie mit? Sie verfassen gleich eine Notiz für die Deutsche Presseagentur. Vor zwanzig Minuten unterschrieb ich den Vertrag. Die Zuffenbacher Nachrichten GmbH ist insolvent. Der Chefredakteur wurde von den ehemaligen Gesellschaftern freigestellt. Das Gebiet um Zuffenbach übernehmen wir. Mitsamt der Redaktion der ‚Nachrichten'.«
»Sollen wir die hier unterbringen?«
»Jein. Wir bieten zunächst jedem redaktionellen Mitarbeiter der Zuffenbacher Nachrichten an, in unserem Hause weiterzuarbeiten, sobald die Corona-Lage es zulässt. Die bekommen neue Verträge. Das sind wir unserem guten Ruf schuldig. Die Orte in deren Gebiet sind zwanzig, dreißig, im

Höchstfall sechzig Kilometer entfernt. Die Mitarbeiter müssen eben längere Fahrtzeiten einkalkulieren.«
»Gegebenenfalls eröffnet einer der Zuffenbacher Mitarbeiter dort ein Redaktionsbüro im Wohnzimmer. Das trainieren einige bereits im Homeoffice. Was ist mit dem Gebäude in Zuffenbach?«
»Das Verlagshaus kommt unter den Hammer. Für Druck und Vertrieb gibt es Insolvenzausfallgeld. Im Übrigen beantragte ich für die Zuffenbacher Redaktion, ebenso wie für unsere eigenen Mitarbeiter, vorsorglich Kurzarbeitergeld. Darauf brauchen wir vermutlich nicht zurückzugreifen, wenn wir in diesem Jahr auf höhere Löhne verzichten.«
»Unseren Mitarbeitern kommuniziere ich diesen Standpunkt bereits.«
»Ich weiß. Das werden die Zuffenbacher ebenfalls einsehen. Eine Sache hingegen belastet mein soziales Gewissen: Durch die Digitaltechnik produzieren wir größere Mengen in der gleichen Zeit. Neue Medien, wie das Internet, erleichtern die Recherche. Kurz: Die physische Arbeit nimmt ab. Der eine oder andere Zuffenbacher verlässt uns sicher, weil ihm der Weg zu weit erscheint. Ganz unter uns beiden: Wenn wir, infolge natürlicher Fluktuation, zum Beginn des kommenden Jahres insgesamt ebenso viele Mitarbeiter zählen wie momentan in der ‚Freien Post' sitzen, genügt uns das. Wo es klemmt, müssen die Freien 'ran. Weitere Leute sind im EDV-Zeitalter unnötig. Die Internet-Präsenz bauen wir aus; dafür lässt der Printbereich Federn. Stimmen Sie mir so weit zu?«
»Aha. Wir beschäftigen die besten Journalisten beider Blätter. Um die anderen vergieße ich keine Träne. Wir behalten für das Doppelblatt ebenso viele Leute, wie bisher für die ‚Post'.«

»Erfasst, mein Lieber. Der Gesamtumfang der gedruckten ‚Post' bleibt gleich. Sie gehen behutsam vor. Jedoch konsequent. Soziale Härten vermeiden wir. Ebenso Arbeitsgerichtsprozesse. Fotografie sowie Grafik werden bereits jetzt von freien Mitarbeitern abgedeckt. Offiziell übernehmen wir die gesamte Redaktion. Ohne die Druckerei.«
»Folglich insgesamt ...«
»Nein. Die Druckerei gliedern wir aus. Mir liegt da ein sehr interessantes Angebot vor. Von der Rotation sind Sie befreit, Herr von Zuffen. Das gilt ferner für den Akzidenz-Bereich. Wir lassen drucken in Zukunft. Sie sind mir ausschließlich für die Redaktion verantwortlich.«
»Für Pflichtbewusste bin ich gern verantwortlich; Heulsusen sind dagegen beim Sozialamt besser aufgehoben.«
Birgit Bergentau schenkte sich ein neues Glas ein. »Seien Sie weniger heftig, mein Lieber. Mir ist eine ausgesprochen hübsche Volontärin der ‚Nachrichten' aufgefallen, heute Morgen. Studierte Deutsch mit Geschichte auf Lehramt. Sie wird ihnen gefallen. Aber keinesfalls anfassen. Wir verstehen uns. Halten Sie sich darüber hinaus mit Ihren Verschwörungstheorien zurück. Derweil muss allen bekannt sein: Allein schwarze Zahlen sichern das Überleben unseres Qualitätsproduktes, Herr von Zuffen. Das werden Sie kommunizieren.«
»Bei Ihrem Redetalent sollten Sie in die Politik gehen, Frau Doktor Bergentau.«
»Sie sind ein Schleimer. Am Nachmittag klopft Marion Mutt an ihre Tür. Die Kulturchefin dort. Alternativ. Eine edle Feder. Mit Rezensionen aktueller Filme, Schülertheater, Jugendbüchern spricht sie gezielt ein jüngeres Lesepublikum an. Mit ihr bekäme das Lokale eine frische Farbe. Zumal Silke Mehringhausen in der letzten Zeit öfter ausfiel.«
»Ich führte bereits ein Gespräch mit ihr.«

»Mehringhausens Schmusekurs gegenüber den konservativen Stadtoberen stößt manchem Leser sauer auf. Marion Mutt ist in dieser Hinsicht anscheinend beweglicher. Außerdem verfügt sie über eine außerordentliche Quelle für Hinguck-Bilder aus der Gesellschaft. Versprechen Sie ihr eventuell eine regionale Kulturseite. Die zweigen wir vom Lokalen ab. Das Wichtigste: regional. Wenn Frau Mehringhausen uns verlässt, werden wir das verkraften. Ich verlasse mich da ganz auf Ihr Urteil.«
»Frau Mehringhausen dient der ‚Freien Post' fast sieben Jahre.«
»Dient? Welche Dienste auch immer Sie bei ihr in Anspruch nehmen: Für unser Blatt ist sie keine große Stütze. Etwas anderes: Der Buchhalter teilte mir mit, dass ihm die Zahl der Fotokopien als sehr hoch erscheint. Sie wissen, dass letzten Monat irgendeine Mitarbeiterin ihre nackte Brust scannte; der Druck fand sich im Papierkorb. Vielleicht irre ich mich, aber manchmal beschleicht mich das Gefühl, dass die Leine ziemlich lang ist, an der die Mitarbeiter bei uns gehalten werden. Vielleicht sind auch die Zeitkontrollen zu lasch.«
»Frau Doktor Bergentau, ich stehe loyal zu Ihnen.«
»Das weiß ich, Herr Graf. Vor allem, weil ich, ganz unter uns beiden, die Einzige bin, die Ihre Genese vom Bürgerlichen zum Grafen beobachten konnte. Mein Gefühl täuscht mich selten.« Sie dreht die Faust der rechten Hand: »Ziehen Sie die Schraube langsam an, natürlich unmerklich.« Ihr Ton ist eindringlich. »Sie wollten etwas anmerken?«
»Darf ich den Anlass nutzen, daran zu erinnern, dass mein Gehalt seit drei Jahren eingefroren ist?«
»Werden Sie nicht dreist, Herr Graf. Wir alle müssen den Gürtel enger schnallen. Sie erhalten meinetwegen, eine

abschließbare Toilette im Büro – die Gehälter bleiben hingegen gedeckelt.«

∞

Achim Halbfuß telefonierte mit seinem Freund Edgar Baurhenne von der Kriminalpolizei. Beide kannten sich seit der Zeit auf der Polizeischule. Sie absolvierten gemeinsam das Amateurfunkexamen, als Achim Polizeiobermeister war. Gelegentlich tauschten sie sich über technische Novitäten aus.
»Eine sensationelle Betriebsart, Edgar. Die musst du dir ansehen.«
»Ich las darüber.«
»Seit ich mit FT8 operiere, setzt meine Schlackertaste Staub an. Du kannst es dir kaum vorstellen. Alles per Tastatur.«
»Was wird ausgetauscht, Achim? Sind das echte QSOs?«
»Das sind veritable QSOs. Wir tauschen das Rufzeichen aus, den Locator sowie die Empfangsqualität.«
»Vermutlich arbeitest du am WDXS-Diplom?«
»In einer Woche habe ich so viele seltene Länder gearbeitet wie sonst im ganzen Jahr.«
»Ich schaue die Tage bei dir 'rein.«
»Gib laut, wenn du vorbeikommen kannst. Was anderes: Ich stieß durch Zufall auf eine Sache für die Kollegen von der Bundespolizei. Koks. Schreib' auf. Morgen zwanzig Uhr neun, Terminal eins, Tor C. Aus Rio de Janeiro. Eine Frau, eins fünfzig groß, weißer Teint, braune Haare, blaues Kostüm, schwarzer Pilotenkoffer. Auf sie kommt es an.«
»Danke für den Tipp.«
»Kannst du etwas zu dem Unfall oder Suizid in der Gruberstraße sagen?« Er griff nach einer Zigarette.

»Derzeit gehen wir von einem Unfall aus. Wir ermitteln jedoch offen. Deshalb schließen wir weder Suizid noch Gewaltverbrechen aus. Weshalb interessiert dich das? Brauchst du Arbeit?«

»Dienstlich bin ich ausgelastet. Danke. Es interessiert mich privat. Meine Fotografin kennt die Frau.«

»Moment, Achim. Ich schau hier gerade mal nach. Die Autopsie. Der Blutalkohol von Max Schellfisch entspricht etwa vier, fünf Schnäpsen. Außerdem Crack über die Nase. Ganz frisch. Seinen Laptop nahmen wir mit.«

»Weiter?«

»Es gibt einen Bewohner im zweiten Stock, der Autos aufschreibt, die sich ins Parkverbot stellen. Um 23 Uhr stand drei Minuten lang ein orangefarbener Mercedes in der Straße.«

»Na ja, als Täter parke ich kaum so ein auffälliges Auto vor dem Tatort.«

»Das war mein Gedanke.«

Achim machte sich Notizen. »Danke. Bis bald.«

Er erreichte Maike im Auto.

∞

Es klopfte.

»Herein.« Bodo von Zuffen schaltete den Bildschirm aus. Erwartungsgemäß war die Feuilleton-Chefin der ‚Zuffenbacher Nachrichten' eingetroffen. »Möchten Sie Kaffee?«

»Nein, vielen Dank. Kann ich ein Glas Wasser haben?«

»Selbstverständlich. Ich habe viel Verständnis, wenn Menschen auf ihre Gesundheit achten. Hatten Sie viel zu tun, heute?«

»Trotz aller Unbill im Geschäft las ich am Vormittag mit großem Vergnügen Ihre Glosse.«

»Danke für die Blumen.« Wie immer zuckerte Bodo C. von Zuffen seinen Kaffee reichlich. Als er bemerkte, wie sie die Augenbrauen hob, fügte er hinzu: »Ohne Sie erschrecken zu wollen: Die Sinnesfreuden sind mir seit meiner Jugend sympathischer als die Abstinenz. Das gilt zugleich für die Sprache. Wer für die Leser eines Regionalblattes schreibt, muss mit beiden Füßen auf der Erde stehen. Eine Sprache voller Lebenskraft erscheint mir wichtiger als irgendwelche Hirngespinste. Erzählen Sie mir von sich.«

»Ursprünglich studierte ich Geschichte auf Lehramt, mit katholischer Religion. Vor fünfzehn Jahren begann ich ein Volontariat bei den ‚Zuffenbacher Nachrichten'. Damals lernte ich meinen ersten Mann kennen, weil er mir als IT-Techniker erklärte, wie das Internet funktioniert. Mit ihm betrieb ich eine Werbeagentur in Frankfurt. Wir bauten Homepages. 2013 wurden wir geschieden. Zwei Jahre später heiratete ich meinen Jetzigen und ging wieder zu den ‚Nachrichten'. 2016 baute ich das Feuilleton dort auf. Mitunter wildere ich in den anderen Ressorts, wobei ich mir insbesondere Gesellschaftsthemen angele. Die intellektuelle Leserschaft nimmt sie erstaunlich gut an. Was ich, nebenbei bemerkt, an Ihren Texten mag, Herr von Zuffen, ist gerade die Lebenskraft in Ihrer Sprache.«

Während sie sich äußerte, beobachtete der Chefredakteur sie unauffällig. Marion Mutt war Anfang vierzig, vollbusig, größer als er. Mittelblonde Haare fielen ihr in einem Zopf über den Rücken. Zu einem unerschöpflich geschnittenen Patchwork-Kleid bis zum Boden trug sie Birkenstock-Schuhe, eine hölzerne Perlenkette sowie eine bunte Stofftasche.

Auf dem Flur ließ die Leiterin des Lokalressorts ihre Absätze über das Parkett klackern.

»Hören Sie draußen Frau Mehringhausen? Meine Töchter nennen solche Schuhe ‚Spargelstecher'.«
Marion Mutt lächelte verständnisvoll.
Bodo von Zuffen bat die Lokalchefin zu sich. Trotzdem wartete sie nach dem Klopfen, bis er »Herein« rief, bevor sie die Tür öffnete.
Silke Mehringhausen war etwa im gleichen Alter wie die neue Kollegin. Zierlich, schwarzer Bob, Nickelbrille, knallenge Jeans, bunte Bluse, Stiefeletten mit hohen Absätzen.
»Willkommen im Klub«, begrüßte sie Marion Mutt.
»Frau Mutt ist ebenso viele Jahre im Geschäft wie Sie. Sie macht vor allem Kultur. Wir besitzen keine Kulturseite. Zumindest derzeit.«
Er wandte sich an Marion Mutt: »Wir weben die Kultur gewissermaßen ins Lokale. Die Hochkultur überlassen wir sowieso den Großen. Wir sind ein Regionalmedium. Deshalb produzieren wir ein Großstadtjournal für die Region. Freilich das Beste.« Er drehte sich zu Silke Mehringhausen. »Ich schlage vor, dass Sie beiden sich zunächst das Lokal-Ressort aufteilen. Bei Problemen rufen Sie mich.«
Marion Mutt glaubte, dass Silke Mehringhausen begierig auf das Ende des Satzes wartete.
Silke Mehringhausen legte zwei Finger ihrer Hand auf ihre Backe. »Wir fokussieren uns hier weniger auf intellektuelle Leser, Frau Mutt. Ich denke, dass die apperzeptionelle Diversifikation unter den gegebenen historischen respektive gesellschaftlichen Conditions sich nirgends so spezifisch okzidental gibt, wie im Cluster des Lokaljournalismus. Primär aus den evidenten Kontingenzen in allen Domänen resultierend.«
Bodo von Zuffen hob die Hand: »Dass vor allem Intellektuelle das Feuilleton lesen, halte ich für einen Mythos, Frau Mehringhausen. Außerdem sind die Zeiten vorbei, in denen

man sich zwischen Mythos und Rationalismus zu verstricken pflegte. Morgen schlage ich in der Redaktionskonferenz vor, dass wir unser Blatt neu ausrichten. Unsere Herausgeberin ist anwesend. Wir machen das beste Regionalblatt des Landes. Dazu suchen wir neue Mul-ti-pli-ka-toren. Darüber könnten Sie schon einmal nachdenken, Frau Mehringhausen. Kennen Sie Beiträge von Frau Mutt?«

»Ich rezipierte okkasionell bereits Artikel von Frau Mutt. In my humble opinion ist sie in diesem Diskurs durchaus in der Lage, funktional zu differenzieren. Die Suspense zwischen Mythos und Ratio sehe ich obendrein differenzierter, Herr von Zuffen. Wie die Mythen schon vernünftig erglimmen, so verstrickt Ratio mit jedem ihrer Schritte tiefer sich in Mythologie.« Sie bemerkte den irritierten Blick der neuen Kollegin. »Ansonsten bin ich immer da, Frau Mutt, wenn Sie einmal irgendwo hängen.«

Bodo von Zuffen lehnte sich zurück: »Ich wollte Sie ausreden lassen, Frau Mehringhausen, stimme Ihrem Ansatz hingegen nur bedingt zu. Um die Welt zu erklären, müssen wir abstrahieren. Andererseits: Erst ein brillanter Stil ermöglicht unseren Lesern, aus abstrakten Fakten pralle Bilder im Kopf zu entwickeln. Es sind von Hybris überwältigte Skribenten, die von den Rezipienten erwarten, dass sie abstruse Abstraktionen mühsam entschlüsseln.«

»Verehrter Herr von Zuffen. Ich bitte zu bedenken: Ein brillant-intelligibler Stil ist zwar gut gemeint, besonders bei feuilletonistischen Stoffen. Im Lokaljournalismus geht es hingegen primär um akribische Recherche. Frau Mutt, ich schlage vor, wir sehen uns morgen um neun in meinem Büro. Heute habe ich einen Termin. Danach schreibe ich aktuell.« Sie stand auf, lächelte, nickte beiden zu, verließ grußlos das Büro, schloss die Tür – um sie nochmals zu öffnen: »Kommen Sie kurz mit, ich zeige Ihnen, wo ich residiere.«

Marion Mutt sah den Chefredakteur an. Er nickte ihr zu. Sie folgte der Lokalchefin.
Sobald die Tür geschlossen war, stoppte Silke Mehringhausen. Sie raunte ihr ins Ohr: »Ich durchschaue dich. Du hast ein Auge auf ihn geworfen. Unter uns: Du bist zu alt für ihn. Obendrein zu fett. Er mag frisches Fleisch. Außerdem hasst er Öko-Schlampen. Pass' auf, dass du auf deiner Schleimspur nicht ausrutschst. Mein Büro ist da drüben.«
Marion Mutt trat in das Büro des Chefredakteurs. »Bin ich als Frau Mehringhausens Stellvertreterin vorgesehen?«
»Darf ich offen zu Ihnen sein?«
»Ich behalte alles für mich, was ich von Ihnen höre.«
»Frau Mehringhausen kann sich kaum vorstellen, dass sie sich gegebenenfalls ab Januar verändern möchte. Haben Sie Lust, mit mir essen zu gehen?« Er schrieb eine SMS.
»Gleich? Wie ich hörte, ist Ihre Kantine geschlossen. Im Übrigen bevorzuge ich es vegetarisch. Wo gibt es denn augenblicklich ein Restaurant?«
»Nirgends. Warten Sie einen Moment.«
»Sie messen die Raumtemperatur mit einem elektronischen Thermometer, wie ich sehe«, sie lächelte, »dabei braucht niemand zu wissen, dass sie zwanzig Komma dreiundzwanzig Grad beträgt. Wenn Sie wollen, schenke ich Ihnen gelegentlich so ein altmodisches Quecksilberthermometer. Das stärkt die Aura.«
»Gern.« Sein Telefon vibrierte. »Das passt. Wir fahren in das Hotel 'Zum Hessischen Kurfürsten'. Da ist geschlossen. Doch eine Suite wird von uns fest belegt. Das ist sonst unser Ausweichplatz für Konferenzen oder Interviews und wenn im Restaurant kein großer Tisch frei ist, oder im Foyer. Gerade erfuhr ich, dass wir dorthin können. Wir lassen uns Vegetarisches vom Italiener kommen.«
»Genial.«

»Daneben, zum Stil: Vergessen sie Frau Mehringhausens A-dorno-Speak. Wir machen ein Regionalblatt für schlichte Gemüter – selbst, wenn es sich um Intellektuelle handelt.«
Marion Mutt wartete einen Augenblick. »Ich stimme Ihnen zu, dennoch dachte ich, sie wollten ein paar Worte anfügen.«
»Sie hören auf die Zwischentöne. So stelle ich mir Journalismus vor. Was schlagen die meisten Leser morgens zuerst auf?«
»Das Bunte?«
»Touché. Woanders heißt das ‚Panorama' oder ‚Vermischtes'. Sie erwähnten soeben Gesellschaftsthemen. Hier gibt es kein Ressort dafür. Das mogeln wir unter die anderen Geschichten. Hervorgehoben durch das Layout. Wer machte die Paparazzi-Fotos heute in den ‚Zuffenbacher Nachrichten'?«
»Maike Mainwald. Freie Fotografin. Sie bietet mir öfter solche Sachen an.«
»Zu welchem Honorar?«
»Das Honorar beträgt bei Fotos zweihundert. Das ist das Achtfache dessen, was andere Freie bekommen. Bei Texten bekommt sie das Vierfache. Im Einzelfall eine Pauschale.«
»Halten Sie sich diese Person warm – oder besser: Bringen Sie uns mal zusammen. Wir sollten gehen.«
Den Rechner schaltete er aus; das Thermometer hatte er schon vergessen.

∞

Zur gleichen Zeit in einem futuristisch ausgestatteten Immobilienbüro in Frankfurt.

»Das bleibt unter uns, Lukas. Vor allem die Tochter des Alten, wie heißt sie noch mal, Maike Mainwald, muss außen vor bleiben.«
»Keine Sorge André. Auf mich ist Verlass.«
»Bis Mittwoch brauchen wir mindestens hunderttausend – sonst machen wir uns strafbar. Hätten längst Insolvenz anmelden müssen. Ich schiebe das vor mir her, weil: Wir brauchen die GmbH & Co. KG für unseren Corona-Vertrieb; so eine Konstruktion neu zu gründen ist zu teuer. Außerdem dauert es zu lang.«
»Was ist dein Plan?«
»Ich habe eben telefoniert. Morgen Abend fliege ich nach Luxemburg. Wenn bis dahin alles glatt geht, treffe ich dort einen neuen Teilhaber. Ich habe ihm von dem Corona-Vertrieb erzählt. Er will eine viertel Million anlegen.«
»Was könnte schiefgehen?«
»Die Krankenkasse war am Fünfzehnten des vergangenen Monats fällig. Sie könnte sofort Zwangsmaßnahmen beantragen. Wenn das passiert, muss ich jeden Moment mit einer sogenannten Taschenbeschlagnahme rechnen.«
»Was geschieht da?«
»Was du bei dir trägst, wird gepfändet. Deshalb will ich den Bankfachschlüssel hierlassen. Ich komme mit der Bahn zurück – so bleibe ich für die Behörden in LX; sie kontrollieren ausschließlich Flugreisende."
»Wie soll ich mich der Frau Mainwald gegenüber verhalten?«
»Sie kommt morgen früh. Ich bin dabei. Der Mainwald müssen wir klarmachen, dass wir bankrott sind. Wir müssen in jedem Fall so tun.«
»Selbst wenn du frisches Geld auftreibst?«
»Wenn wir das Geld kriegen, darf sie es keinesfalls erfahren. Ich überrede sie dann, uns ihre Anteile an der GmbH & Co.

KG für einen Euro zu verkaufen. Schließlich sind wir pleite. Schlussendlich bleiben wir in diesem Büro. Wir firmieren lediglich um.«
»Das Immobiliengeschäft geben wir ganz auf?«
»Richtig. Ich bin kein Häusermakler. Niemand konnte so verkaufen, wie der Alte, weißt du selbst. Die Objektverwaltung lohnt sich kaum. Immobilien finden keine Käufer in Pandemie-Zeiten. In den letzten Wochen konnte ich mich ohnehin nur nebenbei um das Geschäft kümmern.«
»Was meinst du genau mit ‚Corona-Vertrieb'?«
»Mein Partner in Budapest ist Virologe, außerdem Professor an der Semmelweis-Universität, Träger der Ignaz-Semelweis-Medaille. Er entwickelte ein Mittel gegen CoVid 19, was die EU demnächst zulässt. Wir sind die Ersten, die es anbieten. Ich werde Geschäftsführer, du bekommst Prokura. Das läuft in zwei Wochen. Noch etwas: Es existieren Pläne im Justizministerium, das Insolvenzrecht zu ändern. Das ist geheim. Ich erfuhr über meine Ungarn-Verbindungen davon. Die Insolvenzantragspflicht soll wegen der Corona-Krise ausgesetzt werden. Wir machen uns somit nicht einmal strafbar.«
»Aber du brauchst erst das Geld.«
»Bei mir ging alles kunterbunt durcheinander in letzter Zeit. Sogar mein möbliertes Zimmer ist gekündigt. Übergebe ich morgen. Bevor ich fliege. Mein Antrag auf einen KfW-Kredit wurde abgelehnt.«
»Ich vermute, es gibt einen Plan B, wenn der neue Teilhaber ausfällt.«
»Du kennst mich, Lukas. Ich ließ mich als Geschäftsführer austragen. Das muss morgen im elektronischen Handelsregister veröffentlicht werden. Gleichzeitig bleibt die Tochter des Alten Geschäftsführerin. Darüber hinaus Kommanditistin. Wenn es knallt, hat sie den Laden allein an der Backe.«

»Was ist mit mir?«
»Hier hast du einen Hunderter. Kündige Frau Mainwald an, dass du am Mittwoch in Urlaub fährst. Du bist also vorsichtshalber morgen Abend weg.«
»Wann bist du aus Luxemburg zurück?«
»Mittwoch. Am Nachmittag. Ich nehme den CFL-Bus nach Saarbrücken und steige dort in den TGV nach Frankfurt. Wenn der Geldgeber Abstand nimmt, klappe ich hier den Schirm zu. Das erfährst du morgen Abend. Bis dahin spielen wir ihr etwas vor.«
»Was weiß Frau Mainwald über das Immobiliengeschäft?«
»Null. Ich ließ ihr die neuen Visitenkarten zuschicken; die ist sie vermutlich schon fleißig am Verteilen. Sie freut sich über den Titel einer Geschäftsführerin – dass sie alleinschuldnerisch haftbar ist, ahnt sie keineswegs. Diese Mainwald ist völlig blauäugig.«
»Gut für uns.«
»Im Übrigen rufe ich dich an, sobald ich etwas weiß.« Er legte Lukas Kübling seine Hand in den Nacken. »Ich verlasse mich auf dich, Lukas. Erwähne niemals, dass deine Lehre zu Ende ist. Lass dir nichts von Frau Mainwald erzählen. Wenn es knallt, knallt es Mittwoch – und wir sind nicht mehr da. Sie ist das geborene Opfer.«
»Klar, André.«
»Plan B greift, falls ich kein Geld mitbringe: Wenn der Laden hier hochgeht, muss Frau Mainwald einen verschleppten Konkurs verantworten. Dafür kann sie in den Bau gehen. Sie muss mindestens vor Gericht; anschließend Offenbarungseid, Zwangsmaßnahmen, der ganze Salat.«
»Wie geht es mit dir weiter?«
»Mit uns. Für uns liegt in einem Banksafe meine eiserne Reserve in Gold. Unser Platz ist in diesem Fall in Ungarn. In der Ignaz-Semmelweis-Universität. Institut für Virologie

und Hygiene. Von dort aus rollen wir den Markt auf. Ich schicke dir Geld. Du kommst nach Budapest. Ich melde mich.«

∞

Maike schaute ins Büro.
Tina räumte ihren Schreibtisch auf. »Ich wollte gerade abschließen. Lass uns nach draußen gehen.«
»Danke, dass du so viel Verständnis für mein Laster aufbringst.«
»Bist du eigentlich solo?«
Maike war einen Augenblick überrascht. »Hm, du weißt mittlerweile, dass ich selbstständig bin. Viele denken, da lebt frau automatisch zölibatär«, sie zeigte ihre Zähne, »andererseits: So ein festes Verhältnis passt kaum in meinen Workflow.« Das war lediglich eine halbe Lüge. Maike war tatsächlich stolz auf ihren Single-Status. Tief in ihrem Inneren hegte sie dagegen andere Wünsche. Sie schaute sich um, ob sie bestimmt allein waren. »Ganz selten ergibt sich ein, ein One-Night-Stand.«
»Wie geht das?«
»In einer Talentshow, letzten Monat, traf ich einen. Er war dort der Discjockey. Mister Perfect. Nennt sich DJ FloPo. Bürgerlich heißt er Florian Poslowsky, was ich erst später erfuhr. Muskulös, blond, groß, Mitte zwanzig. Ein Strahlemann. Ich sah ihn bereits zum zweiten Mal. Diesmal rutschte einer Nachwuchskünstlerin während eines Gesangsauftrittes ihr Spaghetti-Träger durch eine unbedachte Geste so über die Schulter, dass man für Sekunden eine Brustwarze sah. Ich war alles andere als zufällig da; man rief mich an. Folglich dokumentierte ich die Szene mit der Kamera. Weil mir DJ FloPo auffiel, lichtete ich die Sängerin

einmal so ab, dass er unauffällig im Hintergrund vor den Plattentellern erschien. Ich gab ihm meine Karte.«
»Meldete er sich?«
»Am gleichen Tag. Er hinterließ seine Nummer bei Achim im Büro. Ich rief zurück, brachte ihm eine CD mit den Bildern – und blieb über Nacht.«
»Wow, kribbelt es da?« Sie wies auf Maikes Bauch.
»Ach nein. Er ist ein hübscher Zeitvertreib gewesen.« Sie senkte die Stimme. »Ganz unter uns: Das Kapitel ‚Männer' schloss ich vor längerer Zeit bereits ab. Zusammen mit der Illusion ‚Partnerschaft'.« Sie beugte sich vor. Ohne Umstände drückte sie Tina einen Kuss auf den Hals.
Tina war so verwirrt, dass sie sich keinen Millimeter bewegte. Erst als Maike sich entfernte, stieß sie die Luft aus.
»Ähm, trotzdem gibst du dich mit diesem DJ FloPo ab?«
»Abgeben? Zumindest von Liebe war da nie die Rede. Auf keinen Fall von Partnerschaft. Eine Nullkonversation. Auch keine Telefonate oder E-Mails. Eine einzige SMS. Als wir zusammen waren, wie soll ich mich ausdrücken, ich ließ einfach los, gab mich in das Unvermeidliche. Losgelöst von der Realität spürten wir den sinnlichen Gelüsten unserer Körper nach. Wir hatten ziemlich guten Sex – mehr nicht. Aber auch nicht weniger.«
»Das hast du schön formuliert. Triffst du dich mit ihm?«
»Nein. Wir sahen uns nicht mehr in den sechs Wochen danach. Es blieb ein One-Night-Stand.«
»Ich beneide dich um ein solches Erlebnis.«

Gegen siebzehn Uhr hatten fast alle Mitarbeiter die Redaktion der ‚Freien Post' verlassen.

Jonas Barkendorff stand in der Teeküche. Er blickte auf sein Smartphone.
Silke Mehringhausen kam soeben von einem Außentermin. Sie öffnete ihr Büro. Die Tür ließ sie einen Spalt offen.
Jonas spähte hinein. Sie legte die Tasche auf den Schreibtisch. Ebenso die Jacke. Um ihre Schuhe auszuziehen setzte sie sich. Dann suchte sie nach einem Schlüsselbund in ihrem Schreibtisch.
Lautlos wechselte Jonas erneut in die Teeküche.
Auf Socken schlich Silke zum Büro des Chefredakteurs.
Sie schloss auf. Huschte hinein. Setzte sich hinter den Schreibtisch.
Zufrieden stellte Jonas fest, dass die Kamera im Büro des Grafen eingeschaltet war. Er beobachtete Silke auf dem kleinen Bildschirm.
Mit einem weiteren Schlüssel öffnete sie die mittlere Schreibtischschublade. Ihr entnahm sie eine lederne Mappe. Darin befanden sich Geldscheine. Silke Mehringhausen befeuchtete sich einen Finger. Sie steckte einen Schein in ihre Jeanstasche. Anschließend zögerte sie. Schließlich griff sie nach dem Scheckbuch in der Schublade. Sie schlug es auf, füllte eines der Formulare aus, setzte eine schwungvolle Unterschrift darunter.
Silke Mehringhausen ergriff den Scheck, steckte ihn ebenfalls in die Jeanstasche – und erstarrte.
Jonas Barkendorff stand in der Tür. Sie war nicht ganz geschlossen gewesen. Jonas hielt ein Handy vor dem Gesicht, mit dem er filmte.
»Ich, ich kann Ihnen das erklären, Herr Barkendorff.«
»Dazu sollten wir in Ihr eigenes Büro gehen, Frau Mehringhausen«, erwiderte er mit fester Stimme.
»Gern.« Sorgfältig schloss sie das Scheckbuch. Ebenso die Ledermappe. Silke Mehringhausen schob alles in die Lade,

die sie zusperrte. »Mein Büro ist gleich nebenan.« Sie verschloss die Tür des Chefredakteurs. Jonas folgte ihr. Silke Mehringhausen setzte sich an ihren Schreibtisch. Schweigend schob sie den Monitor zur Seite.

Jonas schloss die Tür. »Sie wissen, dass ich hier für die Sicherheit zuständig bin, Frau Mehringhausen. Deshalb muss ich Ihnen ein paar Fragen stellen.«

Silke Mehringhausen kam um den Schreibtisch herum. Sie stellte sich neben Jonas. »Herr von Zuffen überließ mir einen Schlüssel zu seinem Büro und zu seinem Schreibtisch. Für Notfälle.«

Blitzschnell fasste Jonas in ihre Jeanstasche und nahm den Geldschein mit dem Scheck an sich. »Er hat Ihnen sicher erlaubt, sich aus seinem Bargeldbestand zu bedienen, sowie bei seinen Schecks.«

Sie setzte sich hinter den Schreibtisch. »Ich kenne Sie nur als unseren Fahrer. Wir sind bisher gut miteinander ausgekommen, oder?«

Er zog den Scheck aus der Tasche. »Bisher konnte ich Sie niemals dabei beobachten, wie Sie die Unterschrift des Grafen auf einem Scheck fälschten.« Jonas steckte das Papier ein.

Silke Mehringhausen stellte sich unmittelbar vor ihn. Sie schaute ihm direkt ins Gesicht. Weich legte sie eine Hand auf seinen Arm. »Das war wirklich böse von mir. Ich hoffe, dass ich dich richtig einschätze.« Sie ging in die Knie. »Willst du mich dafür bestrafen?«

»Soll das ein Deal sein?«

»Ganz im Ernst. Ich denke, dass ich weiß, wie du tickst. Du gibst mir den Scheck aus deiner Tasche. Den Schein kannst du behalten. Dann darfst du mich bestrafen. Mein Körper gehört dir. Von mir aus eine Stunde lang. Anschließend

löschst du das blöde Filmchen auf deinem Handy. Dann vergessen wir das alles.«
»Moooment. Nicht so schnell. Du weißt, wie ich ticke. Bestrafen könnte ich dich morgen Abend. Beginn acht Uhr. Zwei Stunden. Nicht eine. Bei mir in der Landwehrstraße. Ich hole dich eine halbe Stunde früher ab, damit wir alles besprechen können. Du wirst behandelt, wie du es verdienst. All inclusive. Ein Freund von mir wird um acht zu uns stoßen. Er ist nach einer Stunde verschwunden.«
»Nein. Ich bestehe auf Diskretion. Mit einem Freund ist es nicht inkognito.«
»Doch. Ich kenne die Usancen. Ihr tragt beide Masken. Ich verspreche dir, dass keiner von euch sie abnimmt. So bleibst du anonym.«
»Vielleicht erkenne ich ihn an der Frisur, am Körperbau oder an einem Tattoo.«
»Ich habe eine Maske mit Augenklappen. Damit siehst du nichts.«
»Was wird geschehen?«
»Das erfährst du morgen. Sei auf alles gefasst.«
»Ich bin belastbar. Versprichst du, dass ich unverletzt bleibe?«
»Versprochen. Die Regeln sind mir ebenso bekannt wie dir. Ich hole dich um halb acht; um zehn bist du frei. Ich lösche das Video. Am nächsten Morgen sind wir normale Kollegen, die sich siezen. Deal?« Er streckte ihr die Hand hin. »Ich halte mich an Absprachen.«
»Deal. Ich bin bereit.«

∞

Um halb sieben fuhr Bodo Graf Carl von Zuffen mit Marion Mutt über die Frankfurter Straße.

»Vom ersten Augenblick an, als du in mein Büro schwebtest, entzückte mich deine Aura. Wie du gehst, wie du dich bewegst, wie die Luft im Raum dir ausweicht.«
»Ich spüre dich nach wie vor unter dem Gaumen. Was du alles mit mir machtest, Bodo.«
»Ich war neugierig. Wie ein Kind, das zum ersten Mal eine Rose riecht.« Er bog mit seinem Mercedes nach rechts. »Du bist ein Zauberwesen. Der Pfefferminzgeschmack in meinem Mund, wenn du die Lippen öffnest.«
»Ein Skorpion mit Leib und Seele. Der Mond mit seinem letzten Viertel in den Fischen steht im Quadrat zur Venus. Ausgerechnet an diesem Tag triffst du eine Krebsin. Das ist es, was dich so wissbegierig macht. Schmeckst du mich noch?«
»Kirschlikör, Wermut, Erdbeersirup.« Er hielt vor Marion Mutts Haus in der Schlossgartenstraße.
»Danke Bodo. Du bist so süß. Morgen im Büro sind wir natürlich förmlich miteinander.«

Eine halbe Stunde später öffnete Beatrice Rotbuch die Tür zur Bar des Hotels 'Zum Hessischen Kurfürsten'. Nur einen Augenblick fragte sie sich, ob das in Deutschland erlaubt sein könnte. In Griechenland waren selbst in den Hotels die Restaurants geschlossen. Ebenso die Bars.
Im ultravioletten Licht sah sie das weiße Hemd eines Mannes. Er lehnte an der Theke. Allmählich erkannte sie eine altmodische Smokingjacke, die das Hemd einrahmte.
Ein säuerlicher Geruch stieg ihr in die Nase; verschütteter Sekt.
Starrte der Mann im Smoking sie an? Wegen des sommerlichen Kleides etwa? Beatrice trug meistens Hosen. Wie kam

sie bloß auf die Idee, auch noch diese hochhackigen Schuhe anzuziehen?

Aus der Anlage hörte sie Boots Randolphs Reibeisen-Saxofon: ‚The shadow of your smile'. Die Musik ertönte gerade so laut, dass sie die Gespräche der Gäste überdeckte.

Der Strand in Griechenland schwirrte ihr durch den Kopf. Sie liefen durch den Sand. Ihr Adonis, der gleichzeitig ihr Chef war, mit seiner Aphrodite, die gleichzeitig für ihn tippte. Der gemeinsame Flitter-Urlaub. Vergiss es, Beatrice. Mutig stelzte sie auf das weiße Hemd zu. Bei dem Versuch, den Barhocker zu erklimmen, rutschte das ungewohnte Kleid nach oben. Sobald sie saß, schob sie es mit beiden Händen über die Oberschenkel.

Der Mann hob seine Kaffeetasse. Er grinste sie an: »Keine Chance.« Hoffentlich übersah er bei diesem Licht, wie dunkel die Farbe war, die ihr ins Gesicht schoss.

Der Barmixer spitzte die Lippen: »Guten Abend.«

Sie übersah ihn. Wahrscheinlich, weil alle seine Sachen schwarz waren. Er schaute in ihre Augen, als kenne er sie gut. Ohne den Kopf zu senken, schob er ihr die Getränkekarte zu. Sein Lächeln fror ein. Beatrice warf keinen Blick auf die Karte: »Einen Ginfizz.« Der einzige Cocktail, den sie kannte.

Ein halbes Dutzend Gäste saß an den Tischen, einzeln oder paarweise. Niemand schien Beatrice zu beachten.

Von Neuem das Saxofon. Wieso erinnerte es sie an Griechenland? Sie tranken Sekt am Strand. Er trug ein weißes Hemd. Dazu eine lustige rote Krawatte. Mit drei Sechsen. Nach jedem Schluck döste sie ein bisschen. Ihr Chef stand auf. Dieser Schuft. Flirtete mit der anderen Frau. Himmelte sie an. Als Beatrice aufwachte, verschwand er nach oben. Ihr Adonis. Mit der anderen Frau. Mit ihrem Lächeln. Vergiss es Beatrice.

Der Typ im Smoking setzte wortlos die Kaffeetasse ab. Er schaute an ihr vorbei. Sie blickte auf seine Schleife. Geräuschlos stand er auf. Geräuschlos wandte er sich dem Flügel zu. Geräuschlos hob er den Deckel von den Tasten. Fortwährend das Saxofon. Dazu das Lächeln dieser anderen Frau. Hätte sie eine Schere gehabt in Griechenland, eine rostige Schere, sie hätte ihm mit der rostigen Schere den Schniedel – ob die andere dann immer noch gelächelt hätte? Nein, Beatrice musste sich verbieten, solche Sachen zu denken.
Bevor der Pianist sich setzte, verstummte die Musik aus den Lautsprechern.
Beatrice nippte an ihrem Cocktail. Er schmeckte ein wenig bitter. In diesem Augenblick öffnete sich die Tür. Der Pianist tupfte einen Ton an.
Der Mann im Türrahmen wirkte schmierig. Trotz des Glitzeranzuges. Oder gerade deswegen. Die Jacke erschien zu eng. Darüber ein Narbengesicht. Mit einer gebrochenen Nase. Kontrastiert durch eine rote Seiden-Krawatte. Alter um die vierzig. Welcher Mann trug noch Stiefeletten? Bizarr. Der Glitzeranzug ließ die Augen über die Tische fliegen. Beatrice glaubte, ein Lauern in seinem Gesicht zu beobachten. Er setzte sich auf den Platz direkt neben ihr.
Einen Augenblick später spürte sie seine Hand auf ihrem blanken Knie.

∞

Marion Mutt grübelte über den heutigen Tag. Beschwingt war ihr nach einem Spaziergang durch die menschenleere Stadt. Des Weiteren nach einem Tequilla Sunrise. Sie kannte eine kleine Bar in der Elisabethen-Straße. Auf die Idee, dass diese geschlossen sein könnte, wäre sie nie gekommen. Erst

als sie das ‚Vorübergehend kein Ausschank'-Schild sah, knallte sie auf den Boden der Corona-Realität. Ihr Blick wanderte zu einem Transparent zehn Meter weiter. Es verwies auf einen Sex-Shop, dessen Eingang hinter einer Gebäudeecke lag.
War das Silke Mehringhausen?
Gerade huschte sie um die Ecke.
Marion ging ihr nach.
Silke Mehringhausen sah kurz nach beiden Seiten, um sofort in der Tür zu verschwinden. Gut, dass sie hinten keine Augen hatte.
Der Laden sah von außen genauso verrammelt aus, wie alle anderen. Marion zögerte kurz, ging zum Eingang, drückte die Schwingtür auf, schob einen Lichtschutz zur Seite und blieb einen Moment stehen. Erst mit der Zeit gewöhnten sich die Augen an das Halbdunkel. Silke Mehringhausen verschwand soeben hinter einer Regalgondel.
Die Theke schien sich auf der anderen Seite des Raumes zu befinden. Niemand war zu sehen. An der Seite waren Video-Kabinen. Marion zog rasch eine Tür auf, huschte in die Kabine und blickte auf den Bildschirm. Ein Testbild. In ihrer fünften Jeans-Tasche trug sie immer ein Eurostück. Für einen Einkaufswagen oder so. Ohne nachzudenken warf sie den Euro in einen Schlitz. Da lief ein Porno – wie in der guten alten Zeit.
Sie ließ die Tür einen kleinen Spalt offen. Von hier aus überblickte sie den ganzen Gang mit den Verkaufsregalen. Wo sie aufhörten, kam ein Mann von der Seite. Er stellte sich zu der Kasse.
Seit das Internet mit kostenloser Pornografie geflutet wurde, gab es nur noch wenige Läden dieser Art. Die Videokabinen waren verwaist. Filme verschwanden ebenso aus dem Angebot wie die vielen Regalmeter Pornohefte.

Silke Mehringhausen stand vor einer Verkaufswand. Sie erfasste soeben einen Blisterkarton. Ihm entnahm sie eine Maske mit Strass-Steinen.
Marion Mutt hob das Smartphone hoch, um sie zu fotografieren.
Kurz glitzerte die Maske vor eine Lampe.
Lautlos drückte Marion den Auslöser auf dem Display.
Erstaunlich, wie lichtempfindlich so ein winziger Sensor war.
Silke Mehringhausen brachte den Artikel zu dem Mann an der Kasse.
Unbemerkt verließ Marion Mutt den Laden. In der geöffneten Tür wurde sie beinahe von der Helligkeit erschlagen. Auf der Straße war niemand zu sehen. Sie wechselte auf die andere Seite, während sie durch die Nase atmete.

Beatrice Rotbuch atmete mit geschlossenen Lippen.
Der Mann im Glitzeranzug drehte den Kopf zum Barmann: »Ein Pils, bitte.« Die Stimme krächzte, wie eine Schellack-Platte. Seine Hand lag weiter auf ihrem Knie.
Ihr Mund war staubtrocken. Sie hatte vergessen, dass ein Ginfizz vor ihr stand. »Mir gleichfalls ein Pils.«
Wie durch eine Nebelwand realisierten ihre Ohren, dass der Pianist das gleiche Lied spielte. Den Bossa nova, der davor von der CD erklang. Das Lied von den Sternen, die er ihr vom Himmel holen wollte, die immer zu weit weg waren; viel zu hoch, viel zu hell, viel zu groß. Selbst über dem Nachgeschmack lag ein Schatten, ein Schatten aus Tränen. Vorsichtig wischte sie sich über die Augen.
Reiß' dich zusammen, Beatrice.

Der Glitzeranzug wartete, bis das Bier vor ihm stand. Mit der freien Hand hob er es zum Mund. »Du siehst aus, wie eine Beatrice, habe ich recht?«
Der hielt sie wohl für eine Professionelle. Wer war er? Woher wusste er ihren Namen?
Schnell griff sie nach dem Ginfizz, trank, wischte sich den Mund, trank, bis sie einen Gedanken fassen konnte – und das Glas leer vor ihr stand. »Ich bin hier wegen einer Anzeige. Ich warte auf Elvira Albert.« Der Mann hinter der Bar stellte ihr ebenfalls ein Bier hin.
Der Glitzermann sah sie direkt an. Seine Hand auf ihrem Bein wanderte höher. Es fühlte sich an wie Sandpapier. »Ich bin Albert Elvira. Du hast das Komma hinter ‚Elvira' übersehen.« Nochmals die Kratzstimme. »Prost, Beatrice. Trink das Glas aus.«
Gehorsam kippte sie das frische Pils hinunter. Sie brauchte drei Anläufe.
Ohne sich umzusehen, ging er an der Theke vorbei zu einem dicken Vorhang. Den zog er zur Seite. Kurz drehte er den Kopf zu ihr: »Komm!« Er drückte eine Klinke.
Wie eine Puppe rutschte sie vom Hocker, zog den Stoff ihres Kleides zurecht, folgte ihm.
Sie trank zu hastig.
Sanft schloss er die Tür hinter ihr, um geräuschvoll den Schlüssel umzudrehen. Neonlicht flackerte. Kahle Wände. Tisch, Stuhl, Schrank, Waschbecken.
»Dies ist ein heiliger Raum. Frauen dürfen ihn nur nackt betreten.«
»Sie meinen, ich soll mich ausziehen?«
Mit einem Froschgesicht nickte er bedächtig. »Ich bin in Eile. Lege alles hier auf den Tisch. Die Schuhe kannst du anbehalten.«
»Ich, ich habe eine Frage?«

»Heraus damit.« Er hob die offene Hand, als wolle er ihr einen Apfel zuwerfen.
Der Strassbeutel mit ihrer Geldbörse war auf dem Tresen liegen geblieben. Danach hätte sie sich zuerst erkundigen müssen. Stattdessen hörte sie sich fragen: »Darf ich die Halskette anbehalten?«
»Ja.«
Sie griff in den Nacken, zog das Kleid über den Kopf, drapierte es über die Stuhllehne, schüttelte ihre Haare, öffnete den BH, streifte ihn ab.
Interessiert hob sie die Augenlider. Waren das drei Sechsen auf seiner roten Krawatte? Wo sah sie kürzlich so einen Schlips?
Der Mann namens Elvira wies mit dem Zeigefinger auf den Tanga.
Beatrice schob bereitwillig den Slip nach unten. Kokett ließ sie die winzige Textilie auf das Kleid fallen.
Mit einem Mal spürte sie Finger, die ihre Lippen öffneten. Wie ein Arzt betastete der fremde Mann ihre Zahnreihen, die Schleimhaut, den Gaumen.
»Umdrehen!« Zwei Hände glitten an ihrem Rücken hinab.
»Bücken!«
Sie gehorchte. In ihrem Kopf drehte sich ein Kettenkarussell.
Da betrat eine Frau den Raum. Von der anderen Seite. Anfang dreißig, dunkles Kostüm, rotblonder Pferdeschwanz, breiter Gürtel mit einer silbernen Vier als Schnalle. Größer als Beatrice. »Guten Abend. Ich bin Kerstin Labia. Kommen Sie doch hoch.«
Während Beatrice sich reckte, drehte sie sich zu Kerstin Labia um.
»Sie wissen, worum es sich handelt?«

Beatrice schüttelte den Kopf – froh, nicht schon wieder geduzt zu werden.

»Hoffentlich hat sich Albert benommen. Seinen Duktus erwarb er in der Justizvollzugsanstalt in Butzbach. Er testet bei Neuen gern ihre Frustrationstoleranz.«

Der Mann grinste breit. Beinahe hätte Beatrice ihm zugelächelt. Schlagartig begriff sie, dass sie nackt war.

»Sie dürfen sich anziehen.« Kerstin Labia blieb ernst.Sie schüttelte die rotblonden Locken. »Wir stellen uns vor, dass Sie hier als medizinische Bademeisterin arbeiten. Erlaubt wird vorläufig bloß, was medizinisch geboten ist. Darum bewarben Sie sich schließlich. Dazu gehört hier zusätzlich der Sauna-Bereich. Den passenden Body können Sie ohnehin vorweisen. Absolut filmreif. Wonach wollten Sie fragen?«

»Darf ich, ich noch ein Pils haben?«

»Gern. Albert kümmere dich bitte. Sie waren sicher erstaunt, dass zu Corona-Zeiten bei uns die Bar geöffnet ist?«

Beatrice zupfte Albert Elvira am Ärmel: »Bitte bringen Sie mir das Glitzertäschchen mit, das auf der Theke liegt, Herr Albert.« Sie wandte sich an Frau Labia, »ich komme gerade aus dem Urlaub. Deshalb weiß ich nicht, was hier lockdownmäßig erlaubt ist. Da existiert sicher eine Sondererlaubnis?«

»In gewissem Sinne eher indirekt. Das ganze Personal einschließlich des Pianisten ist in Kurzarbeit. Alle langweilen sich. Da deklarierten wir diesen Abend als private Feier. Da sind bis zu zehn Peronen erlaubt. Daneben wollte unser Pianist üben. Geöffnet ist demnach allein für Sie. Alle Statisten an den Tischen sind Angestellte. Sie kamen, damit der Raum weniger leer wirkt – und um dem Klavierspieler zu lauschen.«

∞

»Du kennst die Kanzlerin, Jonas: Von wegen empfehlen – das sind Regeln.«
»Ach Flo. Als ob die das bestimmen dürfte.«
»Wer glaubst du denn?«
»Ich denke, dass die ganze Weltpolitik von einer Handvoll Leute gesteuert wird; Donald Trump oder Boris Johnson sind ebensolche Marionetten wie Angela Merkel. Die Strippenzieher sitzen in Israel. Oder in Russland. In keinster Weise in Berlin oder Washington.«
»Wenn du meinst. Hier geht es um unser Video, Jonas. Ich habe das mal grob zusammengeschnitten. Sind trotzdem über zwanzig Minuten.«
»Das reicht. Kein Rauschen. Scharf, hell, geiles Video. Reimt doch. Was willste mehr, Flo?«
»In Frankfurt kenn ich einen, der schneidet das fachkundig und weiß, wie man Geld damit macht. Bei HamsterPorn.«
»Absolut. Bei PornHub kannst du zwar umsonst hochladen, die Klicks bringen dagegen so gut wie nichts.«
»Ben heißt er. Normal will er einen Tausender. Für mich macht er es vielleicht drunter. Teilen wir uns. Kannst du morgen Vormittag, um zehn mit dem Auto, Jonas? Wir könnten ihn in Frankfurt treffen.«
»Gut. Da werde ich mein Sparschwein plündern. Ich hole dich um halb zehn ab, Flo.«
»Sabine glaubte tatsächlich, dass Lucida nur so tut, wenn sie sich wehrt. Das dachte ich ebenso. Ich verstand doch kein Wort von euerm Gespräch. Die wusste nichts, oder?«
»Egal, am Ende machte es allen Spaß.«
»Was hast du Lucida denn an der Konstabler Wache erzählt, Jonas?«
»Mensch Flo, dass wir sie fotografieren.«

»Ha, sie quiekt wie ein Schwein. Was meinst du, ob sie das Maul hält?«

»Von der erfährt niemand einen Pieps. Kannste Gift drauf nehmen.«

»War sie mit dem Hunderter zufrieden?«

»Bei mir bekommt jeder, was er verdient. Shit, dein Gesicht, Flo. Das muss 'raus aus dem Video, oder?«

»Du hast recht, Jonas. Das darf man auf keinen Fall sehen. Was ist mit deinem?«

»Mir egal, Flo. Hey, guck mal, wie sie das Maul aufsperrt, wenn du ihr die Nase zuhältst. Und Totale. Klasse.«

»In so einem großen Raum wie dort wirkt das wesentlich professioneller als in so 'ner kleinen Wohnung.«

»Geht leider nicht mehr. Ich bin dort 'raus, als Security.«

»Hat alles Vor- und Nachteile. In so 'ner Wohnung ist es intimer. Könnten wir notfalls sogar hier machen.«

Jonas blickte sich um. »Du hast hier zwei ringförmige Haken im Türrahmen. Sind die stabil?«

»Die sind gedübelt. Daran kannst du dich aufhängen. Ich bringe da Festplatten an, die entmagnetisiert werden sollen.«

»Ich dachte eher an eine Frau.« Er verzog das Gesicht. »Kannst du bei mir sowas anbringen?«

»Wenn der Türrahmen fest ist, kein Thema Jonas. Hast du dir das mal überlegt, was ich dich fragte, mit einer Bettgenossin?«

»Oh ja. Hast du morgen Abend Zeit? Um acht bei mir?«

»Passt schon.«

»Hast du 'ne Maske?«

»'Ne Corona-Alltagsmaske?«

»Nein. Wie in ‚Eyes wide shut'.«

»Habe ich gesehen. Ja, liegt bei mir irgendwo 'rum.«

»Wenn du sie nicht findest, rufst du durch. Ich hab' noch eine. Leg' sie an, bevor du durch die Tür kommst. Also im Flur, spätestens. Sie wird ebenfalls eine tragen. Kann ich mich drauf verlassen?«
»Hundert Pro. Was geht da ab?«
»BDSM. Das Heißeste, was du dir vorstellst. Wir können mit ihr machen, was wir wollen. Eine volle Stunde.«
»Was muss ich dafür anlegen?«
»Zwei Hunderter. Plus Deinen Anteil an dem Video. Absolute Diskretion. Versprich, dass du spätestens um neun mit Maske die Wohnung verlässt.« Er streckte Flo die Hand hin. Der schlug ein. »Abgemacht. Morgen Abend um acht. Mit Maske.«

∞

Durch das schräg gestellte Fenster hörte Maike die neun Stundenschläge einer Kirche. Sie saß über ihrer Honorar-Tabelle. Ein notwendiges Übel. Viel zu schnell vergisst eine überlastete Buchhalterin einen Posten. Maike setzte Haken. Zwei Fotos fehlten auf der Liste. Sie schrieb einen Zettel. Fertig.
Dann entspannte sie sich im Bad. Anschließend warf sie ein leichtes Kleid über.
Der Samstags-Termin war kompliziert genug. Das Knie spürte sie noch. Sie dachte an den Bärtigen im Keller, der sie betatschte. Irgendwie kam ihr das Gesicht bekannt vor. Gut, dass sie zu ihren Einsätzen üblicherweise Jeans trug. Egal bei welchem Wetter.
Auf ihrem Handy blinkte es. Eine SMS von Beatrice. Ob das ihr Diesel draußen war? Das Motorengeräusch brach ab. Eine Autotür schlug zu.
Die Haustür müsste offen sein. Zögernde Schritte auf der Treppe. Die Korridorklingel.

Wie benommen wankte Beatrice herein. »So viel Alkohol habe ich seit Ewigkeiten nicht getrunken.« Sie flogen sich in die Arme.

»Du im Kleid?« Maike holte zwei Flaschen Bier aus dem Kühlschrank.

»Du doch auch. Komm, wir machen Party.« Feixend erzählte Beatrice von dem Termin im Hotel 'Zum Hessischen Kurfürsten'. Der Bürojob bei Ernst stünde ihr bis oben.

»Wenn du ‚Bürojob' aussprichst, klingt es wie ‚Blowjob'.« Maike lehnte sich zurück.

»Jetzt, wo du's sagst. Na gut. Ein bisschen mehr war schon. Mit der Zeit stellte sich heraus, dass er ein Priester ist. In so einer Satanssekte. Der trug so eine Brosche mit einem fünfzackigen Stern. Daran erkennen die sich. Stell' dir das vor. Du erzähltest mal, dass du mit so was beschäftigt warst?« Beatrice zog den Stoff ihres Kleides zurecht.

»Vor sieben Jahren. Eine Undercover-Reportage. Ich veröffentlichte sie unter dem Alias Mareike Rheinwald. Wenn die wüssten, wo sie mich finden – vergiss es. Wie lief 's denn mit dem Herrn Rechtsanwalt?«

»In Griechenland traf er eine alte Bekannte. Zufällig, wie es hieß. Wenn ich mir das so überlege, lief alles auf eine Ménage à trois hinaus. Wir tranken. Er sprach über Körpersäfte, Klimax-Theorien, Sexualtechniken. Mit jedem dummen Spruch arbeitete er sich eine Etage höher in meiner Abscheu. Dabei vertrag' ich keinen Sekt. Irgendwann nickte ich ein. Als ich zu mir kam, ging er gerade mit ihr auf unser Zimmer. Ätzend. Die Büroarbeit fühlt sich generell falsch an für mich. Die rosarote Brille kam durch ihn. Ich probiere andere Sachen. Mittags triffst du mich nach dem Lockdown im ‚Body', wenn das aufmacht, als Trainerin. Abends drehe ich eine Schleife in das Hotel 'Zum Hessischen Kurfürsten'. Dort bin ich demnächst für das Schwimmbad zuständig.«

»Glückwunsch. Der Versuch ist es wert. Achim behauptet: Wenn wir denken, irgendetwas bleibt, wie es ist, sieht das lediglich so aus. Nichts bleibt, wie es ist. Selbst ein Spiel wie Monopoly, wo du früher viertausend Mark bekamst, wenn du über LOS gekommen bist.«

»Spielten wir vor Ewigkeiten. Im richtigen Leben ist es krasser: Da kriegst du nirgends viertausend, nur fürs Vorbeikommen.«

»Leider. Ob es besser wird, wenn es anders wird, weißt du nie. Du siehst allerdings: Wenn es gut werden soll, muss es anders werden. Selbst wenn du nie da ankommst, wo du hinwolltest.«

»So isses. Merkst du? Wir philosophieren wie früher, als ich dir Judo beibrachte. Du siehst ein klares Ziel. Je näher du ihm aber kommst, umso verschwommener wird es. Irgendwann ist es weg.«

»Erinnerst du dich an unseren Besuch im Pantheon in Rom?«

»Je näher dein Blick zum Rand der offenen Decke in der Kuppel wandert, umso dunkler werden die Steine – bis du irgendwann geblendet wirst.«

»Trotzdem musst du es andauernd versuchen, dich dem Rand zu nähern. Lernte ich von Beatrice Rotbuch«, sie prosteten sich zu, »ich bin sicher: Das Leben ist ein Möbiusband.«

»Ich weiß gar nicht, was ein Möbiusband ist. Ansonsten hast du recht. Wann trainieren wir denn wieder?«

»Wie es aussieht, dauert das ein bisschen.«

Maikes Telefon meldete sich. Bianca rief an.

»Setz dich in ein Taxi. Komm' her. Ich trinke gerade mit einer Freundin ein Bier. Du bist willkommen. Wir begleiten dich zu deinem Hochhaus.«

»Ich bin beschwipst. Wer rief denn an?«

Maike erzählte von dem Unfall des Journalistenkollegen. Sie erklärte, dass Bianca höchstens gemeinsam mit einer Freundin in ihr Appartement gehen möchte.
Es klingelte.
Maike ging zur Sprechanlage.
»Grüß dich Bianca. Bleib' unten.«
»Ist sie das?«
»Wir kommen.«
»Soll ich fahren?«
»Keineswegs. Wir nehmen den Ampera. Ich fahre. Bei dem, was du intus hast, solltest du eher laufen.«
»Lieber hätte ich mein Auto dabei.«
»Ich bring dich nach Hause. Hol' es morgen zu Fuß. Sind ein paar Schritte zur Kasinostraße. Da ist sie.«
»Guten Abend. Ich bin Bianca.«
Zu dritt fuhren sie nach Kranichstein.

∞

Das Minutenlicht ging aus, als der Aufzug oben ankam. Bis die Lampen von Neuem aufflammen, wirkte alles unheimlich. Reste eines Siegels zierten die Tür. Die Polizei brach sie auf.
»Der Hausmeister rief mich an. Er war mit einem Schlosser da, um alles notdürftig zu reparieren.« Bianca knipste das Flurlicht an. »Mal sehen, ob der Schlüssel noch passt.«
Der Schnapper des Türschlosses war defekt. Sie musste von innen zusperren.
»Danke, dass ihr mitgekommen seid – sonderbar – alles, wie wenn nix passiert wäre. Folgt mir.« Sie ging durch das Wohnzimmer zum Balkon. »Die Polizei nahm das Lampenglas mit.« Bianca schob die Leiter auf dem Balkon

zusammen. »Helft ihr mir, die Sachen 'reinzubringen, die herum liegen?«
Beatrice war ein bisschen schwindelig. Gedankenverloren sammelte sie alles ein: Schraubendreher, eine Dübelschachtel, weitere kleine Gegenstände.
»Kommt ins Wohnzimmer. Es ist Wein da.«
»Ich habe genug getrunken«, Beatrice schlug die Beine übereinander, »höchstens eine Schorle.«
»Ihr seid sicher befreundet. Megativ. Meine beste Freundin Cora, Maike kennt sie, modelt momentan leider in Berlin. Macht mich kirre, dass sie weg ist. Voll sick alles.« Sie trank das Glas aus. Beatrice goss ihr sofort ein neues ein.
»Wirst du das Appartement behalten?«
»Nein. Bei meinen Ellies in Eberstadt gibt es noch ein Zimmer für mich. Den Turm hier gebe ich auf.«
»Seit wann bist du verheiratet?«
Bianca trank. »Seit zwei Jahren.« Sie schaute auf. »Zwei Jahre zu viel. Bist du verheiratet, Maike?«
»Nee, nie. Affären? Ja. Eine Hochzeit? Never ever.«
»So kenne ich Maike schon aus der Schule. Sie ist vier Jahre jünger als ich. Seit sie fünfzehn ist, bin ich ihre Judo-Lehrerin. Damals studierte ich in Prag, wo Maike zur Schule ging. Mit zweiundzwanzig war ich dumm genug, zu heiraten. Der Typ verwechselte Sex mit Liebe. Nach zehn Monaten setzte ich ihn vor die Tür.«
Bianca wischte sich Tränen aus den Augen. »Hätte ich genauso machen sollen. Wenn sich das bloß resetten ließe. Alles schräg, halt. Eine Ehe ist kein Ponyhof.«
»Dabei heißt es ‚jung gefreit – nie bereut'.«
»Nicht nach 'ner Junkie-Karriere. War mit siebzehn schwanger. Max kam. Heiratete mich an meinem achtzehnten Geburtstag. Der war acht Jahre älter. Ich ohne Beruf. Gab 'ne Fehlgeburt.«

»Das war doch nett von ihm, dich trotz der Schwangerschaft zu heiraten?«
»Wir trieben es drei bis vier Mal täglich. Nach einem halben Jahr schlief Max allein. Da war was mit so 'ner Landkreismatratze aus der Uni.«
Maike legte ihr die Hand auf den Arm. »Du brauchst uns nicht dein Leben zu erzählen.«
»Will aber. Will sogar fremdvögeln. Das ging mir seit Jahren durch die Birne. Mit Max läuft eh nix. On fleek, dachte ich.«
Beatrice legte ihr den Arm um die Schultern. »Du bist ganz schön heftig drauf, Bianca.«
»Max begann im Januar bei der ,Freien Post'. Dort wäre er demnächst Lokalchef geworden. Vor vierzehn Tagen feierten wir meinen zwanzigsten Geburtstag bei seinem Chef. Das ist der Graf von Zuffen. Ich sollte nett zu ihm sein. Wusste natürlich, wie er das meinte. Als Max mit der Dame des Hauses das Zimmer verließ, damit sie ihm auf dem Klavier eine Sonate vorspielte, griff sein Chef mir unter den Rock. Pervers alles.« Sie trank. »Der Graf lud mich zum Essen ein. Mittwochs darauf. Ich sagte Max, dass ich bis um zehn im ,Möbius' bin. Da arbeitete ich tageweise als Servierin. Als es noch offen war. Dort wäre ein Personalgespräch. Mittwochs ging ich stattdessen nun ins Hotel 'Zum Hessischen Kurfürsten'. Zu seinem Chef. Zwei Mal.«
»Super, da arbeite ich demnächst als Bademeisterin.«
»Die ,Freie Post' hat ein Zimmer fest reserviert. Bodo ist dort Stammgast. Er kann sogar momentan hin, wo alles zu ist. Besitzt bloß ein Ei, fickt aber, als hätte er drei. Okay. Das hab' ich halb für Max getan, halb für mich. Als wir uns Samstag in die Haare kriegten, raunzte ich Max an, ich könnte mir das, was mir bei ihm fehlt, ansonsten bei seinem Chef holen. Das einzige, was er meinte, war: Gute Idee! Zier Dich ein

bisschen, damit er Gewalt anwendet. So hätte er etwas gegen ihn in der Hand. Seid ihr schockiert?«
»Unsinn. Wenn du neun Jahre als Journalistin arbeitest, kennst du Wirrungen und Irrungen.«
Biancas Telefon läutete. »Hallo Jonas. Nein, auf keinsten. Hier ist gerade Besuch. Von einer Freundin, einer Fotografin, die ich beruflich kenne. Kannst du morgen? Ciao.«
Bianca trank in großen Schlucken ihr Glas leer.
»Das war Jonas, ein Kollege von Max. Egal. Er besuchte mich am Sonntag – war das erst gestern? Absolut. Gestern. Er kam kurz vor zehn. Ist Fahrer oder so 'was, für die Redakteure. Achtundzwanzig. Der wollte Max zur Rede stellen, weil er sich an seine kleine Schwester heranmachte. Max ließ nie seine Finger bei sich.«
Maike gab ihr ein Taschentuch. Biancas Augen färbten sich dunkel.
Beatrice goss ihr nach.
»Sie heißt Svenja oder so. Praktikum bei der ‚Freien Post'. Es muss in der letzten Woche passiert sein. Hier, in unserem gemeinsamen Schlafzimmer, fiel Max über sie her. Das beichtete sie Jonas am Sonntag. Daraufhin fuhr er wutentbrannt zu uns. Max war in der Redaktion. Spätdienst. Wenn ich ehrlich bin, ich wollte Jonas von seinem Aggress 'runterholen.«
»'Runterholen ist gut«, Beatrice kicherte, »hab' 'mal gelesen, dass es Affen gibt, wenn die aggressiv sind, bieten ihnen die Weibchen ihren Körper an.«
»Boah, was Schlampen.« Alle lachten.
»Wie lange blieb er?«
»Keine Viertelstunde. Ich beruhigte Jonas ohne Sex. Um kurz nach zehn verabschiedete er sich. Max kommt um halb elf. Ich stocksauer. Er haut mir eine 'runter. Ich heule Rotz und Wasser vor Wut.«

»Solche Typen lieben wir«, fuhr es Beatrice heraus, »wir sollten langsamer trinken.«
Maike streichelte Bianca den Unterarm.
Bianca ließ den Wein für eine Sekunde im Mund. Sie schluckte. »Hast recht. Bin beschwipst. Weiter. Max ging aufs Klo. Ich im Rage-Modus. Schickte einem Freund eine SMS. Log ihm vor, bin tropfnass zwischen den Beinen. Ob wir uns treffen können? Er schrieb zurück, dass er mich abholt. Hier oder am Kiosk, der ‚Oase'. Das ist fünf Minuten von hier. Dort gibt es rund um die Uhr Alk zu kaufen. Ich wollte 'raus aus diesem Zimmer, wo dieses Monster von Ehemann war. Nach ein paar Minuten kam Max vom Klo. Sniefte im Bad irgendwas. Machte er, wenn er nervös war. Ich wollte mich fetzen. Hab' ihn angefaucht, er soll sich bei mir für die Schelle entschuldigen. Dass er nie macht, was er sagt, nicht mal die blöde Glühbirne auswechselt, die bestimmt schon zwei Wochen kaputt war, draußen auf dem Balkon. Das Erste, was mir einfiel. So salty sah er mich premieremäßig. Ich war zuvor nie laut geworden, glaub' ich. Er kippte ein großes Glas Whisky. Oder zwei. Dann war die Flasche leer. Ich gab vor, dass ich einen Flachmann abpumpen gehe, an der ‚Oase'. Wenn er sich nicht bei mir entschuldigt, wenn ich zurückkomme, ziehe ich aus.«
Beatrice küsste ihr die Tränen von den Augen.
»Ich zur ‚Oase'. Das bedeutet: Während mein treu sorgender Ehemann abkratzt, also verschied, wie es heißt, hab' ich, hab' ich, hab' ich mich besoffen.« Sie konnte ein Schluchzen nicht zurückhalten.
»Fehlt er dir denn?«
Sie wischte sich die Tränen ab. »Auf keinsten. Is mir egal der Sipp. Max ist mir schnurz. Total. Die ganzen Umstände kommen halt so strange. Ich bin vernommen worden. Von der

Kripo. So creepy. Die haben das auch gefragt. Ja, er fehlt mir schon.«
Jemand läutete.
Beatrice schaute durch den Spion. »Draußen steht Polizei. Einer im Anzug. Zwei in Uniform.« Sie sperrte die Tür auf.
Der Zivilist stellte sich vor: »Edgar Baurhenne, Kriminalpolizei. Entschuldigen Sie bitte, dass wir Sie stören.«
Bianca gab ihm unbedarft die Hand.
»Ich muss Sie leider bitten, mitzukommen. Sie stehen unter dringendem Tatverdacht, Frau Schellfisch. Dirk, schau bitte noch mal auf den Balkon. Wegen des Bombenanschlages konnte keine richtige SpuSi stattfinden. War für die Kollegen augenscheinlich ein Suizid oder Unfall. Nimm die Personalien der anderen draußen im Flur auf. Du musst die Tür neu versiegeln. Das ist ein Tatort. Ich bringe Frau Schellfisch mit Wolfgang zum Wagen.« Er ergriff Biancas Handgelenk. »Ziehen Sie bitte etwas an, Frau Schellfisch.« Bianca griff nach ihrer blauen Jacke.
Der Polizist Wolfgang fasste nach dem Strassbeutel, der an der Garderobe hingt.
Beatrice drängte sich an beiden vorbei in den Flur. Sie entschuldigte sich bei Baurhenne, als sie ihn anrempelte. »Das ist mein Beutel. Biancas Tasche ist dort.«
Maike gab Bianca eine Visitenkarte. »Ruf' mich an. Zum Beispiel wenn du einen Anwalt brauchst.« Sie wandte sich an Baurhenne. »Können Sie mir das erklären?«
Baurhenne drehte sich kurz um: »Täterwissen. Aus recherchetechnischen Gründen können wir im Moment keine Auskünfte geben. Guten Abend.«
Einer der Polizisten wandte sich an Maike. »Darf ich Ihre Personalien aufnehmen?«

Fünf Minuten später waren die beiden Frauen allein im Vorraum des Aufzuges im fünfzehnten Stockwerk. Biancas Tür war verschlossen. Die Polizisten versiegelten sie neu.
Beatrice streckte Maike eine geschlossene Faust hin. »Ist da zufällig ein Computer in deinem Rucksack?« Sie betraten die Fahrstuhlkabine.
»Für eine Journalistin ist das I-Pad so wichtig wie der Schreibblock.«
»Kannst du diesen Speicher auslesen?« Beatrice hielt ihr eine SD-Karte hin.
Maike schüttelte den Kopf. »Dafür benötige ich einen Adapter.« Sie holte ihn aus einer Seitentasche des Rucksacks.
»Wo kommt die Karte her?«
»Die Karte trug der Herr Kommissar in seiner Jackentasche. Ordentlich in einer Hülle verpackt selbstverständlich.«
»Du klaust dem Kommissar ein Beweisstück aus der Tasche?«
»Das war Notwehr. Lässt du's mal laufen?«
Maike wischte, tippte, wischte. Aus dem Nichts erschien der Umriss eines Hochhausdaches auf dem Bildschirm. Man sah einen Balkon von der Seite. Das einzige Licht kam aus dem Zimmer dahinter. Ein Mann stand auf einer Leiter.
»Kannst du mal vorspulen?«
Maike drückte kurz auf den Bildschirm.
Da kam eine Gestalt durch die Tür. Offensichtlich trat er hinter die Leiter, drehte sich, hob die Hand. Der Mann auf der Leiter stürzte nach unten. Die Gestalt blieb eine Minute stehen, drehte sich um, verschwand.
Ende des Videos.
»Spiel 's noch mal.«
»Der Lift ist gleich unten. Sehr dunkel. Kannst du 'was erkennen?«

»Wer da zu sehen ist – das ist niemals Bianca. Viel kräftiger. Andererseits: Man erkennt kaum, ob es eine Frau ist. Ob sie ein Hemd oder eine Bluse trägt. Das Gesicht ist einfach schwarz. Moment. Die blaue Jacke. Das sieht aus, wie die Jacke von Bianca. Dreh 's zurück.«

Es schien sich um eine Aufnahme aus einer Überwachungskamera zu handeln. Sie erhielten keine neuen Erkenntnisse beim dritten Anschauen.

Der Aufzug hielt unten. Maike kopierte das Filmchen, schaltete das Tablet aus, wischte die Karte sorgfältig ab.

»Oho, ein Brillenleder?«

»Ein Mikrofasertuch. Das benutzt eine Fotografin täglich. Gib mir die Plastikhülle.«

Vor dem Haus stand der Streifenwagen. Die Lichter waren aus. Bianca saß im Fond des Polizeiautos. Neben Baurhenne.

»Ist es möglich, dass Sie oben diesen Gegenstand verloren, Herr Baurhenne?« Maike reichte ihm die Speicherkarte.

»Die lag auf dem Boden vor dem Aufzug.«

Sabine Klaarens griff nach dem Boulevardblatt, das Björn ihr daließ. Auf der Rückseite fand sie zwei Bilder von Maike Mainwald; für sie der einzige Grund, einen Blick in dieses Blatt zu werfen.

Diesmal lichtete Maike eine Schlagersängerin ab. In dem Augenblick, als sie in den Tod sprang.

Sabine war Süß und Sauer gewohnt. Für Tagesmedien zu arbeiten, bedeutete, dass ewig mit allem zu rechnen war.

Sie wollte die Seite zusammenfalten. Da fiel ihr Blick auf ein kleines Bild unter dem Bruch: eine andere Selbstmörderin. Lucida.

Das war unmöglich.

Am Samstagnachmittag machten sie gemeinsam ein Sex-Video. Mit Flo und dem anderen Typ. Abends fand die Polizei Lucida. Erhängt an einem Rohr an der Decke im Tiefgeschoss der Alten Oper.

Hinter den Tassen stand eine angebrochene Flasche Ramazotti, seit sie hier wohnte. Der Verschluss saß fest. In der Schublade lag eine Zange. Damit ließ sich der Deckel andrehen. Sie goss den erstbesten Kaffeepott voll. Gierig trank sie ihn aus.

Sabine versuchte, Flo anzurufen. Er war ‚not available at the moment'.

Sie legte sich mit dem Handy auf das Bett. Eine ‚WhatsApp': »Lucida ist in dem Mistblatt. Tot. Was geht da ab? Ruf' mich sofort an.« Die Anzeige verschwamm vor ihren Augen.

Kapitel IV

Dienstag 21.4.2020 – 13:00 Uhr

Lukas Kübling hier. KM Immobilien. Guten Morgen Frau Mainwald. Herzlichen Glückwunsch. Sie sind ab sofort unsere Geschäftsführerin. Alleinvertretungsberechtigt. Herr Kirkel ist ausgetragen. Soeben veröffentlichte es das elektronische Handelsregister.«
Acht Uhr früh. »Ist Kirkel da?«
»Nein. Kommt gegen neun.«
Maike hätte das Telefon am liebsten durch das Fenster geworfen. »Wir sind für zehn verabredet, oder?«
»Ich möchte Sie daran erinnern.«
»Danke fürs Aufwecken, Herr Kübling. Ich komme ein paar Minuten später. Wir sehen uns.«
Eine SMS von Marion Mutt: Die ‚Freie Post' kaufte die ‚Zuffenbacher Nachrichten'. Die übernahmen Marion. Gleich am ersten Tag rasselte sie mit der Lokalchefin Silke Mehringhausen zusammen. War das die Frau, die sie vor dem ‚Möbius ' angeblafft hatte? Glücklicherweise war der Chefredakteur auf Marions Seite. Gleichzeitig bekam sie ein Angebot von den Leuten mit den großen Buchstaben.
Vorsichtig platzierte Maike das I-Phone auf dem Ladegerät. Dafür warf sie die Decke auf den Teppich. Wie eine Katze rollte sie sich zusammen. Eine Handvoll Schlaf wollte sie sich noch gönnen.

»Was ist da draußen los, Joy?« Heinz schloss den Gürtel seiner Hose.

Die Thailänderin hörte das Rumpeln auf dem Flur ebenfalls. Im roten Licht der Deckenlampe fasste sie nach einem transparenten Kimono: »Keine Sorge, Heinz. Der Chef lässt Filme machen. Weil das ‚Broadway' zu ist. Du weißt, wegen Corona. Da nehmen sie Videos auf, direkt neben dem Schwimmbad. Irgendwas mit Comedy.«
»Das war auf dem Gang, Joy.«
»Zwischendurch rollen sie die Kamera in den Flur. Wegen der großen humidity da drin, haben sie gesagt. Sauna verträgt sich selten mit Elektrik.«
»Was ist mit den anderen Frauen?«
»Ich bin das einzige Mädchen, das hiergeblieben ist. Weil ich sonst kein Zimmer habe. Ich wohne in der Schweiz. Die Grenze ist zu, im Moment. Der Chef darf auf keinen Fall wissen, dass ich dich zu mir lasse.«
»Du bringst mich hinaus, oder?«
»Klaro.« Mit einer Klopfpeitsche in der Hand hüpfte sie vom Bett.
»Dann wird es niemand erfahren.«
»Wenn herauskommt, dass ein Gast hier war, kriegt er Ärger.« Joy zog eine Schublade auf. Sie schob Handschellen zur Seite, einen Dildo, Gleitcreme, weitere Ledersachen. Bedächtig legte sie die Peitsche hinein.
»Macht es dir Spaß, meine Tochter zu sein?«
»Ich bin so gern dein Schulmädchen. Mit niemand habe ich so viel Spaß. Du bist mein Daddy, mein Lehrer, mein großer Bruder, mein Schatz. Deshalb schrieb ich dir die Nachricht. Du bist der Einzige, den ich hierher einlade.« Einer weiteren Schublade entnahm sie ein frisches Saunatuch, das sie über das Bett breitete. Für den nächsten Kunden – den Gedanken behielt sie allerdings für sich. Sie drehte sich zu ihm.

Heinz bückte sich, um sie auf den Mund zu küssen. »Ich möchte nicht vor die Kamera.«
Joy war so klein, dass sie ihm gerade bis zur Brust reichte. »Null Problemo. Die machen gerade Pause. Wir gehen durch den Seitenausgang. Wenn du nächste Woche kommst, ist sowieso Schluss mit den Aufnahmen.« Sie wusch sich die Hände in einem kleinen Becken.
Er warf einen Blick in den Spiegel, rückte sich die Brille zurecht und zupfte an dem üppigen schwarzen Haar. Joy öffnete die Tür. Sie wartete auf Heinz. Beide huschten hinaus.
»Sei leise, Heinz, damit uns niemand hört.«
Im dämmerigen Flurlicht stand eine Frau, die ungefähr so alt war wie Heinz. Sie trug einen weißen Mund- und Nasenschutz. In abgeschnittenen Jeans stand sie hinter einem gewaltigen Kamerastativ. Die braunen Haare mündeten in zwei dicke Zöpfe. Gerade verabschiedete sie sich von einem schwarzhaarigen Mann in Lederhose.
»Björn«, die Frau raunte es fast stimmlos, »ich gehöre dir ganz. Du kannst mich töten, wenn du willst.« Trotz der Corona-Maske waren die Konsonanten deutlich zu verstehen.
Der Lover hatte den Mundschutz nach unten geschoben. Er sprach ebenfalls gedämpft. »Ich weiß«, er leckte ihren Hals, hob einen Zopf hoch und küsste sie auf den Nacken, »bleib' mir feucht.« Er verschwand in die Bar.
Die beiden schienen Heinz und Joy nicht zu bemerken.
Die Frau am Stativ schwenkte den Monitor aus. Sie drehte den Kopf. Nun sah sie Heinz direkt ins Gesicht: »Guten Morgen, Herr Graf. Gehen Sie ruhig an mir vorbei. Wir machen eine Pause.« Wieder hat sie fast ohne Stimme gesprochen.
Für einen Moment blieb er stehen, atmete tief, drehte sich halb von ihr weg. »Wann machen Sie weiter?«
»In zwanzig Minuten Herr Doktor.«

Joy öffnete die Tür zu einem weiteren Flur, über den man den Nebenausgang erreichte: »Komm Heinz.«
Der Mann schlüpfte an ihr vorbei. »Sie kennt mich. Wer ist sie?«
»Sabine von der Filmproduktion. Sie bedient die Kamera.«
Er verließ das Haus.
Joy sprach Sabine Klaarens an: »So wie du, so möchte ich, dass ein Mann mich liebt.« Ihre Augen waren feucht.
»Danke. Das war Björn. Du brauchst bloß zu warten, dann kommt auch zu dir der Richtige.«
»Kennst du Heinz?«
»Nie gesehen.«
»Er denkt, dass du ihn erkannt hast. Er heißt anders. Hier ist eine Visitenkarte von ihm.«
Sie zeigte ihr die Karte. Darauf stand: ‚Dr. Bodo Graf Carl von Zuffen'.

∞

»Guten Morgen Frau Mainwald. Herr Kirkel braucht etwa zehn Minuten. Bitte setzen Sie sich. Hier ist Kaffee.« Lukas Kübling ergriff ein Paket. »Ich hole schnell die Post.«
Das war kein Büro. Es war eine Büro-Landschaft. Hier hätten zehn Leute Platz gefunden. Beim Einrichten der Räume in der Schumannstraße hatte sich André Kirkel an einer Werbeagentur orientiert, die im Erdgeschoss residierte. Mehrmals geriet er deshalb mit seinem Compagnon aneinander, setzte sich jedoch schließlich durch. Das erfuhr Maike von ihrem Vater. Das Büro wurde Kirkels kleine Welt aus Licht, Chrom und Acrylglas.
Mit einem sanften Stoß öffnete sie lautlos die Tür in das angrenzende Büro. Sie spähte hinein. André Kirkel fühlte sich offenkundig unbeobachtet. Gnadenlos knallte er den

schweren Hörer auf die Gabel. Vor ihm stand ein ölschwarzes W 48 Telefon aus Bakelit.
Er stand auf, zog die Anzugjacke aus, legte sie über die Sessel-Lehne. Ohne einen Seitenblick zu riskieren, öffnete er die Schreibtischschublade. Ihr entnahm er eine kleine Flasche Absolut-Wodka. Behutsam drehte er den Verschlussdeckel, beleckte den Flaschenhals und beugte sich nach hinten. Er hob das Gefäß am Flaschenboden – bis sein Inhalt den Gesetzen der Gravitation folgte und in Kirkels Kehle rieselte. Akribisch verschloss er die Flasche.
Ein Geräusch.
Er fuhr herum.
Neben ihm stand eine Frau.
»Kennen wir uns?«
Sie trug eine Leinenhose bis zu den Knien, kombiniert mit einem schulterfreien Oberteil. »Ich bin Maike Mainwald.«
»Wir waren ‚in zehn Minuten' verabredet, oder?«
Erst in diesem Moment nahm sie wahr, wie sonor seine Stimme klang. »Der Angestellte verließ das Vorzimmer. Ihre Tür war angelehnt.«
»Beim Notar wirkte ihr Haar nicht wie eine Löwenmähne. Mit dem Leintuch da geben Sie quasi die Fee im Gegenlicht. Fehlt bloß die Kerze in der Hand.«
Gut, dass sie sich die Haare wusch, bevor sie losfuhr. Mit dem Leintuch meinte er wohl ihren Rucksack. »Bei Sonnenschein ist der Leintuchrucksack vielseitiger. Sie wirken ebenfalls anders. Jünger. Dynamischer.«
»Danke.« Er packte die Flasche in die Schublade. »Eine Medizin.«
»Zum Erinnern oder zum Vergessen?« Maike beobachtete ihn: um die vierzig, Stirnglatze, bartlos. Mit dem Rasierwasser hatte er es ein bisschen übertrieben.

»Kommen Sie. Setzen Sie sich.« Er war keine Sekunde verlegen. »Ab sofort sind Sie unsere Chefin. Nachher hinterlegen Sie bei der Bank Ihre Unterschrift. Wegen der Kontovollmacht. Stellen Sie sich kurz vor?«
Sie spreizte die Finger der rechten Hand, wischte eine widerspenstige Strähne aus der Stirn und machte eine Faust – bis Kirkel ihre glatt rasierte Achsel würdigen konnte. Maike schüttelte sich wie ein Hund nach einem Wolkenbruch. Gleichzeitig legte sie mit der anderen Hand den Rucksack auf die Schreibtischplatte. »Ich heiße Maike Mainwald, bin dreißig Jahre alt, diplomierte Psychologin, Volontariat als Journalistin, seit sieben Jahren freiberufliche Fotografin, überzeugte Single-Frau. Ich besitze eine sonnige Bleibe unter dem Dach mit schrägen Wänden, einen Stellplatz für meinen Ampera, einen Laptop sowie mehrere Fotoapparate, mit denen ich manchmal filme. Freunde nennen mich Maike. Genug?«
»Ihr Herr Vater erzählte mir ehrfürchtig von Ihrem Studium. Abschluss mit besonderem Lob. Kommt Ihnen als frischgebackene Immobilienmaklerin sicher zugute. Als Sie das Psychologiediplom bekamen, müssen Sie noch sehr jung gewesen sein, wenn Sie heute dreißig sind.«
Maike kann nicht verhindern, dass sie errötet. »Ich werde im kommenden Monat einunddreißig. Außerdem studierte ich in Prag, wo ich auch zur Schule ging. Dort ist es üblich, dass man mit zweiundzwanzig sein Studium abschließt.«
»Gut pariert. Wieso hört man nicht, dass Sie aus Prag kommen?«
»Ich bin zweisprachig aufgewachsen. Mein Vater sprach nur deutsch mit mir.«
»Stimmt. Er hat ebenfalls keinen Akzent. Wie geht es ihrem Herrn Vater?«

»Wie es den Umständen entspricht. Jakup Kacpar weiß, dass seine Zeit auf diesem Planeten bald abläuft. Deshalb bin ich hier. Das Geschäft liegt ihm am Herzen.« Von der beginnenden Demenz ihres Vaters sagte sie kein Wort.
»Jakup Kacpar. So nannten ihn alle. Sein Büro ist dort. Er räumte Anfang Dezember alle Schubladen aus. Leider muss ich Ihre Euphorie dämpfen, Frau Mainwald: Ich fürchte, Sie müssen das Geschäft liquidieren.«
»Darf ich fragen, wie Sie das meinen?«
»Jakup Kacpar ist seit vier Monaten krank. Ich war längere Zeit verhindert. Kurz: In dieser Zeit verkauften wir keine einzige Immobilie. Die Innenarchitektin wurde beständig vertröstet. Der Vermieter ebenfalls. Die freien Mitarbeiter verzogen sich. Außer mir ist bloß Lukas Kübling hier, unser Auszubildender. Sie lernten ihn eben kennen.«
»Schildern Sie mir in groben Zügen den üblichen Geschäftslauf?«
»Für das Verwalten von etwa dreihundert Objekten gibt es feste monatliche Einnahmen von sechstausend Euro. Das organisiert Herr Kübling weitgehend selbstständig. Insgesamt benötigen wir hingegen das Vierfache, um keine roten Zahlen zu schreiben. Konkret: Die Makler-Courtage beträgt 5,95 %. Jeden Monat müssen wir Immobilien für etwa dreihunderttausend verkaufen, bevor Gewinn entsteht. Es sieht böse aus. Ich importiere Geigen aus Ungarn, um zu überleben. Seit zwei Monaten ist mir die Firma mein Gehalt schuldig. Vor sechs Wochen steckte ich meine letzten Ersparnisse in das Geschäft. Wir sind am Ende.«
»Was sollen wir tun?«
»Wir sind Partner. Hier sind zwei Vorgänge. Ziehen Sie einen.«
Maike Mainwald griff nach einer Akte.

»In dieser Branche überlebt nur, wer verkaufen kann. Jeder von uns besucht einen Kunden. Wenn wir in beiden Fällen Erfolg haben, können wir wenigstens die rückständigen Sozialbeiträge begleichen. Sonst müssen wir zum Amtsgericht. Insolvenz beantragen. In den Unterlagen finden Sie Ihr Objekt ausführlich beschrieben. Der Schlüssel liegt bei. Schauen Sie sich das an. Der Kunde muss zwanzig Prozent anzahlen; den Rest finanziert unsere Bank – wenn er sauber ist.«
»Was heißt ‚sauber'?«
»Fester Job, keine Schulden, keine Probleme mit der Bank oder der Schufa. Das alles muss er nachweisen, zusätzlich die erste Rate. Bei Beamten sind die Banken großzügiger. Wie das technisch abzuwickeln ist, lernen Sie von mir – wenn er denn anbeißt.«
Sie griff nach ihrem Rucksack.
Mit der Hand rieb er sich über das Gesicht, als prüfe er die Qualität seiner Rasur. »Sie sehen kaum aus, wie eine Maklerin. Andererseits, das könnte es bringen. Der Kunde erwartet Sie um elf.«
»Wo treffe ich ihn?«
»Er wohnt in der Berliner Straße. In Offenbach. Wie sind Sie hier?«
Sie lächelte. »Mit der S-Bahn. In der Stadt bevorzuge ich das Fahrrad oder nehme den Nahverkehr. Wenn es sein muss, fahre ich mit dem Auto.«
»Sportlich, wie Sie aussehen, dachte ich mir gleich, dass Sie mit dem Fahrrad unterwegs sind. Nehmen Sie am Hauptbahnhof die S1, S2, S8 oder S9 nach Offenbach. Steigen Sie am Kaiserlei-Kreisel aus. Sehen Sie ebenso schlecht wie Ihr Herr Vater?«
»Er durfte weder Rad noch Auto fahren. Ich besitze immerhin einen Führerschein, nutze ihn allerdings selten.«

»Umweltbewusste Frauen sind mir sympathisch. Kennen Sie sich in Offenbach aus?«
»Danke für die Blumen. Ich navigiere mit dem I-Phone. Wo ist die Unterkunft, die ich verkaufen soll?«
»Das Objekt ist ebenfalls in der Berliner Straße, in der Offenbacher Innenstadt, zwei Haltestellen weiter, Nähe Markt. Viel Erfolg.«
»Sehen wir uns danach?«
»Um die Mittagszeit. Hier ist Ihr Büroschlüssel. Ich freue mich auf Ihren Bericht.«

∞

Ein Hinterhof in der Taunusstraße.
Flo klingelte. Kurz lang kurz. Ein bärtiger Mann öffnete Ihnen.
»Was wollt ihr?«
»Ich bin Flo, das ist Jonas. Wir sind mit Ben im ‚Speak Easy' verabredet.«
»Kommt rein. Seid leise.« Er führte sie in einen kargen Raum mit zwei Tischen. »Es gibt Bier oder Wasser.«
Flo setzte sich. »Zwei Flaschen Bier bitte.«
Jonas nahm am gleichen Tisch Platz.
Der Mann brachte die Flaschen. Er ließ sie allein.
»Schau mal hier, Jonas, das ist Lucida.«
»Das Käseblatt von gestern? Wie kommst du da dran, Flo?«
»Seh' das zufällig an der Tanke, heut' Nacht. War das der Grund, warum du meintest, von der erfährt niemand einen Pieps?«
Jonas las den Artikel. »Unsinn. Hab's halt so gesagt. Die steckte ihren Hunderter ein. Hat mir sogar einen Anhänger geschenkt. Dann war sie fort. Ich wusste bis eben null von dem Artikel hier. Seh' das emotionslos.«

»Du meintest: Bei mir bekommt jeder, was er verdient.«
»Tu nicht so schwanger. Wenn sie Schluss macht, ist das ihr Problem. Ist keinesfalls die Erste und wird nicht die Letzte sein. Ihr Problem. Wir sind da in jedem Fall 'raus. Juckt?«
»Vergiss es. Du wolltest 'was mit dem Anhänger?«
»Hier ist er. Ein sogenanntes Antoniuskreuz. Wegen dem Kettchen. Du kennst doch den Tim, den mit dem Schmuck. Der soll 's reparieren. Ich will's Svenja schenken.«
»Okay, gib her. Ich mach' mir Sorgen wegen Sabine. Die fragt, was da los ist. Sie sah ebenfalls den Artikel.«
»Die is 'n Junkie. Ich nehme sie mir zur Brust. Für Videos kannste sie eh vergessen. Haste den Hagelschaden am Arsch gesehen? Die ist zu alt für das Geschäft. Ich kümmere mich gleich drum. Bisschen verrückt machen. Das sollte reichen.«
»Trotzdem. Geil wie 'n Rettich. Sie lief aus, als wir uns mit der Kleinen verlustierten.«
»Wenn du es richtig anpackst, wird jede nass, sobald du auftauchst. Das erlebst du heute Abend bei mir. Ist das Ben?«
»Heißes Material.« Ein spindeldürrer Mann setzte sich zu ihnen. Er zeigte auf den Bildschirm seines Tablets. »Fünf, sechs Sachen, die 'raus müssen, dazu Titel, Schneiden, Übergänge, Abspann, ein Teaser, registrieren, hochladen. Sagen wir: komplett sechs Kilo. Zahlbar sofort. Kein Rückstand, keine Fragen.«
Flo schaute zu Jonas: »Wie? Was meint er?«
»Sechshundert.« Jonas drehte sich zu Ben: »Was ist mit Musik?«
»Oh, ihr wollt ein Kunstwerk schaffen? Leg' drei Pfund drauf. Schon erklingen dezent ein paar romantische Geigen dazu. Gema-frei.«
»Das sind sechzig«, zischte Jonas Flo ins Ohr. Er drehte sich zu Ben: »Von wegen Geigen. Hardrock passt besser.«

»Selbstverständlich, der Herr, Hardrock ist notiert. Bisschen schwieriger zu kriegen. Also komplett sieben Kilo?«
Jonas hatte mit mehr gerechnet; er hatte exakt achthundertfünfzig Euro einstecken. Seine ganze Barschaft. Da waren die hundert von Silke schon dabei. Gut, dass Ben weniger wollte. Damit war Flo draußen. »Okay. Du meintest, es lohnt sich für uns?«
»Ich hab' ‚wahrscheinlich' gesagt. Kommt auf die Klicks an. Ich bastel' aus zehn Einzelbildern einen fetzigen Teaser. Der geil macht. Wo ich es hochlade, gibt es ab tausend Klicks einen Trailer oder einen Link. Der bringt acht Euro pro hundert Klicks. Wenn ihr bei Facebook die Werbetrommel rührt, sind da bald fünfzig Kilo beisammen. Ihr wisst, dass ich ein ehrlicher Makler bin. Vor allem bei so seriösen Kunden.«
»Ich bin dabei, 'ne Euro-Schlampe anzubraten. Just legal age. Das wird 'ne echte Pornoqueen. Sitzt im Moment im Kloster. Kam eben in den Nachrichten. Wenn sie 'raus ist, meld' ich mich.«
»Immer her damit. Für 's Marketing bin ich zuständig.«

∞

Um elf Uhr drückte Maike auf die Klingel eines Hochhauses in der Nähe des Kaiserlei-Kreisels.
»Siebter Stock, erste rechts«, quäkte die Anlage, bevor der Türöffner summte.
Die Kundin war nett, Ende zwanzig, alleinerziehend, Lehrerin. Bei Beamten reichten fünfzehn Prozent Eigenkapital, nötigenfalls gar zehn.
Mit dem Golf der Lehrerin fuhren sie in die Innenstadt. Gemeinsam sahen sie sich ein Vierzimmer-Objekt an. Alles bestens: gute Lage, zwanzig Jahre alt, Energetik-Pass,

Dachterrasse, Tageslichtbad, schnelles Internet, S-Bahn in Fußweite, Supermarkt um die Ecke, Arztpraxis im Haus. Dreihunderttausend fand die Lehrerin viel, aber angemessen. Wie leicht das ging, mit dem Verkaufen.

∞

»Liebe Mitarbeiterinnen, liebe Mitarbeiter. Schön, dass Sie gekommen sind. Besonders herzlich begrüße ich Marion Mutt, um einen Namen zu nennen, sowie alle anderen Skribenten der seitherigen ‚Zuffenbacher Nachrichten'. Ich danke Ihnen, dass Sie alle Masken tragen. Bitte halten Sie hier einen möglichst großen Abstand. Wir sind auf Ihr Immunsystem angewiesen. Beachten Sie bitte insbesondere bei Außenterminen alle Regeln unserer Landesregierung. Unser Erfolg liegt in den Köpfen von Ihnen allen. Ihre professionelle Arbeit, dessen seien Sie versichert, wird in diesem Hause wertgeschätzt. Das gilt für jede Einzelne, für jeden Einzelnen. Wenn es ein Problem gibt, kommen Sie direkt zu mir, statt sich irgendwo anders auszuweinen. Melden Sie sich kurz telefonisch; meine Tür steht Ihnen offen. Willkommen in der ‚Freien Post'.« Bodo von Zuffen wies auf Birgit Bergentau. »Unsere Herausgeberin Frau Dr. Bergentau möchte Ihnen einige Ideen vermitteln, die das neue Doppelblatt betreffen.«
Frau Bergentau stellte sich neben Bodo von Zuffen: »Ich will es kurz machen, liebe Kolleginnen, liebe Kollegen. Wir möchten, dass hier das beste deutsche Regionalblatt produziert wird. Ein Großstadtjournal für die Region, mit sozialem Anspruch, akribischer Recherche, einem sympathischen Reporter-Team. Alles, was relevant ist, finden unsere Leser in diesem Blatt. Dafür zahlen die Abnehmer gern. Wir versichern den Lesern glaubhaft, dass sie unsere

wichtigsten Partner sind – wichtiger als die Anzeigenkunden. Ein neuer Wind weht durch den Pressewald.«
Bodo von Zuffen übernahm das Wort: »Wir sprechen gezielt Protagonisten an, Schlüsselfiguren, Spitzenkräfte, Gestalter, Besserverdienende, Vorgesetzte, Professoren, Dozenten – kurz: Mul-ti-pli-ka-to-ren. Nach dem Motto: Testen Sie uns! Wir liefern Ihnen das interessanteste Blatt, das Sie je lasen. Wir setzen die inhaltlichen Schwerpunkte, berichten über die regionalen Unternehmen, die Vereine, die Hochschulen, die Kultur – niederschwellig. Sein Profil erhält das Blatt durch einen kritischen Blick auf die Lokalpolitik. Bitte, Frau Dr. Bergentau.«
»Die Leser sollen jeder neuen Ausgabe entgegenfiebern. Im redaktionellen Teil drucken wir Spezialthemen ab, die wir von den Agenturen übernehmen – die wir ohnehin abonniert haben. Im eigenen Hause produzieren wir attraktive Fotos, kantige Texte, informative Grafiken. Umweltschutz ist angesagt, Lärmschutz, Öffentlicher Nahverkehr. Innerdeutsche Flüge sind die Ursache für einen großen Teil des Fluglärms, besonders im Norden. Wir sind für den Ausbau von S-Bahnen im Rhein-Main-Gebiet, nach Mannheim, Heidelberg, Mainz, Aschaffenburg, ins Ried, zum Flughafen. Beachten Sie: Kultur ist ein harter Standortfaktor. Darüber berichten wir. Ich danke Ihnen.« Großer Applaus.

»Schön, wenn jemand zu Hause ist.« Jonas hing seine Jacke auf.
»Guck mal. Hab' ich extra aufgehoben, dein Lieblingsblatt. Diese Lucida, ist das eure?«
»Zeig' her, Svenja. Was weiß ich, wer das ist. Den Artikel seh' ich zum ersten Mal. Wo hast 'n das her?«

»Stand gestern drin. Die heißt so und sieht genauso aus. Ist sie das?«
»Du hast das Video gesehen?«
»Dein Computer war an. Da war 's auf 'm Desktop.«
»Scheiße. Was gehst du an meine Sachen, wenn ich weg bin?«
»Komm' schon. Euer Vierer ist voll pornorös. Du hattest das so angedeutet. Denkste, ich bin eifersüchtig? Ihr seid grell. Notzucht mit Ansage. Giga xD.«
»Das Video wird laufen. Ich hab' alle Rechte. Flo ist dabei, ein Hammer-Spiel zu entwickeln. Millionending, behauptet er. Gönn ich ihm. Jedenfalls verzichtet er auf seine Anteile an dem Video. Dabei ist das echt authentisch. Wenn das so läuft, wie ich mir das vorstelle, können wir bald deine Boutique eröffnen.«
»Wenn du recht hast, lass' ich meine Studienpläne erst mal fahren. Trotzdem, wie war das nachher, Jonas? Mir kannstes beichten. Hat die sich etwa selbst aufgehängt?« Sie zeigte auf das Boulevardblatt.
»Okay. Du bist auf der richtigen Spur. Den Schein lehnte sie ab. Lege ihr halt kurz die Hände um den Hals, um sie zu küssen. Da schreit sie. Hättse bloß die Schnauze gehalten. Ich drücke zu. Bis sie aufhört zu schreien. Zack. Lasse los. Sie macht keinen Pieps. Ich seh' das Seil. Gut, dass das Deckenrohr stabil war. Selbst die Bullen nehmen ihr den Selbstmord ab. Gerade vier Tage in Deutschland. Vermissen tut die keiner. Hätte sowieso in Quarantäne müssen. So war das net geplant. War für alle das Beste, Svenja.«
»Haste perfekt gelöst.« Die Schwester umarmte ihn.
»Muss leider noch mal zur Redaktion. Bis später.«

∞

Maike fuhr ungern mit dem Auto nach Frankfurt. Sie nahm ihr Rad am Morgen in der S-Bahn mit, damit sie es in Frankfurt für die kurze Strecke in die Schumannstraße nutzen konnte. Dass man bequem mit der U-Bahn von der Messe zum Hauptbahnhof kam, erfuhr sie erst durch Kübling. So stand ihr Fahrrad weiterhin am Maklerbüro.
»Herr Kirkel, ich habe verkauft.«
André Kirkel fiel ihr um den Hals: »Glückwunsch. Das ist ein Anfang. Mein Versicherungsfritze will es sich überlegen. Wie der redete, glaube ich dagegen fast, dass er faul ist.«
Kübler servierte ihnen Kaffee mit Keksen.
Maike wunderte sich über Jacquelines Vorurteile; André war ihr sympathisch.
Kirkel zeigte ihr einen unscheinbaren Kühlschrank hinter dem Schreibtisch: »Der besitzt ein Zauberfach. Da kühlt ein kleiner Vorrat von Freixenet vor sich hin. Trinken wir Brüderschaft.« Er öffnete eine Flasche. »Der Carta Rosada schimmert rötlich gegen das Licht. Sein Duft erinnert an Rosen und Brombeeren. Geschmacklich verfeinert durch Cassis.«
Selbst ohne diese Lobeshymne staunte Maike über das Bouquet; sie trank diesen Schaumwein nie zuvor.
Eine halbe Stunde später öffnete er ihr fröhlich die Beifahrertür seines Fünfer-BMWs. Aus dem Radio ertönte Labelle: »Gitchi yaya dada, gitchi yaya here.« Beim Einsteigen sprang ihm der Knopf seiner Jacke in ihren Fußraum. Beide bückten sich gleichzeitig nach dem Knopf. Fröhlich lachend fielen sie zurück auf die breite Sitzbank.
Sein Hasena-Bett war anschließend noch breiter. Mocha chocolata yaya.

∞

Kurz nach zwölf erreichte Sabine Klaarens mit dem Fahrrad ihren Eingang an der Hobrechtstraße.
Sie stand den ganzen Vormittag an der Kamera. Danach saß sie eine gute Stunde auf dem Rad. An manchen Tagen war das anstrengend für sie.
Sabine schob das Rad in einen Unterstand.
Sie schloss das Hoftor. Wenn sie das vergaß, besuchten Spaziergänger mit ihrem Hund vereinzelt ihre abschüssige Wiese. Wegen des Tieres, oder um sich selbst zu erleichtern. Neulich verirrte sich ein kopulierendes Liebespaar hierher.
Links neben dem Gebäude huschte sie hinunter zum Eingang. Die Haustür an der Seite lag tiefer; sie führte ins Souterrain.
Im Haus war es stickig. Sabine ging nach hinten zur Terrassentür, um zu prüfen, ob alle Läden nach Süden hin geschlossen waren. Auf dieser Etage war ihr Fotoatelier. Die Wohnräume befanden sich oben, auf der Ebene der Straße.
Sabine stieg zwei Treppen hoch. Im Dachgeschoss betrieb Björn ein kleines Musikstudio. Er spielte nicht nur Keyboards sondern auch Saiteninstrumente. Oft mischte er sie zum Klang von Baumaschinen oder atemberaubenden Geräuschen. Im Einzelfall spielte sie ihm einen Part auf ihrem Violoncello dazu. Wollte Björn nicht zu einem Vorgespräch für ein Indie-Rock-Festival im Frankfurter Günthersburgpark – wenn Corona gelockert wird?
Sie ergriff ihren Cello-Koffer. Am späten Nachmittag wollte Anja mit dem Akkordeon vorbeikommen.
Sabine begann, sich auszukleiden.
Ihr fielen die Augen zu. Völlig hüllenlos ließ sie sich auf die Polsterliege im Wohnraum fallen – das Gehirn arbeitete weiter. Sie blieb wach.

Ob die römische Sauna in den Caesar-Thermen offen war? Das war schließlich ein Teil der Kur. Insofern medizinisch. Außerdem teuer. Sie könnte im Netz nachsehen. Nirgends entspannte sie sich so gut wie dort. Es war bestimmt Monate her, dass sie da war.

∞

Um halb drei klopfte Jonas an die Tür des Chefredakteurs.
»Treten Sie ein, Herr Barkendorff. Fühlen Sie sich wie zu Hause.« Bodo von Zuffen wies auf eine Sitzgruppe. »Die Druckfahnen werfen Sie einfach auf den Schreibtisch. Trinken Sie ein Glas Sekt mit mir. Wie lange fahren Sie für uns?« Er stellte zwei Gläser auf den Tisch, dazu zwei Piccolo-Flaschen.
»Seit Anfang des Jahres, Herr Doktor.« Was der Graf wohl von ihm möchte?
»Sie füllen eine Halbtags-Stelle aus. Die kann durchaus erweitert werden. Ihren zuverlässigen Dienst lernte ich in den vergangenen Monaten zu schätzen.« Bodo goss beiden ein. »Vor allem, weil ich Ihrer Diskretion vertrauen kann. Was Sie mir bei den Thermometern bewiesen. Im Übrigen geht es niemand etwas an, welche Recherchen die Redakteure anstellen.« Er hob sein Glas.
»Selbstverständlich, Herr Graf.« Jonas war leicht unwohl bei diesem Gespräch.
»Alles, was wir unter uns reden, muss absolut vertraulich sein. Ich verlasse mich darauf. Übrigens: Wir könnten uns duzen, wenn niemand dabei ist. Ich bin Bodo. Einverstanden, Jonas?«
»Selbstverständlich.«
»Das macht manches leichter, Jonas. Außerdem legen wir großen Wert darauf, dass die Menschen sich wohlfühlen,

die für die ‚Freie Post' arbeiten. Gerade zu diesen Zeiten, wo sich die Redaktionsfamilie vergrößert.«
»Das habe ich gehört. Leider konnte ich bei der Betriebsversammlung nicht dabei sein.«
»Du warst nicht eingeladen. Wegen des Mindestabstands durften nur Redakteure und Volontäre teilnehmen. Ganz unter uns: Als Redakteur hasste ich solche Vorträge der Verlagsleitung. Fast wie eine protestantische Predigt.«
»Danke Bodo, so geht es mir auch.«
»Gottlob leiden wir unter diesem unsinnigen Lockdown weniger als andere Branchen. Obwohl praktisch die ganze Kultur ausfällt.«
»Die meisten Bekannten leiden unter der Kurzarbeit.«
»Haben wir hier nicht. Trink nur. Du weißt, das ist heikel, gewisse Orte aufzusuchen, in diesen Zeiten. Da brauchen wir die Loyalität aller Mitarbeiter.«
Daher wehte der Wind. Jonas fuhr den Boss am Morgen zu einem Bordell, das momentan geschlossen ist.
»Wo wohnst du, Jonas?«
»In der Innenstadt, Landwehrstraße.«
»Du weißt, was ein Game ist?«
»Soviel ich weiß, beschäftigt sich damit eine seduction community.«
»Kennst du den Ausdruck Pickup Artist?«
»Ein PUA? Ich denke, Du bist einer.«
»Erraten. So wie ich dich einschätze, frönst du ebenfalls diesem Hobby – oder hast du eine feste Freundin?«
Erstaunlich, wie gut der beobachtet hatte. »Niemand will jeden Tag das Gleiche essen.«
»Bist du daran interessiert, einmal gemeinsam mit mir auf die Pirsch zu gehen?«
»Für solche Späße bin ich unbedingt ansprechbar.«

»Wir verstehen uns. Diese, wie heißt sie wohl, Svenja Penzilla. Das ist deine Schwester?«
»Halbschwester. Ihr Praktikum ist gerade zu Ende gegangen.«
»Ganz unter uns, ein hübsches Kind. Was macht sie sonst?«
»Wenn sie irgendwie zu Geld kommt, eröffnet sie eine Boutique. Das ist ihr großer Traum. Im Übrigen wartet sie auf einen Studienplatz in Rechtswissenschaften. Am liebsten hätte sie beides. Die Boutique und einen Studienabschluss, mit dem sie Richterin werden kann.«
»Ist sie vergeben?«
»Svenja ist im Augenblick solo. Dabei kann ich kaum beurteilen, ob es ebenfalls daran liegt, dass sie nicht jedes Mal das Gleiche essen will.« Jonas schmunzelte.
»Wie steht sie finanziell da?«
»Ich denke, sie ist short on money.«
»Richterin will sie werden. Klingt interessant. Darf ich offen zu dir sein, Jonas?«
»Alles bleibt unter uns.«
»Ich mag dich. Im Übrigen mag ich deine Svenja. Vielleicht ist sie, wie soll ich mich ausdrücken, an einem lukrativen Nebenverdienst interessiert. Sie könnte mich am Wochenende zu einer Konferenz begleiten.«
Nachtigall, darauf lief es hinaus. »Unter uns: Wie hoch wäre dieser, ähm, Nebenverdienst?«
»Das Meeting finanziert der Verlegerverband. Da lege ich gern ein paar Euro drauf. Naturgemäß bin ich für eine Flatrate. All inclusive. Weil ich sie wirklich mag, biete ich für zwei Tage, sagen wir, zwölfhundert Euro. Zahlbar an dich. Wie viel du ihr abgibst, liegt an dir.«
Jonas klappte den Mund zu. »Das ist sehr großzügig, Bodo. Du hörst von mir. Niemand wird es erfahren.«

»Hier ist meine private Handy-Nummer. Schick mir einfach ein WhatsApp mit ‚Okay'. Dann legen wir die Details fest. Jetzt will ich mich entspannen. Fährst du mich zu den Caesar-Thermen?«

∞

Kurz vor drei Uhr lag Maike Mainwald auf Kirkels Hasena-Bett. Sie schlief.
Bis das Telefon auf der Ablage vibrierte.
Maike schüttelte sich, suchte nach dem Schlüpfer, bekam seine Herrenunterhose zwischen die Finger, fand ihr Top.
André Kirkel griff nach dem Telefon. Er wischte sich über die Stirn. Murmelte: »Selbstverständlich, danke.« Legte auf.
»Das war die Revision der Bank. Mein Kunde ist faul. Hat einen Konkurs zu verantworten. Vor drei Monaten.«
»Gut, dass meine Lehrerin ‚sauber' ist.«
Der Makler kam zu Maike ins Badezimmer: »Ich vertraue dir, Maike. Nimm bitte diesen Schlüssel an dich. Pass' gut darauf auf. Ich muss zu meiner Mutter. Aus bestimmten Gründen will ich ihn hierlassen. Wenn ich ihn brauche, melde ich mich.«
Zehn Minuten später klingelte Maikes Handy. Die Pädagogin.
»Ich bin ja noch im Referendariat.«
»Das ist schade.« Davon war bisher keine Rede.
»Ich habe außerdem soeben erfahren, dass das Staatliche Schulamt mich danach auf keinen Fall verbeamtet. Ich bewerbe mich deshalb in einem anderen Bundesland. In jedem Fall will ich erst einmal den Kauf stornieren.«
Maike schob Andrés Arm zur Seite, suchte nach einem Papiertaschentuch, putzte ihre Nase. »Mein Verkauf ist ebenfalls geplatzt.«

André Kirkel setzte sie vor dem Maklerbüro ab. »Wir betreiben die schwierigste Sache der Welt: Wie kommen wir an anderer Leute Geld?«
»Idiot.« Sie stieg grußlos aus.
Er wollte zu seiner Mutter in Niederrad.
Als Maike ihr Fahrrad vor dem Büro aufschloss, rutschte sie ab. Sie schrammte sich das Knie auf. Es blutete. Glücklicherweise war es diesmal das linke Knie, am Samstag war es das rechte. Weh tat es trotzdem.
Maike ging hinein zu Lukas Kübling. Er war beim Roten Kreuz. Maike setzte sich auf seinen Schreibtisch, zog das Bein an, schob das Hosenbein nach oben. Lukas Kübling stillte das Blut mit einem Taschentuch. Es war ein Kratzer. Sanft streichelte er ihren Oberschenkel. Seine Fingerkuppen taten ihr gut. Hey sister, go sister, soul sister, go sister. Die Melodie ging ihr aus dem Kopf durch beide Ohren.
Lukas Kübling musste zum Telefon. Eine Dame von der Bank fragte, wo Herr Kirkel bleibe. Er wimmelte sie ab.
»Soll ich Sie mit meinem Auto nach Hause bringen?«
»Ist in der Zeit jemand im Büro?«
»Hier kommt niemand. Ich schreibe einen Zettel für Kirkel, bevor ich alles abschließe.«
Na gut, sie fühlte sich schlecht. Das Rad würde sie einen Tag später holen. Kübling schob es hinter eine Hecke neben dem Haus.
Der Wagen sah aus, als käme er vom Schrottplatz. Erstaunlicherweise fuhr er. Auf ihrem Smartphone wählte sie Andrés Nummer.
»Ich muss leider dringend verreisen.« Klick.
Sie starrte auf das Telefon.
»Wie geil ist das denn?« Kübling bekam es mit.

Maike versuchte es erneut. »Dieser Anschluss ist vorübergehend unerreichbar. Bitte versuchen Sie es zu einem späteren Zeitpunkt.«
»Blöder Arsch«, entfuhr es ihr.
Lukas Kübling schaute auf die Fahrbahn. »Ich denke, der Kirkel ist abgehauen. Wo wohnen Sie?«
Während sie ihm den Weg beschrieb, verbreitete sich Lukas Kübling über die Firma. Vor allem über die letzten Wochen. Ständig riefen Leute an, die auf Geld warteten.
Zum ersten Mal musterte sie den Auszubildenden. Kurze Haare, höchstens zwanzig, muskulös. Er spiele Fußball, lebe seit zwei Jahren mit Gleichaltrigen in einer Vierer-WG. So lange arbeite er schon bei André Kirkel.
Diesen Namen wollte sie heute nicht mehr hören.

∞

In der Caesar-Therme war es ungewöhnlich ruhig. Ausschließlich ein ärztliches Rezept für eine Physiotherapie ermöglichte den Besuch. Am griechisch-römische Dampfbad waren Absperrbänder zu sehen; die Tür einer Sauna-Kabine stand offen.
Da erstaunte es Sabine nur mäßig, dass sie im Flur lediglich einen einzigen Gast antraf. Er hatte ihre Größe, sogar ungefähr ihr Alter.
Sie duschte ausgiebig. Die langen braunen Haare ließ sie offen nach hinten fallen.
Später sah sie, dass der Mann sich auf einer der unteren Bänke in der finnischen Sauna ausgestreckt hatte. Sabine kletterte in angemessenem Abstand an ihm vorbei nach oben, wo sie ihr Tuch ausbreitete.

Im Halbdunkel beobachtete sie ihn. Der Mann lag mit geschlossenen Augen auf der Bank. Sein muskulöser Körper begann bereits zu schwitzen.
Täuschte sie sich, oder fehlte ihm ein Hoden?
Die Mediziner nannten das Monorchie. Die war ultraselten, wie sie wusste. Einmal im Leben traf sie so einen Mann. Im Mai neunzig in Dresden. Sie war vierundzwanzig.
Es war in einer Peepshow. Kurz nachdem die Mauer fiel. In Frankfurt hatte sie sich in einen Dozenten verliebt – und der wechselte Anfang neunzig nach Dresden. Als Professor. Sie ging mit. Er lernte einen niedlichen Teenager kennen und setzte Sabine den Stuhl vor die Tür. Sie hatte keine Bleibe mehr. Außerdem musste sie sich irgendwie ihr Studium finanzieren. Da bekam sie das Angebot der Peep-Show. Mit freiem Zimmer. Dort gab es damals Ost-Mark, die sie vier zu eins in D-Mark umtauschten. Das rechnete sich. Im Westen waren nahezu alle solchen Etablissements geschlossen worden. In der DDR gab es keine Gesetze, die das oder Ähnliches verboten hätten. Die Polizisten mussten erst lernen, was erlaubt war.
Ihre Kolleginnen waren kaum volljährig. Es gab einen Discjockey namens Bodo. DDR-weit bekannt als Kraftsportler. Mitglied der nationalen Ringer-Mannschaft. An ihm kam niemand vorbei. Die Mädchen taten alles, um den lukrativen Job zu bekommen. Außer Sabine. Sie war schon da, als Bodo kam. Und frisch verliebt.
Aber der Lover war nach einer Woche verschwunden. Sabine weinte an diesem Abend vor Liebeskummer. Bodo tröstete sie mit hochprozentigem Wodka. Nach Feierabend fiel er über sie her. Sabine wehrte sich; er war stärker.
In diesem Augenblick verließ der Mann die Saunakabine. Sie hätte ihn genauer ansehen müssen.

Benommen stand sie auf, nahm ihr Handtuch, ging unter die Dusche, legte sich das Tuch um den Körper, betrat den Ruheraum. Außer Wasser gab es keine Getränke; es galten die Abstandsregeln. Die Liegen standen weit auseinander. Ganz hinten in der Ecke lag der Mann.

Sabine schlenderte zu einem benachbarten Ruhelager. Sie legte sich so, dass der Kopf des Mannes anderthalb Meter von ihr entfernt war.

»Bodo?« Sie zischte es durch die Zähne. Sicherheitshalber hob sie den Kopf und ließ die Haare nach vorne fallen, sodass ihr Gesicht nur zur Hälfte frei war.

Verwundert schaute der Mann sie an.

Mit fester Stimme sagte sie: »Ich bin die Sabine. Aus Dresden.« Das ließ sie sacken. Äußerlich bewegte sie keinen Muskel. Innerlich waren alle Nerven angespannt. Wenn er protestierte, darauf hinwies, dass er anders hieß, dass er keine Sabine kannte, dass er nie in Dresden war?

»Schön, dass du mich erkanntest, Sabine. Weißt du, dass es Jahre her ist?« Er raunte es hinter vorgehaltener Hand, als wolle er eine Maske ersetzen.

»Dreißig.«

»Du warst gut drauf, damals. Hast Du eine Schwester? Heute Morgen sah ich eine Kamerafrau mit Maske. Die hatte viel dickere Haare – aber genau die gleichen Augen wie du.« Einen Moment war sie irritiert. »Muss ein Zufall sein. Ich habe keine Schwester. Erinnerst du dich, wie das war, in der einen Nacht, wo ich besoffen war?«

»Sehr gut. Du ziertest dich zunächst. Nachher jedoch gefiel es dir.«

»Wie bitte? Gewehrt hab' ich mich. Ich würde dir gern ins Gesicht schlagen.« Unwillkürlich wechselte sie in ihren breiten südhessischen Dialekt. »Ich könnte dich deswegen anzeigen.«

»Unsinn. Es ist längst verjährt. Nach zwanzig Jahren.«
»Wirklich nicht. Soviel ich weiß, beginnt die Verjährungsfrist erst, wenn der Täter dreißig ist.«
»Mag sein. Seit sechsundneunzig bin ich dreißig. Es ist spätestens vor vier Jahren verjährt. Aus.«
»Bodo Plaun. Du bist immer noch so 'n Simpel, wie damals.«
»Nein schlimmer«, er grinste frech, »wenn du das irgendjemand erzählst, hat dich mein Anwalt am Haken. Wegen übler Nachrede. Darüber hinaus heiße ich zwischenzeitlich anders. Ich führe rechtmäßig den Titel eines Grafen.«
»Hätte ich mir denken können. Fett schwimmt oben.«
»Komm 'runter. Ich will mich auf keinen Fall mir dir streiten. Es ist schön, sich wiederzusehen nach so langer Zeit. Lass uns das Leben genießen. Augenblicklich erfrischen wir uns in den Thermen wie römische Imperatoren. Hast du etwas vor? Ich kenne ein Hotel, das uns hereinlässt.«
Sabine stand auf. »Das glaub' ich. Dass du etwas vorhast. Lass mich in Ruh'.« Sie ruckte mit dem Kopf nach vorne, sodass nun das ganze Gesicht von Haaren bedeckt war. Ruckartig drehte sie sich um und ging.
»Ich wünsche dir trotzdem alles Gute. Das waren andere Verhältnisse, damals. Ich denke, wir verbrachten eine gute Zeit miteinander.«

∞

Jonas war angetrunken, als er in der Tiefgarage ankam. Der Chef bestand nach dem Sekt noch auf einem doppelten Ramazotti. Anschließend hatte Jonas ihn zu der Caesar-Therme gefahren.
Andererseits: Der war nach seinem Geschmack, der Bodo. Svenja kam in zwei Stunden vorbei. Sie wollte sich umziehen. Dann ging sie zu einem Mädelsabend. Gut so.

Ursprünglich hatte er sich überlegt, ob die Session mit Silke bei Flo stattfinden sollte. Es musste hingegen absolut safe sein; Flo durfte sie auf keinen Fall erkennen. Silke kam vielleicht für ganz andere Sachen infrage. Safe war es bloß hier. Flo würde kurz nach neun verschwinden.
Eine Schwarzhaarige stieg aus einem Auto. »Na, was machen wir denn mit dem angebrochenen Nachmittag?« Mitte zwanzig, osteuropäischer Akzent. Er sah die Frau nie zuvor. Rote Lippen, schwarzer Rock, hohe Schuhe, offene Lederjacke, darunter eine halbgeöffnete Bluse.
Das Geschäft war hart. Das wusste er; alle Bordelle waren geschlossen. »Wie heißt du?«
»Ich bin Ribana.«
»Was schlägst du vor?«
»Nimmst du mich mit hoch?«
»Wie viel?«
»Eine Stunde mit Französisch, für dich, ähm, einhundert – also einhundert geradeaus.« Ein Sonderangebot. Normalerweise verlangte sie bestimmt das Doppelte.
»Ohne Gummi?« Das war unverschämt.
»Das mache ich niemals. Aber für dich – ausnahmsweise. Unter uns: Ich schlucke gern.«
Die musste es nötig haben.
Er führte sie zum Lift, drückte die Tasten.
Eine andere Frau stieg zu.
Schweigend fuhren sie in den sechsten Stock.
Hier oben wohnte niemand außer Jonas und Svenja. Er blieb in der Tür stehen, drehte sich, schaute fragend zu der Frau.
»Ich bin die Partnerin für den Dreier.«
Jonas öffnete. Ribana zog ihn hinein. Die andere Frau folgte ihnen. Sie schloss die Tür. Im Wohnzimmer betätigte er den Lichtschalter.

Ribana drückte ihn sanft auf einen Sessel. Sie zog die Jacke aus, sank vor ihm auf die Knie und legte eine Hand auf seinen Oberschenkel. Langsam ließ sie die Hand nach oben wandern und fasste ihm zwischen die Beine.

∞

Der Steuerberater Sören Geerhart residierte in der Holzstraße. »Ihre Privatnummer bekam ich vor Wochen von Jakup Kacpar Mainwald. Für Notfälle. Heute ist so einer, Frau Mainwald.«
»Warum?«
»André Kirkel ist im Handelsregister als Geschäftsführer ausgetragen. Er verließ die Stadt, wie man hört. Der Telefonanschluss ist gesperrt, sein Appartement geräumt.«
»Vor knapp zwei Stunden sah ich ihn noch.«
»Er ist weg. Sie sind alleinige Geschäftsführerin der Komplementär-GmbH. Mehr noch: Kommanditistin der KG. Das heißt: Sie sind selbstschuldnerisch haftbar für alle Geschäftsvorfälle.«
»Was wissen Sie über die Schulden, Herr Geerhart?«
»Die Verbindlichkeiten belaufen sich auf etwa einhundertachtzigtausend Euro.«
»Wie bitte? Wie kommt das?«
»Das summiert sich aus Mietschulden, Steuern, Sozialabgaben, Versicherungen, Zinsen. Dazu kommen Rückstände bei Lieferanten für Möbel oder Büromaterial. Ein Bankmitarbeiter informierte mich unter der Hand, dass alle Konten leer gefegt sind.«
»Was kann ich tun?«
»Es tut mir leid. Sie müssen sofort mindestens zwanzigtausend nachschießen, besser fünfzigtausend. Die Alternative ist, beim Amtsgericht Insolvenz zu beantragen. Sonst

machen Sie sich strafbar. Das Unternehmen ist völlig überschuldet.«
»Was geschieht bei der Insolvenz?«
»Der Richter setzt einen vorläufigen Insolvenzverwalter ein, meistens einen Rechtsanwalt. Der prüft mit einem Gerichtsvollzieher, ob Artikel von Wert vorhanden sind, die in die sogenannte Konkursmasse aufgenommen werden können. In den meisten Fällen wird die Eröffnung des Insolvenzverfahrens mangels einer die Kosten des Verfahrens deckenden Masse abgelehnt. Das bedeutet, es ist kein Geld da, die Gläubiger zu befriedigen.«
»Was besagt das für mich als Geschäftsführerin?«
»Wenn Sie den Antrag früh genug gestellt hätten, wäre lediglich ihre Einlage verloren. Wenn jedoch der Antrag verschleppt wurde, sind Sie gesamtschuldnerisch haftbar. Die Gläubiger erwirken Schuldtitel. Daraufhin ergreift das Gericht Zwangsmaßnahmen. Die sind unangenehm, denn Sie müssen Ihre finanziellen Verhältnisse offenlegen. Was sie besitzen, wird gepfändet.«
»Gibt es einen Ausweg?«
»Mit der Bank könnte ich reden – aber nur, wenn ich deren Filialleiter davon überzeugen könnte, dass Sie in der Lage sind, das Unternehmen in diesen schwierigen Zeiten zu sanieren. Im Übrigen droht bereits die Krankenkasse mit einem Pfändungsbeschluss.«
»Was müsste passieren, dass die Bank Ihnen glauben würde, dass ich das Immobilienbüro saniere?«
»Entweder frisches Geld oder geschäftliche Erfolge. Am besten beides. Corona-Hilfen gingen mir durch den Kopf. Ich prüfte es bereits. Ihr Unternehmen fällt durch sämtliche Raster. Erhöhen Sie Ihre Einlage, finden Sie neue Kunden, sorgen Sie für unerwarteten Umsatz, suchen Sie einen weißen Ritter.«

»Was ist das?«
»Ein finanziell potenter Teilhaber oder Kommanditist. Dieser Kirkel ist ein Wirtschaftskrimineller. Er hat Sie vorgeführt, Frau Mainwald. Milde ausgedrückt.«
Maike ist schockiert. »Dabei machte André Kirkel zunächst einen durchaus netten Eindruck auf mich.«
»Doch dieser ach so nette Herr hat Sie betrogen, Frau Mainwald. Er plünderte sämtliche Konten. Mit Ihrem Geld ist er über alle Berge. Sie sollten ihn anzeigen.«
Maike erschien fortwährend kleiner auf dem Besucherstuhl.
Der Steuerberater war ein Freund ihres Vaters. Er erklärte ihr die Sachlage erneut. So ausführlich, bis sie alles verstand.

∞

Jonas legte sich zurück.
Kraftvoll quetschten Ribanas-Finger, was von seiner Erektion durch die Hose zu spüren war.
Er heulte auf.
Die andere Frau hielt ihm mit der rechten Hand den Mund zu. Sie fasste ihm mit der Linken in das Haar. »Heul' ruhig. Jonathan B. Allerdings hätten wir gedacht, du bist ein starker Mann. Wir sind gekommen, um Spaß zu haben. Falte die Hände zusammen.«
Er gehorchte.
Blitzschnell fixierte sie seine Arme mit einem Kabelbinder. Ribana öffnete ihm die Hose, legte die Hand um seine Hoden, drückte sie mit einer eisigen Faust zusammen.
Tränen schossen in seine Augen.
Die Frau stellte sich vor ihn. »Wie ich dir versprach: Du darfst ruhig weinen mein Kleiner. Das gehört dazu.«

Sie setzte sich in einen zweiten Sessel. Provokativ schlug sie die Beine übereinander.
»Na, wo ist der Hunderter?«
»In meiner Hose. Wer sind Sie?«
»Ich bin Ivanka Nadrania. Schöne Grüße von meiner Schwester Peggy. Gern möchte sie dich wiedersehen. Im ‚Hell's Kitchen' in der Moselstraße.« Ivanka war um die fünfzig, fülliger als Ribana, trug ein kurzes Kleid, flache Schuhe.
»Mach mir die Hände auf.« Jonas schaute sie an.
»Er wird unverschämt Ribana. Leg ihn hin.«
Ribana ging zum Tisch. Seitlich hob sie das Bein. Sie trat zu. Flaschen, Gläser, Aschenbecher flogen auf den Teppich. Wie einen Sack warf sie den siebzig Kilo schweren Jonas über die Schulter. Sie knallte ihn mit dem Rücken auf dem Tisch. Die Hände waren nach wie vor gefesselt. Ohne die Schnürsenkel zu öffnen, zog sie ihm die Schuhe aus. Es folgte die Hose mit der Unterhose.
Ivanka fasste abermals in seine Haare. Gleichzeitig zog sie ihn am Bart. »Schau mal, Ribana, wie angstvoll das Schwänzchen sich zusammenzieht. Mach ihm ein bisschen Appetit.«
Ribana öffnete ihre Bluse, schob den BH nach unten, streichelte Jonas. Sie beobachtete, wie sich sein Penis vergrößerte.
»Ribana schnurrt, wie eine Katze, die eine Maus erlegt hat«, Ivanka zog ihm den Gürtel aus der Hose, »wenn die Maus zuckt, faucht die Katze.« Das Ende des Gürtels knallte auf seinem Bauch. Jonas krümmte sich zusammen. »Zeig ihm, was du in der Tasche trägst, Ribana.«
Ein erneuter Griff in seine Haare.

Ribanas rechte Hand näherte sich seinem Gesicht. Sie fuchtelte mit einer fingerlangen Nadel vor seinen Augen herum. Er schwitzte.

»Ich kam, wegen des Schuldscheins, den du meiner Schwester dagelassen hast. Im Januar. Der Spaß dauerte für dich eine ganze Nacht. Für meine Schwester war es ein Leasinggeschäft. Was immer du wolltest, sie tat es. Übrigens: Sie macht das gut. Ich kenne meine Schwester. Sie nahm den Schuldschein nur, weil dich der Büfettier kannte. Doch das war eine linke Adresse auf dem Schüttelscheck. Normalerweise müsstest du nun das Doppelte zahlen, weil wir dich erst suchen mussten. Es ist drei Monate her. Ohne Zinsen bekommen wir tausend. Dazu die hundert für heute. Ist so viel im Haus?«

»Nein. Nie.«

Ribana hob mit der linken Hand seine Hoden an. Sie stach zu.

Er schrie.

Ivanka zog seinen Kopf nach hinten. »Ribana wird erst aufhören, wenn du anfängst zu kotzen.«

Ribana stach zu.

»Wie viel ist im Haus?«

Aufs Neue ein Stich.

»Hundertfünfzig. Das ist alles.«

»Ich denke, du bist masochistisch veranlagt, Jonathan B. Genieße die Schmerzen, die Ribana dir zufügt.«

Ribana hob ihm ein Bein an. Die Nadel stieß sie unmittelbar neben dem Anus zwei Mal tief ins Fleisch.

Ivanka griff in die Geldbörse aus seiner Hose. Achtlos steckte sie die Scheine in die Tasche.

»Wie viel Geld kannst du in zehn Minuten auftreiben?«

»Ich weiß niemand, mit Bargeld zu Hause.«

Ribana hob das zweite Bein hoch. Sie stieß ihm die Nadel an anderen Stellen in das weiche Gewebe.

»Es reicht. Wir müssen nach Frankfurt. Wir schenken dir ein paar Stunden. Für die hundertfünfzig, die du uns gegeben hast. Am Donnerstag ist High Noon für dich. Morgens um zehn bekomme ich den Riesen. Tausend Euro. In bar. Wenn du wegläufst – wir haben dich hier gefunden. So finden wir dich überall. Ribana knipst dich gefühlvoll aus, wenn es kein Geld gibt. Vorher wirst Du die Toilette auslecken, dein eigenes Blut saufen, deine Scheiße fressen. Versprochen.«

Jacqueline war im Umzugsstress. Die Kinder waren bei ihr. Nur die T-Net-Box antwortete. Bei Beatrice meldete sich ebenfalls der Anrufbeantworter. Mit der Mutter in Hamburg hatte Maike seit Jahren keinen Kontakt. Verdammt, ihr Fahrrad stand noch am Büro in Frankfurt.

Die Stadtkirche. In der Nähe des Marktplatzes. Tina gestand ihr, dass sie sich hierher zurückzog, wenn sie nachdenken wollte.

Maike fand einen Parkplatz am Finanzamt. Von da aus brauchte sie zehn Minuten – weil die verrostete Rolltreppe stillstand. Die Kirche war offen. Um sie zu betreten, musste Maike nacheinander zwei schwere Türen öffnen. Eine Frau saß hinter einem Tisch. Gleichzeitig dufte lediglich eine bestimmte Anzahl Menschen in die Kirche.

»Guten Tag. Kennen Sie unser Gotteshaus?« Eine freundliche Stimme.

»Nein, ich bin selten hier.«

»Sie stammt aus dem Mittelalter. In der Reformation 1526 wurde sie lutherisch.« Sonst war das Gotteshaus menschenleer.

Maike wurde von einer gewaltigen Gedenktafel angezogen. Gern hätte sie sich der Faszination der vielen Einzelheiten des Epitaphs ergeben – die freundliche Stimme sprach dagegen einfach weiter.

»Diese Grabplatte wurde im sechzehnten Jahrhundert geschaffen. Sie zeigt den ersten Landgrafen mit seiner Familie vor dem Kreuz unseres Herrn. Fragen Sie mich, wenn Sie Einzelheiten wissen wollen. Sie können hier ein kleines Heft dazu erwerben.«

Endlich war es still. Maike setzte sich in eine leere Bank. Sie atmete die Aura des Kunstwerkes. Die Kälte tat gut. Maike würde die Broschüre über die Stadtkirche mitnehmen. Sie beneidete Menschen, die einen festen Glauben hatten. Erneut wanderten ihre Gedanken. Maike ging zum Ausgang.

Die Fliesen auf dem Fußboden waren erstaunlich sauber. Sie müsste ihre Mansarde ebenfalls putzen. Der Schmutz verschwand nur, wo der Besen hinkam. Wer sagte das noch mal?

Ihr Kopf fand keine Ruhe.

Eine Viertelstunde später bog Maike Mainwald mit ihrem Ampera in eine Hofeinfahrt an der Rheinstraße. Sie stellte ihr Auto auf Achims gekennzeichneten Parkplatz.

Tina Birkenbinder war da. Die Sekretärin sah aus, als käme sie soeben vom Laufsteg – im Gegensatz zu Maike, deren Outfit eher an Flohmärkte erinnerte. »Achim, ist unterwegs. Dein Netzteil ist repariert.«

»Wie, repariert? Mein MacBook?«

»Achim besitzt einen gutsortierten Werkzeugkasten. Ich öffnete das Gehäuse, nahm die Buchse heraus, putzte sie

mit einem Schraubendreher, baute sie ein, maß sie durch. Es läuft wie am ersten Tag. Es war sogar unnötig, zu löten.«
»Danke. Boah. Dass du das kannst. Ich bin völlig durch den Wind. Schade, dass Achim unterwegs ist. Rief jemand für mich an?«
»Nein. Hier ist Post für dich. Willst du eine rauchen?«
»Gern.«
Beide stellten sich vor die Tür. »Du siehst gestresst aus. Viel zu tun?«
»Zu viel. Von allem. Mal sehen. Morgen gehe ich zu einem Interview bei einer Filmproduktion. Die suchen eine Kamerafrau. Wenn das läuft, kann ich kürzertreten.« Den Berg an finanziellen Problemen wollte sie Tina nicht zumuten. Von ‚Kürzertreten' konnte folglich keine Rede sein.
»Hast du das schon mal gemacht?«
»Kürzertreten?«
»Nein. Eine Filmkamera bedienen.«
»Niemals. Zutrauen würde ich's mir.«
»Ganz schön frech.«
»Wünsch mir Glück.«
»Klaro«, sie streichelte Maike den Arm, »wir sind seit gestern Kolleginnen. Eben installiere ich die neueste Version der Foto-Software. Achim benutzt neuerdings einen Fotoapparat, ich glaube von dir. Da möchte er, dass ich ihm die Bilder bearbeite. Ich will mich einarbeiten. Du weißt damit Bescheid?«
»Ich kenne mich rudimentär damit aus. Nutze gerade mal die Grundfunktionen: Ausschnitte wählen, geraderücken, Entrauschen, Kontrast, Farbe, Schärfe. Trotzdem gut. By the way: Schau mal, was auf dieser Karte ist. Die war in meiner Jackentasche.« Maike reichte ihr eine SD-Karte. Sie gingen hinein.
»Offensichtlich Publikum in einem Geisterkonzert oder so.«

»Stimmt. Vom Samstag. Ist schon bearbeitet. Ich dachte mir das. Muss ich nachher formatieren. Siehst du, dort sitzt Cora Just, das Model, von dem ich zwei Stunden vorher auf dem Opernplatz Upskirts schoss.«

»Siehst du den Typ zwei Reihen dahinter, der gerade den Hut abnimmt? Den kenne ich. Chef der ‚Freien Post'. Ziemlich schmierig.«

»Wen du alles kennst.« Ihr Blick erfasste Bodo von Zuffen. Sie sah ihn einmal. Jetzt saß er neben seiner Frau. Auf der anderen Seite möglicherweise Bianca. Leider angeschnitten. Weil zwei Plätze dazwischen frei sein mussten. Die waren wohl zusammen im Konzert. Ob Maximilian dabei war? Auf dem ersten Bild trug der Graf einen schwarzen Trilby-Hut; auf vier weiteren Bildern der Serie sah man, wie er ihn abnahm. Wo sah sie kürzlich einen solchen Hut?

»Er vermittelte mich einmal als Model. Das bleibt unter uns, gell.«

»Logo.«

Tina grinste. »Das war ein Superhonorar. Unter vier Augen meinte er treuherzig, für eine Provision in natura sei er durchaus aufgeschlossen.«

Beide lachten.

»Komm aus dem Bett, hier gibts 'was zu rauchen.« Svenja. Jonas versuchte den bitteren Geschmack im Mund loszuwerden. Mühsam hatte er sich verarztet. Vier Ibuprofen eingeworfen. Schließlich hatte er am Abend etwas vor. Fast noch anstrengender kam es ihm vor, die Zwei-Zimmer-Wohnung in einen vorführbaren Zustand zu bringen.

Im Jogginganzug setzte er sich zu ihr. »Schön, dass du da bist. Lass mich ziehen.«

»Du klingst, wie nach einem Kung Fu Fighting.«
»So was Ähnliches. Ein Killerkommando.«
»Erzähl', Mensch.«
»Eine dumme Sache. Im Januar. In, ähm, in Mainz, Backpulver als Eitsch vertickt. Eine Frau zahlte mir tausend. Eben war ihre Schwester da mit einer anderen. Ein Rollkommando. Ich schwör 's dir. Die wollen den Riesen wiederhaben. Übermorgen. Scheiße.« In groben Zügen schilderte er, wie brutal sie ihn behandelten.
»Arme Sau. Du tust mir leid. So viel Asche kann keiner in zwei Tagen auftreiben.«
»Baust du noch so 'n Gerät?«
»Brauche Papier. Hol' ich am Kiosk. Bin gleich zurück.«

Im Hospiz fing die Schwester Maike auf dem Flur ab. »Ihrem Herrn Vater geht es mäßig. Sie müssen mit allem rechnen. Seien Sie behutsam mit ihm.«
Jakup Kacpar Mainwald empfing sie aufgeräumt. »Schön, dich zu sehen, Emma. Wie geht es dir?«
»Unverschämt gut, Jakup. Am Sonntag rutschte ich auf einer feuchten Stufe aus. Dabei schlug ich mir die Kniescheibe auf. Das ist Gott sei Dank wieder heile.«
»Du rennst immerfort so unvernünftig durch die Gegend. Wie damals, als du ein kleines Mädchen warst. Laufend waren deine Knie aufgeschlagen. Ungewöhnlich für ein Stadtkind.«
»Ach Jakup, manchmal wünsche ich mir, dass du mich hochhebst. Dass du mich einfach davonträgst, wenn es ein Problem gibt. So wie damals in Prag.«
»Du irrst, Emma. Wir waren nie in Prag.«

»Jedenfalls wusstest du immer den Weg zum nächsten Eisladen.«
»Den Weg weiß ich nach wie vor, Emma. Hier können wir uns das Eis sogar bringen lassen.«
»Ob es Magnum gibt?«
»Natürlich gibt es Magnum.«
»Willst du auch eins?«
»Ich habe die Schwester gerufen.«
»Warum?«
»Weil ich wusste, dass du kommst.«
»Ich sagte kein Wort davon.«
»Hast du nie gebraucht, Emma. Ich weiß schon vorher, was du denkst.«
»Was ist jetzt mit dem Eis?«
»Welches Eis? Hier gibt es kein Eis. Nicht einmal Magnum. Das habe ich dir schon gesagt. Kann es sein, dass dein Gedächtnis nachlässt, Emma?«
»Ja, kann sein. Dass André Kirkel mich hereinlegte, weißt du vermutlich schon.«
»André Kirkel? Nie gehört, den Namen. Wer ist der Schuft? Wenn er dich hereinlegt, werden wir die Fische mit ihm füttern.«
»Er war dein Kompagnon.«
»Du willst mich auf den Arm nehmen. Ich hatte nie einen Kompagnon. Das Wasserhäuschen betrieb ich allein. Du weißt: Kompagnon ist Lumpagnon. Erinnerst du dich an meine Getränkebude oder hast du das auch schon vergessen?«
»Ach das ist so lange her.«
»Erzähl' mir lieber, wie es bei dir im Studium läuft.«
»Da kommt die Schwester.«
»Wieso füllen Sie mir Wasser in die Karaffe, Schwester?«
»Weil die Karaffe leer war, Jakup Kacpar.«

»Ach Emma, du bist ja da. Schön, dass du gekommen bist, Emma. Wie geht es dir?«
»Eigentlich gut. Mein Knie schmerzt noch ein bisschen.«
»Dein Knie? Bist du etwa hingefallen?«
»Ich bin auf einer feuchten Stufe ausgerutscht.«
»So ist das bei den Stadtkindern. Sie passen nicht auf. Früher warst du vorsichtiger, Emma. Ich war immer stolz, weil du dir nie das Knie aufgeschlagen hast. Im Gegensatz zu den anderen Kindern. Hast du keine Vorlesungen heute?«
»Mein Studium ist abgeschlossen, Jakup Kacpar. Ich arbeite jetzt für die Zeitung.«
»Richtig. Das hatte ich vergessen. Da musst du jetzt aber sofort los. Die haben schon angerufen. Beeil dich, Emma.« Er küsste sie auf die Stirn.
»Danke, Jakup Kacpar. Lass es dir gut gehen.«

Nachdenklich kam Maike in der Schumannstraße an.
Im Büro erwartete sie Lukas Kübling.
»Ich kam her, um mein Rad mitzunehmen. Mein Ampera besitzt einen Fahrradhalter.«
»Gerade meldete sich ein Interessent für das Objekt in Offenbach, Frau Mainwald.« Er brachte ihr den Ausdruck einer E-Mail in das Büro ihres Vaters, das seit Neuestem ihr eigenes war. »Der wohnt am Goetheplatz. Wie geht es Ihrem Knie?« Lukas Kübling brachte Kaffee.
»Meinem Knie geht es besser als mir. Was glauben Sie, wo stehen wir finanziell?«
»Die aktuelle Schuldenhöhe schätze ich auf über zwanzigtausend.«
»Sie liegt bei hundertachtzigtausend.«
»Unglaublich. Woher wissen Sie das?«

»Das erklärte mir der Steuerberater. Ich besitze kein Geld. Wo ist Kirkel? Der muss mir einiges erklären.«
»Er ist telefonisch unerreichbar.«
»Wissen Sie, wie ein Verkauf abzuwickeln ist?«
Er setzte sich halb auf Ihre Tischplatte. »Ich habe hier die Schufa-Auskunft des neuen Interessenten.« Er überreichte ihr zwei Ausdrucke. »Den Hypotheken-Sachbearbeiter der Hausbank kenne ich; der weiß Bescheid. Ich selbst brachte immer nur die Unterlagen zum Grundbuchamt.«
Er stand auf, um ihr mit dem Fahrrad zu helfen. »Übrigens: Ab morgen bin ich weg. Ich fahre für vierzehn Tage in Urlaub. Haben Sie einen Büroschlüssel?«
Sie verabschiedeten sich.

»Gut, dass unser Kiosk auf ist. Momentan sind alle Zigarettenläden zu. Hier sind Blättchen. Gleich gibts was zu rauchen.«
»Entweder ich bringe die Asche bis übermorgen bei oder ich kann mich aufhängen.«
»Keep cool, Jonas. Was meinte sie?«
»Willstes wirklich hören?«
»Klaro.« Sie kraulte ihm den Nacken.
»Ihr Deutsch war beinahe akzentfrei. Die andere versteht man kaum. Wir werden Spaß haben, hatte gesagt. Wenn es kein Geld gibt, wirst du dein eigenes Blut saufen – und Scheiße fressen.«
»Mist. Deinen Geldbeutel machten sie gleich leer?«
»Alles 'raus.«
»Du weißt, ich tu alles für dich. 'N Hunderter könnte ich vielleicht auftreiben. Sonst müsst' ich auf 'n Strich gehen.«
Svenja lachte künstlich.

»Selbst da ist momentan tote Hose.« Jonas lachte ebenfalls.
»Ich hab' neuerdings 'ne andere Chica an der Angel. Bei der hab' ich was gut, weil ich – also ich hab' ihr echt aus der Scheiße geholfen. Sitzt im Knast. Stell dir vor: Sie will meine Pornoqueen werden. Absolut professionell.«
»Wie bist 'n da 'rangekommen?«
»Is eigentlich nicht spruchreif. Wenn das funktioniert, ebenso das mit dem Vierer-Video, dann können wir deine Boutique eröffnen. Vielleicht im Herbst, wenn diese blöde Corona-Soße vorbei ist. Das Studium kannst du eh vergessen, solange es keinen Impfstoff gibt.«
»Du bist so lieb.« Sie küsste ihn auf den Mund. »Willste dich 'n bisschen hinlegen?«
»Wenn die mir bloß Zeit ließen, bis im Herbst. Da wär's kein Problem. Doch gerade jetzt? Eine einzige Chance sehe ich im Moment – aber das kann ich auf keinen Fall von dir verlangen.«
»Alles kannst du von mir verlangen. Du weißt, dass du für mich mehr bist als der große Bruder. Spuck 's aus.«
»Ich versteh' mich neuerdings ganz gut mit unserem Chef.«
»Dem Grafen?«
»Du hast es erfasst. Bodo. Wir duzen uns, wenn keiner dabei ist. Der warf ein Auge auf dich, während des Praktikums. Er ist scharf auf dich, der alte Sack.«
»Geil. Hätte ich merken müssen. Wenn er bloß weniger, weniger kräftig wäre.«
»Wollt' ursprünglich die Schnauze halten. Aber, wie ich unter Druck stehe.«
»Muss ich das verstehen?«
»Der fährt am Wochenende zu 'ner Konferenz. Fragte mich, ob ich eine Frau kenne, die mitkäme. Is 'ne absolute Ausnahme.«

»Da findet sich 'was. Die Mädels, die davon leben, sitzen alle auf dem Trockenen. Kommt drauf an, wie viel er 'raustun will.«
»Eintausendzweihundert. All inclusive.«
»Zwölfhundert? Ganz schön viel. Sogar für 'ne Flatrate.«
»Wie meinst 'n das?«
»Das isses doch. Sag' ihm, ich mach's. Für so viele Euronen mach ich alles, was er will.«
»Ehrlich? Mensch, Svenja.«
»Tu ich gern für dich, Jonas. Muss los.«
»Ich schick ihm 'ne SMS. Er ruft dich an. Wo bist du denn heute Abend?«
»Weißte doch: Illegaler Mädelsabend bei Biggi. Komme nach Mitternacht. Auf keinen Fall nüchtern.«

Um sieben Uhr abends betrat Maike Mainwald gemeinsam mit Kai Diester das Objekt, in das die optimistische Lehrerin einzuziehen wünschte.
Kai Diester war dreiunddreißig. Er wirkte älter, da er stark übergewichtig war. Diester arbeitete für die Commerzbank als Programmierer.
Watschelnd durchmaß er Raum für Raum, öffnete die Balkontür, betrachtete das Geländer, blinzelte in die tief stehende Sonne. Scheinbar genoss er bereits den Blick über die Dächer der Stadt. Zwischendurch plante er die Plätze für die Möbel.
Kai Diester verfügte über eine frische Erbschaft. »Ich bin in der Lage, die Hälfte anzuzahlen. Lassen Sie mir bei der Provision ein paar Prozente nach?«
»Die ist gesetzlich vorgegeben. Das ist leider unmöglich.« In diesem Moment erschien er ihr noch feister als vorher.

»Ihr Konto wächst um zwanzigtausend, wenn ich kaufe. Da erwarte ich schon, dass Sie mir entgegenkommen«, ein gieriger Blick wanderte von oben nach unten, »wie hieß dieses Lied, das Sie eben summten, hey Sister, go sister?«

Maike Mainwald war sprachlos. Vor Schreck ließ sie ihren Aktendeckel fallen.

Er winkte sofort ab: »Die Bude gefällt mir – obwohl sie teuer ist. Es gibt dagegen ein anderes Objekt. Da muss ich mich bis zum Abend entscheiden.«

»Wie, bis zum Abend?«

»Am Abend kommt die alles entscheidende Information: ob das Haus schnelles Internet bekommt. Die Maklerin bleibt extra bis zehn im Büro. Was halten Sie davon, wenn Sie nachher bei mir anläuten, sagen wir um zweiundzwanzig Uhr? Bis dahin habe ich mich entschieden.«

»Ein aparter Zeitpunkt für einen Verkauf.«

»Es liegt ein aparter Deal vor uns.«

Gemeinsam fahren sie zurück.

»Ich rufe sie nachher an, Herr Diester.«

Kaum war sie ausgestiegen, meldete sich Jacqueline per SMS. Halleluja.

»Kein Stress. Ich kenne mich hundertprozentig aus mit dem Immobilienverkauf. Auf meinem Tiefgaragenplatz steht fahrbereit der Toyota von Jakup Kacpar. Mein Mann passt zu Hause auf die Kinder auf. Ich komme.«

Das Gespräch, das sie mit Maike führte, dauert eine Stunde.

»Steht unser Deal?« Jonas Barkendorff verließ gemeinsam mit Silke Mehringhausen die Fahrstuhlkabine im sechsten Stock.

»Wie abgesprochen. Zwei Stunden.«

»Hier ist mein Reich, Silke. Ab jetzt nenne ich dich ‚O'. Die Frau Mehringhausen ist heute Abend abwesend.«
»Abgemacht.«
»Kurz nach neun verschwindet mein Freund. Dann gehörst du eine Stunde mir allein. Ab zehn Uhr vergessen wir alles, was wir hier erlebten. Anschließend lösche ich das Video. Im Betrieb siezen wir uns wieder.«
»Gibt es Vorgaben für den Abend, Jonas?«
»Du wirst tun, was verlangt wird, O.«
»Ist die Diskretion sichergestellt?«
»Absolut. Deshalb werde ich allein reden. Ihr werdet beide eine Augenmaske tragen. Darüber hinaus werdet ihr schweigen.«
»Für mich habe ich eine Maske mitgebracht. Darf ich die tragen?«
»Lass mich nachsehen, ob sie dicht ist.« Jonas setzte die Maske auf und probierte die Augenklappen. »Ja. Das, was wir brauchen. Mit Strass. Sieht nagelneu aus. Schöner als meine.«
»Werde ich geschlagen?«
»Du wirst überrascht sein, was alles geschieht, O.«
»Es gibt kein Stopp-Wort?«
»Nein. Bei größtmöglicher Demut wirst du dankbar sein, zu leiden, O. Es wird kein Blut fließen. Wie abgemacht. Das ist ein Game. Nach zwei Stunden bringe ich dich nach Hause.«
»Wie geht es los?«
»Du ziehst dich aus. Ich lege dir an Händen und Füßen Fesseln an. Damit kannst du auf dem Bett fixiert werden. Oder auf der Sessellehne. Bevor es so weit ist, werde ich dir die Augenmaske schließen. Wenn wir allein sind, darfst du die Maske abnehmen.«
»Kenne ich deinen Freund?«

»Das ist möglich, aber irrelevant. Er ist dir in unserem Spiel ebenso fremd, wie du ihm. Er wird bereits mit Maske hereinkommen und bis neun bleiben. Die Maske nimmt er erst im Flur ab. Wir wollen anfangen. Im Schlafzimmer kannst du deine Sachen auf das kleine Regal legen. Alles. Auch den Schmuck.«
Jonas beobachtete Silke. Ein Opfer auf der Schlachtbank, schoss es ihm durch den Kopf. Sie ergriff einen Kosmetikbeutel. Gemächlich ging sie ins Bad.
Vor zwanzig Minuten hatte er dort Speed nachgeworfen. Wegen der Schmerzen am Po. Wo hatte er die Schachtel gelassen? Er griff in die Tasche. Gott sei Dank. Sie war da. Ob er noch zwei Ibuprofen schlucken sollte?
Silkes Tasche stand im Schlafzimmer am Boden. Er fasste hinein. Tief unten spürte er ein Pistolenholster. Langsam zog er es heraus. Jonas zögerte. Er öffnete die Lederhülle.
Es war eine Walther PPQ M2 Kaliber 22. Jonas kannte dieses griffige Modell. Vor sieben Jahren brachte ihm ein Freund damit das Schießen bei.
Sorgsam legte er die Waffe in eine Schublade.

Um zweiundzwanzig Uhr erschien Jacqueline vor Kai Diesters Domizil, oder besser: Jacqueline Korck trat auf. In einem hellblauen Kostüm mit einem Aktenköfferchen. Maike Mainwald trug eine weiße Hose mit passendem Blazer, darunter ein hochgeschlossenes schwarzes Hemd.
»Dies ist meine Assistentin«, stellte Maike Jacqueline vor, »sie wickelt die Hypotheken ab.«
Kai Diester stellte ein Tablett mit Gläsern auf den Tisch. Er holte eine Wasserflasche. Interessiert ließ er den Blick über Jacquelines modisch struppigen Bob wandern. »Das andere

Objekt ist fast so attraktiv wie das Ihre. Doch Ihr Netz ist schneller. Let's talk business.«
Maike Mainwald griff nach einem Glas: »Sind Sie für ein offenes Wort empfänglich?«
»Aber hallo.«
»Seit gestern bin ich alleinige Geschäftsführerin des Betriebes. Mein Papa, von dem ich die Anteile übernahm, liegt im Sterben. Der zweite Geschäftsführer ist verschwunden. Die Konten sind leer. Meine einzige Stütze im Verkauf ist Frau Korck. Sie kutschierte bereits meinen Vater. Außerdem kennt sie das Geschäft. In dieser dramatischen Situation müssen wir der Bank zeigen, dass wir in der Lage sind, das Maklerbüro erfolgreich weiterzuführen. Deshalb machen wir Ihnen ein besonderes Angebot.«
»Ich bin gespannt.«
»Am Abend führte ich ein freundschaftliches Gespräch mit Frau Korck. Am Ende habe ich mit ihr gewettet, dass ich Ihnen das Appartement verkaufe. Sie hält dagegen.«
»Worum haben Sie gewettet?«
Maike atmete tief ein. »Den Anstoß gaben Sie, mit Ihrem zweideutigen Blick«, sie betonte jedes Wort, »wir Mädels wetten um den Mund der jeweils anderen. Wer von uns beiden die Wette gewinnt, darf die andere für eine Fellatio ausleihen. An einen Mann ihrer Wahl.«
Kai Diester stockte der Atem.
»Wenn ich abschlägig antworte, sind Sie dran?«
»Könnte man so ausdrücken. Sie entschied sich bereits, mit wem: Ich muss es ihrem Mann besorgen. In Frau Korcks Beisein.«
Er strahlt: »Ein korrekter Blowjob?«
»Ich halte, was ich verspreche. Sie überwacht das.«
»Was passiert, wenn ich kaufe?«
»Läuft es umgekehrt. Jacqueline ist Ihr Naturalienrabatt.«

∞

Sabine war schon oft am Abend in der Bessunger Straße, um eine Pizza zu essen. Die beste Pizzeria der Stadt – in jedem Fall die einzige, von der sie wusste, dass sie bis elf Uhr abends Küche anbot. Derzeit allerdings bloß zum Mitnehmen.
Vor dem Heimweg ins Paulusviertel fürchtete sich Sabine nie.
Diesmal war alles anders.
Ein Schatten im Schein einer Straßenlaterne.
Sie hielt.
Drehte sich um.
Eine Melodie spukte in ihrem Kopf: All alone – dancing in the dark.
Der Schatten war verschwunden.
Weiter.
Endlich.
Die Pforte.
Feuchte Stirn.
Feuchte Wangen.
Feuchte Hände.
Öffnen.
Hinein.
Das Hoftor zu, das Fahrrad in den Unterstand.
Knirschen am Zaun.
Wieso ging das blöde Außenlicht nicht an?
Hatte sie Sand zwischen den Fingern? Der Hausschlüssel knallte auf Waschbeton.
Unten Gedröhne.
Sie bückte sich.
Betastete die Stufe.

Endlich.
Der Schlüssel.
Sabine schloss auf, zog die Haustür auf, huschte hinein, schlug sie zu, fasste den Schlüssel, drehte ihn zwei Mal im Schloss, wirbelte herum, knallte mit dem Rücken an die Flurgarderobe.
Ein Poltern.
Von draußen.
Sie wagte kaum, zu atmen.
Die altmodische Türschnalle zitterte.
Jemand drückte sie von außen nach unten.
Andere besaßen an der Haustür überhaupt keine Klinke mehr von außen.
Ihr Herz wummerte.
Wie hieß diese Platte von Pink Floyd?
Es rüttelte.
Das ganze Haus schien zu erbeben.
Sie biss sich auf die Lippe.
Speak to me. Das war der Titel. Der erste Track von The Dark Side oft he Moon.
Ein Kratzgeräusch.
Zum Schuppen hin.
Schwächer die Schritte.
Sabine presste den Atem aus den Lungen.
Warten.
All alone – dancing in the dark.
Da war jemand.
Hinter dem Haus, an der Terrasse.
Ledersohlen schlichen über den Fliesenboden.
Rütteln an der Terrassentür.
Sie erfasste den Schlüssel; bereit sofort aufzusperren, um nach draußen zu fliehen.
Stille.

Nein, Scharren.
Geräusche am Geländer.
Auf dem Weg zur Straße.
Jemand wuchtete sich hoch.
Ruhe.
All alone – dancing in the dark.
Lautlos trippelte sie hoch in den ersten Stock, erkannte die Umrisse des Panoramafensters, das hellere Rechteck auf dem Teppich, das Seitenfenster über dem Eingang.
Sabine schaute durch die Scheibe hinaus.
Nichts.
Die Wiese war schwarz.
Wie Öl.
Eine Turmuhr: elf Schläge.
Ihre Fingerkuppen erfühlten den Lichtschalter.
Kühl wie Erz.
Klick.
Es blieb finster.
Nochmals.
Klick.
Ein Sirren.
Vom Balkon?
Vom Fenster?
Von draußen?
Aus dem Schlafzimmer?
Die LED-Anzeige des Video-Rekorders war dunkel.
Roch es hier verbrannt?
Sie öffnete die Tür zum Schlafzimmer.
Den Baldachin des Bettes erkannte sie als Silhouette.
Nach zwei Sekunden ein Luftzug; scheppernd fiel die Tür ins Schloss.
Ein Scheinwerfer.
Von links.

Unmöglich: Dort war der Spiegel.
Sie wirbelte herum.
Der Lichtstrahl blendete so stark, dass sie die Augen schloss.
Er musste vom Fenster kommen.
Waren das Hände oder so?
Fasste jemand nach ihr?
Sie spürte nachlässig hingehängte Tücher.
Griff danach.
Fuhr herum.
Verfing sich in einer Bluse.
War da einer im Raum?
Sie öffnete den Mund; tonlos.
Ohne einen Laut verlosch der Strahler.
Blackout.
All alone – dancing in the dark.
Sie sprang vor, stieß mit dem Fuß an den Frisiertisch, drehte sich halb, schlug mit dem Kopf an den Baldachin.
Klong.
Die Zehen schmerzten, im Kopf dröhnte ihr Puls.
Stille.
Ein gelblicher Schimmer, ein fahler Lichtschein, anders als der Scheinwerfer.
Brach der Mond durch die Wolken?
Mit der Zeit gewöhnten sich ihre Augen an das Dämmerlicht; es schimmerte durch die Gardinen.
Kein Laut.
Das Sirren hatte aufgehört.
Mit einem Satz sprang sie zum Fenster.
Sie wischte den Stoff zur Seite, riss den Flügel auf – er war lediglich angelehnt.
Wieso war er angelehnt?
Schwarze Nacht.

Die Konturen des Nachbarhauses.
Langsam, unendlich langsam drehte sie sich um.
Sie wartete, bis sie Umrisse erkannte. Schließlich versuchte sie, sich im Raum zu orientieren.
Sabine tastete nach der Schublade in dem Schränkchen, das neben dem Bett stand. Behutsam zog sie die Lade heraus, griff hinein, spürte ein Gummibärchen, steckte es in den Mund.
Es schmeckte bitter.
Sabine spuckte es aus. Sie wühlte weiter in der Schublade, bis sie eine Kerze fand. Hektisch kramte sie in Papiertaschentüchern, Blistertabletten, Bleistiften bis zu einer Schachtel Streichhölzer. Sie steckte die Kerze an.
All alone – dancing in the dark.
Bedächtig umrandete sie das Bett.
Niemand am Fenster.
Niemand bei den Kleidern.
Niemand an der Frisierkommode.
Die Kerze flackerte.
Sie drückte auf die Klinke.
Ein Windstoß.
Die Kerze erlosch.
Die Tür knallte ins Schloss.
Dunkel.
Der Fensterflügel.
Er war noch offen.
Schwerfällig tastete sie sich zum Fenster.
Sie stolperte.
Schlug lang hin.
Ein Besen.
Wie kam der ins Schlafzimmer?
Behutsam stand sie auf.
Sie ertastete den Besen, hob ihn auf, lehnte ihn in die Ecke.

Weiter, zum Fenster.
Sie vergewisserte sich, dass niemand draußen war. Vorsichtig schloss sie den Flügel.
Zurück zu den Streichhölzern.
Abermals zündete sie die Kerze an. Bedächtig wie eine Schlafwandlerin umrandete sie das Bett und öffnete die Tür. Durch das Wohnzimmer bewegte sie sich in Schlangenlinien in den Flur.
Im Stromkasten zeigten die Schalter aller Automaten nach unten.
Gleichzeitig drückte sie die drei Hebel hoch.
Aus dem Schlafzimmer hörte sie das unangenehme Geräusch des elektrischen Weckers, der Video-Rekorder blinkte, das Telefon hupte in der Ladestation, unten im Fotoatelier sprang ein Gebläsemotor an. Im Radio ertönte die Zeile: »On my waist, through my hair, think about it when you touch me there. Close my eyes, here you are, all alone – dancing in the dark.«
Sie schaltete das Licht ein. Im Schlafzimmer drückte sie den Wecker aus. Endlich sah sie sich um.
Niemand hier.
Ins Badezimmer.
In einer Streichholzschachtel lag eine Tablette.
Sie schluckte die Pille ohne ein Getränk.
Zurück ins Wohnzimmer.
Das Telefon: Björn.
Er war im Dienst. »Bleib ruhig. Eins nach dem anderen.«
Ihr Idiom wechselte in das Südhessisch ihrer Jugend: »Ich bin fertig mit der Welt. Schon vorher. Seit der Heidelberger. Am Haus erst. Ich steige ab. Schritte. Hinter mir. Ich schneller mit dem Rad. Die Schritte genauso. Ich renne. Statt aufzusteigen. Das Hoftor. Mit knapper Not ins Haus. Jemand rüttelt an der Tür. Kein Strom. Im Schlafzimmer brennt so

ein unheimlicher Scheinwerfer. Dazu dauernd das Gefühl, dass jemand nach mir grapscht. Jetzt bin ich sicher, es ist niemand im Haus. Aber vielleicht war doch jemand da.«
»Unten ist das Studio. Du bist im ersten Stock. Hinein kommt man einzig oben über die Terrasse oder durch die Eingangstür die Treppe hoch. Die Fenster sind aus Panzerglas. Du meintest vor drei Sekunden, dass niemand im Haus ist. Dann ist doch jemand da.«
»Ach, Scheiße. Das Schlafzimmerfenster. Ich glaub', ein Flügel war nur angelehnt.«
»Die nach der Straße? Die machst du doch so gut wie nie auf?«
»Ich weiß, wie verrückt das alles klingt. Offenbar leide ich unter Paranoia.«
»Du weißt, dass du dein Handy als Taschenlampe verwenden kannst?«
»Wie geht das? Ich hab's vergessen.«
»Ich mache hier früher Schluss. In einer halben Stunde bin ich bei dir.«
Das Telefon verstummte.
Die Deckenlampe erlosch.
Der Video-Rekorder war dunkel.
Das Radio still.
Die Kerze.
Im Stromkasten.
Die Kerze war fort.
Oder legte sie die woanders hin?
Mit dem Handy könnte sie jetzt anrufen. Das hatte sie völlig vergessen. Das brauchte keinen Strom, weil es einen Akku hatte.
Es musste irgendwo liegen.
Sie tastete im Dunkeln nach den Kippschaltern der Automaten.

Drückte sie gleichzeitig nach oben.
Ein Stromschlag.
Er schleuderte sie an die gegenüberliegende Wand.
Sie rutschte hinab.
Das Licht ging an.
Die Stimme der Sängerin Dev im Radio:
«When you work on me, open my body up and do some surgery. Now that you got me up, I wanna taste it, taste it."

Kapitel V

Mittwoch 22.4.2020 – 12:00 Uhr

Neun Uhr.
Keine Klingel.
Maike Mainwald fasste nach dem Mobiltelefon.
Da ging die Tür auf. »Willkommen bei Belda Productions.« Kurzes Kraushaar, irgendwas zwischen hellblond und grau, farbiges Button-Down-Hemd. Er reichte ihr die Hand. »Schön, dass Sie pünktlich sind, Frau Mainwald. Keine Maskenpflicht. Aber Abstand.«
»Sie müssen Jan Belda sein.«
»Aha, kompromittierende Fotos gegoogelt?«
»Ein angemessenes Domizil für eine Filmproduktion. So ein Gebäude vermutet man eher in Hollywood. Gehört ‚Business-Mentoring Broadway' dazu?«, sie deutete auf eine Messingplatte.
Belda schüttelte grinsend den Kopf. »Der Fotografin entgeht kein Detail.«
»Welche Art ‚Unternehmensberater' verbergen sich hier?«
»Sonst sieht das Schild keiner. Die Besucher nennen es ‚Broadway'. Damit kann ich leben. Folgen Sie mir.«
»Ein prächtiger Parkplatz. Dieses schlossartige Gebäude. Dabei wäre ich an der Einfahrt zwischen den Bäumen beinahe vorbeigefahren. Ein freundlicher Mitbürger sprühte glücklicherweise diese riesige Hausnummer auf die Lärmschutzwand.«
»Hier ist Diskretion Geschäftsgrundlage.« Sorgsam verriegelte er die Tür hinter ihr. »Dies ist der Nebeneingang. Sie fanden ihn immerhin.«
»Mein Navi wusste den Weg.« Schneeweißer Putz blendete ihre Augen. Halogenspots im Treppenhaus, leicht bedämpft

von mattsilbernen Metallbeschlägen. »Imposante Architektur. Bestimmt teuer.«

»Ich bin mit dem Betreiber des ‚Broadway' befreundet. Residiere hier in Untermiete.«

»Kommt oft Besuch aus der Stadt?«

»Selten. Bei meinem Freund Andreas Kersmüller ist das anders. Offiziell betreibt er ein Business-Mentoring. Wie es auf dem Schild steht. Der Eingang ist hinten. De facto betreten Sie hier die geheime Wellness-Quelle der Bergstraße für besserverdienende Herren. Momentan allerdings geschlossen – wie alle Etablissements dieser Art. So können wir hier drehen.« Das Hemd trug er über einer weißen Leinenhose, darunter blaue Chuck Taylor All Stars. Edle Einfalt, stille Größe.

»Sie sind ausnahmsweise hier?«

»Nein, mein Geschäftssitz ist fest in diesem Haus. Wir drehen ausnahmsweise hier.« Belda ging vor. Sparsam möbliertes Büro. Bestimmt dreißig Quadratmeter. Ein Mondrian hinter einem Schreibtisch aus Baustahl. Er wandte sich der blinkenden Kaffeemaschine zu: »Einen Americano?«

Maike Mainwald nickte.

Belda deutete auf einen Stuhl: »Reden wir von Ihnen: Sie sind Kamerafrau?«

Maike legte die Hand in den Nacken. »Ursprünglich Psychologin. Danach Volontariat als Journalistin. Seit dem Studium fotografiere ich für alle möglichen Publikationen. Selten Videos.« Sie fuhr sich von hinten durch die schwarze Mähne. »Derzeit kämpfe ich mit der Schnittsoftware. Die Abendschau brachte vor zwei Wochen einen Dreiminüter von mir.«

Jan Belda setzte zwei Tassen ab. »Da komme ich her. Öffentlich-Rechtlich. Ich habe dort als Grafiker angefangen. Dann kamen Dokumentationen. Vor drei Jahren wagte ich den

Sprung aus dem Dokumentarischen zum Spielfilm. Wir machen Kurzfilme. Ihre Kollegin Sabine Klaarens empfahl Sie mir. Sprachen Sie mit ihr darüber?«

»Kurz. Am Telefon. Dabei kennen wir uns schon ewig; in meinem Volontariat bei der Ostmainpresse brachte sie mir das Fotografieren bei. Das war von 2011 bis 2013. Seither treffen wir uns bei dem einen oder anderen Fototermin; manchmal gibt es Wartezeiten. Wir arbeiten mittlerweile beide als Freie. Wie funktioniert Belda-Productions?«

»Ich leite die Produktion, Regie, einschließlich Drehbuch, Ihr Job ist die Kamera. Daneben der Schnitt. Trauen Sie sich das zu?«

»Stellen Sie das Equipment?«

»Sowieso. Personal, Darsteller, Software, Hardware – das ganze Set.« Er schaute sie von oben bis unten an. »Wir arbeiten momentan hier drin, erwähnte ich bereits. Bei Sauna-Temperaturen«, er grinste, »kommen Sie mit.«

»Wie meinen Sie das?« Sie trug ein Sommerkleid.

»Wir drehen hier im Wellness-Bereich. Fünfundzwanzig Grad. Zeige ich Ihnen. Die Luftfeuchte ist recht hoch, deshalb wird die Kamera in den Pausen in einen Nebenraum gerollt. Unsere Locations finden wir sonst im gesamten Rhein-Main-Gebiet. Bis Sonntag waren wir in einer geschlossenen Mall in Rüsselsheim, die mittlerweile für Publikum geöffnet ist. Ausgefallene Orte sind wichtig.« Belda schloss eine Metalltür auf. »Für mich gibt es einen direkten Gang.« Eine weitere Feuertür nach drei Metern. Gedämpfte Musik war zu hören. »Hier geht es diskret zu. Das wissen Sie bereits, glaube ich.«

Dämmerlicht. Hinter Polstermöbeln glitzerte ein Swimmingpool. Daneben ein Tresen. Langhaarige Frauen unterschiedlich getönter Haut räkelten sich auf Barhockern. Sie trugen Bikinis oder dünne Nachthemdchen.

»Die Damen an der Bar sind lediglich für die Video-Aufnahmen gekommen. Seit Mitte März ist das ‚Broadway' komplett geschlossen. Davor traf man solche Mädchen ständig hier an.«

Jemand ließ beim Aufstehen ein Klemmbrett fallen. Silbrige Sneakers, ein T-Shirt, das gerade bis zu den Brustwarzen reichte. Blonde Haare, die zottelig über die Schultern hingen. Kontrastiert von Boxershorts, die abstanden wie ein Faltenrock. Er kam auf sie zu.

»Kevin Fopp«, Belda kratzte sich im Haar, »das ist Maike Mainwald, die neue Kamerafrau.«

»Welcome to the Show, Maike.« Fopp grinste.

»Kevin ist mein Assistent. Kann alles, macht alles. Wenn irgendwo ein ausgefallenes Requisit fehlt – er besorgt es. Ist mir für sämtliche Vorgänge vorn am Set verantwortlich.«

»Danke für die Blumen, Chef. Wir sind bereit.«

Ein Mädchen in Sport-BH, Hotpants und Tennisschuhen trat neben ihn: »Guten Tag, ich bin Kim, die Kamera-Assistentin. Sabine ist absent. Kein Telefon. Soll ich das Stativ hereinrollen?«

»Wir warten. Geht ein Probelauf für Maike Mainwald?«

Kevin drehte sich zu einer Person im Overall hinter der Theke, dem einzigen Menschen im Raum mit einer Gesichtsmaske. »Herhören. Trocken. Szene zwölf für die neue Kamerafrau. Hanna, Licht.« Die Musik verstummte. Ein Scheinwerfer schickte sein Licht durch ein Panel – ein transparentes weißes Tuch von zwei mal zwei Metern, das auf einen Rahmen gespannt ist. Die Apparatur verwandelte den Raum vor der Theke in eine Bühne. »Alle auf die Plätze. Cora, Action.« Kevin schlug eine Filmklappe zusammen.

Die Darstellerin Cora Just erschien in einem schmuddeligen grauen Kittel. Sie schob einen Staubsauger ins Licht. Als sie der Kamera den Rücken zudrehte, bückte sie sich. Die Haare warf sie zurück. Sie beugte sich tiefer, wobei sie die Knie durchdrückte. Der Stoff über dem Po spannte sich – bis er aufriss; darunter: blanke Haut.

»Stopp.« Die Schauspielerin heftete den Klettverschluss ihres Kleides zusammen. Sie bewegte sich mit dem Staubsauger zum Ausgangspunkt zurück. »Pause.« Das Licht ging aus. Musik erklang.

Jan Belda brachte zwei Gläser mit Apfelschorle. »Für eine solche Szene drehen wir sechs bis zwölf Takes. Die Barmädchen im Hintergrund müssen sich deshalb jedes Mal neu gruppieren. Später nehmen wir sie als Zuschauer in Großaufnahme. Zum Hineinschneiden. Nachmittags pausieren wir.«

»Wie lange bleiben Sie in dieser Location?«

»Über das Wochenende wechseln wir.« Sein Gesicht war keine zwanzig Zentimeter von ihr entfernt. »Ab Montag drehen wir in einem Musiklokal in Sachsenhausen. Vormittags. Abends spielt dort normalerweise eine Band. Jetzt ist es geschlossen. Wissen Sie, was ein Softporno ist?«

Maike hob die Brauen: »Siebzigerjahre? Schulmädchenreport? Wolf C. Hartwig?«

»So ähnlich. Stellen Sie sich vor: witzige Kurzfilme. Zwischen zwei und acht Minuten. Einer Serviererin fliegt der Rock in die Höhe. Oder: Ein Träger schlabbert ihr beim Drehen von der Schulter. Oder: Die Hose rutscht beim Bücken über den Po. Das zeigen wir. In unterschiedlichen Locations. Dazwischen die Gesichter der überraschten Zuschauer. Lachen aus dem Off. Das ist Comedy-Reality. Bisweilen platzieren wir unauffällig einen Hinweis auf gewisse Produkte.«

»Das lohnt sich?«

»Großunternehmen zahlen das aus dem Werbe-Budget. Wir bekommen von ihnen einen einminütigen Vorspann. Oder wir produzieren ihn für sie.«
»Wo kann ich es sehen?«
»YouTube. Dort heißt der Vorspann Pre-Roll. Wenn unsere Vorspann-freien Video-Clips über tausend Klicks bekommen, wählt uns Google für Pre-Rolls aus. Schauen deren User die oft genug an, finanziere ich davon andere Projekte. Google sei Dank.«
»Klingt interessant. Was sind das für Projekte?«
»Animated cartoons – Zeichentrickfilme. Ich bin von Hause aus Grafikdesigner. Außerdem schreibe ich derzeit an einem satirischen Kurzfilm. Die sind bei gewissen Festivals gefragt. Dafür war eigentlich Sabine Klaarens vorgesehen. Sie arbeitet seit einem halben Jahr für mich. Nun hat sie andere Pläne. Ich will wissen, wo sie steckt.«
Kevin Fopp stand vor ihnen, das Telefon in der Hand. »In der Klinik. Ein Unfall. Ihr Mann rief an.«
Belda stand auf. Er klatschte in die Hände: »Schluss für heute.«

∞

»Die Patientin ist fort.« Der Arzt schaute Björn Mahrenleitner ruhig an. »Das passiert manchmal. Sind Sie ihr Partner?«
»Wir sind verheiratet. Ich rief in der Nacht den Notarzt. Der Krankenwagen brachte sie hierher. Sie war bewusstlos.«
»Sie ist nicht zum ersten Mal hier. Der Kollege vom Nachtdienst untersuchte sie. Wie fanden Sie ihre Frau?«
»Sie lag zu Hause, als ich kam. Auf dem Teppichboden. Einfach hingefallen.«

»Einige Hämatome, leichte Läsionen. An der rechten Hand, die Fingerspitzen schwarz. Als hätte sie sich verbrannt. Harmlos. Wir nahmen ihr Blut ab und schlossen sie an das EKG-Gerät an. Sie war bis gegen neun Uhr bewusstlos. Vor einer Viertelstunde erwachte sie. Sie wollte weg, bevor ich kam.«
»Wie ist Ihre Diagnose?«
»Sie hat ein paar harmlose Schürfwunden. Dass es eine Commotio cerebri ist, also eine Gehirnerschütterung, schließe ich fast aus. Heute Morgen klagte sie nicht über Kopfschmerzen. Wissen Sie, wo sie sein könnte?«
»Ich denke, sie ist zu Hause.«
»Gehen Sie zu ihr. Ich nehme an, dass sie irgendetwas einnahm. Der Kollege vom Nachtdienst kannte sie bereits. Sonst hätte er auf eine leichte Intoxikation getippt. Sie sollte für ein paar Tage das Bett hüten. Wenn Kopfschmerzen auftreten, muss sie sofort einen Arzt aufsuchen.«
»Sie sprachen davon, dass sie etwas einnahm. Worauf tippen Sie?«
»Ich warte auf den Befund aus dem Labor. Ohne das Ergebnis kann ich nichts sagen. Reden Sie mit ihr.«

∞

»Schön, dich zu sehen, Maike. Komm' herein.«
»Björn rief mich an. Warum bist du verschwunden, Sabine?«
»Ich hatte 'was eingeworfen.« Sofort bekam ihr Idiom diese südhessische Farbe. »Den Vortrag des Arztes kenne ich schon auswendig. Deshalb ging ich, bevor das Blutbild kam.«
»Was ist passiert?«

»Irgendeine verrückte Sache hier im Haus. Ich muss mir das mal durch den Kopf gehen lassen. Jedenfalls fiel der Strom aus. Als ich die Sicherungsautomaten hineindrückte, kam ich irgendwo dran, wo man einen Schlag bekommt. Björn fand mich. Er rief den Notarzt. Die holten mich. Heute Morgen ging es einigermaßen.«
»Wie fühlst du dich?«
»Wackelig. Du siehst: Ich trinke Tee. Willst du 'n Kaffee?«
»Danke, gern.«
»Bist du in Eile?«
»Nein. Eine Kollegin holt mit meinem Auto ein Paket von der Post. Das dauert bestimmt eine halbe Stunde.«
»Du sprachst mit Belda über den Job? Was meint er?«
»Wir kommen miteinander zurecht, denke ich.«
»Traust du dir zu, sofort die Kamera zu übernehmen? Gleich morgen früh? Oder gibt es Dates?«
»Derzeit bloß Termine am Nachmittag.«
»Wie sieht es finanziell aus?«
»Wir vereinbarten achtzig pro Stunde. Für die ersten zwei Wochen. Danach zahlt er hundert.«
»Gut gemacht. Lass dir Vorschuss geben; der kennt das. Dafür legst du morgen los.«
»Kommt natürlich überraschend. Ich benötige Hilfe, zumindest beim Schneiden. Jemand muss mich einweisen mit der Kamera.«
»Was tust du am Nachmittag?«
»Ein Shooting. Bis halb vier.«
»Ich rede mit Belda. Damit du in den Schnittraum kannst. Mit dem Programm kommst du klar. Statt eines Handbuches gibt es kleine Filmchen, sogenannte Tutorials. Dort steht auch die Kamera, zum Ausprobieren. Sony. Die Menüs sind ähnlich wie bei deinen Fotoapparaten. Schau' vorher für zehn Minuten hier vorbei. Ich suche dir ein Buch heraus,

wegen Codes, Containern, Formaten, Standardwerten. Du darfst mich später jederzeit ansprechen. Kannst du von deinen Fotos leben?«

»Während des Volontariats bei euch gewann ich zwei Preise. Seitdem bin ich Freie. Die meisten Bilder lassen sich gut in der Yellowpress platzieren. Oder in dem Journal mit den großen Buchstaben. Mal gibt es Stress, mal ist es ruhig. Wenn wenig los ist, helfe ich bei den Regionalblättern aus. Ich lebe davon. Weil ich eine winzige Mansarde in der Liebfrauenstraße besitze, die keine Miete kostet. Die Büroadresse leiht mir ein befreundeter Privatdetektiv. Für ein Taschengeld. Mir gehts gut – üppig ist anders.«

»Dein Vater. Betrieb der nicht ein Immobilienbüro?«

»Kein gutes Thema. Mein alter Herr wird langsam dement. Zu allem Überfluss macht die Bauchspeicheldrüse ernste Probleme, sodass ich jeden Tag mit dem Schlimmsten rechnen muss. Seine Einlage überschrieb er mir. Juristisch bin ich Geschäftsführerin. Der Laden ist dagegen bankrott – der einzige Geschäftspartner über alle Berge. Ich denke, das verkaufe ich. Seine ehemalige Assistentin ist interessiert. Die hat einen ganzen Sack voll Ideen, den Laden zum Laufen zu bringen, Kunden zu überzeugen, Häuser zu verkaufen. Das ist nicht meine Welt.«

»Das musst du ganz schnell abgeben. Was ist mit Männern?«

»Ich bin Single. Das soll so bleiben.« Die Zeiten, in denen das Wünschen half, waren für Maike längst vorbei.

»Seltsam. Ich fühle mich schnell einsam, wenn niemand da ist. So wie letzte Nacht. Furchtbar. Ich will auf keinen Fall jammern: Uns geht es saugut. Björn und ich pflegen, wie soll ich mich ausdrücken, eine offene Lebenspartnerschaft. Obwohl jeder treiben kann, was er will, sind wir beide davon überzeugt, dass unsere Seelen ganz fest zusammen-

gehören. Bei einem solchen Fundament bleiben zumindest die Wände stehen – selbst bei den verrücktesten Kapriolen.«
»Dir blüht ein besonderes Glück. Björn ist ein Volltreffer. Wo ich hinsehe, bei Freunden oder so, gibt es Probleme mit dem Partner. Eine Freundin wurde von ihrem Mann animiert, es mit seinem Chef zu treiben. Dreißig Jahre älter«, sie verzog das Gesicht, »angeblich fehlt ihm ein Ei, rammelt trotzdem wie ein Kaninchen.«
»Eine Monorchie. Die ist selten. Ich kannte 'mal so einen. Das war in der Zeit des Wilden Westens in den neuen Ländern.«
»Klingt spannend. Erzähl' davon.«
»Keine schöne Story. Ohne happy end. Dauert 'n paar Minuten.«
Maike schaute auf die Uhr: »Mein Ampera ist eh unterwegs.«
»Mai 1990. Dresden. Lass mich nachdenken. Ich war in einer Peepshow. Hör' auf zu lachen. Der Discjockey ein arroganter Schnösel. Eines Abends war ich betrunken. Da fiel er über mich her. Stell dir vor: Kürzlich traf ich ihn. In der Sauna. Erkannte ihn an seiner Monorchie. Da alles verjährt ist, drohte er, mich anzuzeigen, wenn ich darüber spreche.«
»Bei so was packt mich der heilige Zorn.«
»Ich musste sofort 'was einwerfen.« Der Diesel eines SUV war in der Auffahrt zu hören. Sabine grinste verschwörerisch: »Das ist Anja, meine beste Freundin. Du lerntest sie, glaub ich, bei der Performance kennen, am Sonntag. Anja Seffken. Sie versorgt mich mit Kräutern und Naturheilkräften. Boah eh, ich rede zu viel. Verrate ihr auf keinen Fall, was ich dir alles erzählte. Von Gamma weiß sie nichts. Nahm ich ausnahmsweise am Nachmittag.«
»Verstehe.«

»Von wegen. Nichts verstehst du. Mein Mann ist zwanzig Jahre jünger. Wir lieben uns. Ich würde sterben für ihn.«
»Das sagst du ihm ins Gesicht?«
»Ständig. Das ist das Gamma, das dich so euphorisch macht.«
»Ach so. Was hast du in der Nacht eingeworfen?«
»Speed. Ich war fix und alle. Da sehe ich überall weiße Mäuse. Wenn ich Zeit genug hab', rauche ich mich 'runter. Das vergisst du bitte sofort.«
»Versprochen. Wir sehen uns künftig öfter.«
»Komm am Nachmittag. Kaffee, Tee, alles da.«
Es klingelt.

∞

Maike öffnete die Beifahrertür des Ampera. Tina startet den Motor.
»Alles erledigt?«
»Paket ist auf der Rückbank. Danke fürs Autoleihen.«
»Dauerte eh ein paar Minuten. Wir sehen uns selten.«
»Magst du sie?« Tinas Stimme klingt bemüht.
»Sie nahm mich als Volontärin unter ihre mütterlichen Fittiche. Was ich kann, lernte ich bei ihr.«
»Ach die ist das.«
»Was ist Gamma?«
»Das ist ein griechischer Buchstabe, nehme ich an. Ich hatte nie Griechisch.«
»Was könnte damit außerdem gemeint sein?«
»Hm, ‚G', diese Partydroge?«
»Kann sein. Was weißt du darüber?«
»Es gibt einen anderen Namen dafür. So drei Buchstaben. Ich schaue nachher im Internet nach.«
»Raucht man das?«

»Das schluckt man wohl.«
»Wie wirkt es?«
»Man nennt die Tabletten feeling-goods. Wenn du abfährst, ist das so ähnlich, wie wenn du betrunken bist – allerdings bleibst du einigermaßen klar. Das Zeug vernebelt dein Hirn weniger als der Alkohol. Du bist richtig gut drauf. Kannst stundenlang tanzen – weil es vor allem körperlich wirkt. Die Muskeln entspannen sich. Man lässt sich gern anfassen – fasst gern an. Du strahlst. Streicheln, klar. Selbstverständlich geht es um Sex. Dafür nimmt man es letztendlich. Alles ist intensiver.«
»Sollte ich das einmal kosten?«
»Lass die Finger davon.«
»Du hast das schon mal probiert?«
»Hm, ja, ist länger her.«
»Warum sollte ich es lassen?«
»Erst bist du wie verwandelt. Alles läuft außerordentlich schön. Später liegst du wach, weil die Pumpe geht. Wenn das nachlässt, bist du mindestens zwölf Stunden wie tot. Am nächsten Abend schiebst du einen Affen, das heißt: Du bist völlig fertig. Du möchtest jedoch wieder Spaß. Darum nimmst du es ein weiteres Mal. Für die gleiche Ekstase fordert dein Körper dann eine höhere Dosis. So beginnt die Sucht.«
»Du kennst dich aus. Super. Du bist engagiert. Als Drogenberaterin. Stell dir vor du nimmst das, weil du einen Wahnsinnstyp ins Bett bekommst. Am nächsten Tag musst du früh 'raus. Was tust du da?«
»Da gibt es verschiedene Wege. Starken Kaffee zum Beispiel. Damit fühlst du dich allerdings ausgelaugt, nach so einer Nacht. Üblicherweise nehmen solche Leute Speed oder Pep. Das schnupfst du. Schon bis du auf dem Damm. Es gibt sogar Pillen. Die führen den schönen Namen ‚Weckamine'.«

»Damit ist alles gut?«
»Von wegen. Kommt drauf an. Manchmal ist dir speiübel. Das Herz schlägt dir bis ins Hirn. Du kannst an nichts anderes denken. Manche versuchen, sich 'runter zu rauchen, mit Gras oder so. Das sind die harmloseren Varianten. Andere bekommen einen Kreislaufkollaps. Oder keine Luft. Was weiß ich – lass' es.«
»Sieht man dir das an?«
»Normalerweise führt das Gamma zu auffällig großen Pupillen. Wenigstens, solange du abfährst. Frauen, die Weckamine nehmen, sind meistens auffallend dünn, weil du durch die Pillen keinen Appetit hast.«
»Okay. Danke für die Nachhilfe. Der Ausdruck ist mir bei einer Recherche untergekommen.«
»Recherchier' bitte 'was Netteres?«

∞

Als Erstes schaltete Tina die Kaffeemaschine ein; der Chef war unterwegs. »Wie war dein Einstand als Kamerafrau?«
»Ich hab' mich dort erst vorgestellt. Morgen fange ich an. Mit ist nach einer Zigarette.«
»Lass uns vor die Tür gehen.«
»Wie kommt es, dass du löten kannst, Tina?«
»Schon mit vierzehn, nahm ich alle verfügbaren Apparate auseinander, weil ich wissen wollte, was da drin passiert. Ich interessierte mich für Elektronik. Meine Mutter schenkte mir einen Radio-Baukasten. Ich war neugierig, wieso dort Strom ist oder Widerstand, wie ein Schwingkreis arbeitet oder ein Generator. Deshalb lötete ich mir so Sachen zusammen; Netzteile, Tongeneratoren, Kleinrechner, Vorverstärker.«

»Übrigens: Es ist noch früh. Arbeitest du neuerdings ganztags?«
»Nein. Ich arbeite ausnahmsweise am Vormittag. Dafür gehe ich früher, weil ich etwas erledigen muss.«
»Guten Tag.« Achim war mit dem Auto gekommen.
»Sie steht bereits morgen an der Video-Kamera. Erzähl', Maike.«
»Für ein Greenhorn läuft das gut an. Meine Vorgängerin ist krank geworden. Morgen früh arbeite ich zum ersten Mal für Belda Productions.« Sie stellt in groben Zügen das Film-Projekt vor. »Nebenbei: Was ist mit Bianca Schellfisch?«
»Sie ist zu schmal. Die Person auf dem Video ist kräftiger, wesentlich kräftiger. Wo willst du hin, Maike?«
»Ich fahre kurz nach Hause.« Sie dachte nach. Das Gesicht der Frau auf dem Video. Das war ihr völlig aus dem Gedächtnis gerutscht. Achim musste die Kopie der Polizei zuspielen. »Ich werfe Tina eine silberne Scheibe mit einer Video-Datei in den Briefkasten. Die CD ist für dich. Sagte ich bereits, glaube ich. Damit nahm ich versehentlich am Samstag an der Alten Oper ein Verbrechen auf. Gib sie an deinen Freund Baurhenne weiter. Ohne mich zu erwähnen, okay? Es ist wichtig.«
»Wird gemacht. Ich muss am Nachmittag jemanden beschatten. Am Abend bin ich für ein, zwei Stunden hier. Was machst du am Abend, Maike?«
»Am Nachmittag wartet ein Shooting. Anschließend versuche ich, mich in den Video-Schnitt einzuarbeiten. Ich melde mich.«

∞

Zehn Minuten später fuhr Maike den Rechner hoch. Neben ihr stand eine Flasche Eistee. Keine private Nachricht bei

OkCupid. Bei den anderen Partnerbörsen kamen täglich mehrere Anfragen.
Vielleicht war ihr Wunsch-Profil zu speziell geraten. Unbewusst gab sie alle Eigenschaften an, die sie an Björn mochte. Interessanterweise bevor sie ihn näher kannte.
Wenn sie ehrlich war, wünschte sie sich so einen Mann. Ohne Kompromisse. Sex sollte nie im Vordergrund stehen. Andererseits: Guter Sex würde ihr auch mal wieder guttun. Der Besuch bei André Kirkel war in dieser Hinsicht ein Schlag ins Wasser.
Körperlich war es vor sechs Wochen mit FloPo gut gelaufen. Maike möchte sich hingegen zusätzlich unterhalten mit einem Partner. Da war sie bei FloPo falsch. Aber bei Kirkel erst recht.
Maike nahm die CDs mit den Video-Dateien. Sie beschriftete beide mit dem Namen Lucida Raffaela. Eine gehörte in das Backup zu Beatrice. Die andere würde sie Tina in den Briefkasten werfen. Unabhängig davon wollte sie sich den Gedanken an das Gesicht dieser Frau auf dem Video aus dem Kopf schlagen. Ebenso diesen entsetzlichen Jonathan B, oder wie der hieß. Zuerst musste sie sich um die Oberbürgermeisterkandidatin kümmern. Maike griff zum Telefon.
Da kam eine SMS von Achim. Als sie gegangen war, fand er in der Post einen braunen Umschlag für Maike. Er werfe ihn in der nächsten Stunde bei ihr ein.
Maike tippte am Computer eine SMS an Tina.
‚Wenn ich auf der anderen Seite der Liebfrauenstraße einen Briefschlitz mit dem Namen Tina Birkenbinder finde, schiebe ich eine CD hinein. Sie soll zu Achim. Versehentlich ist ein Verbrechen videografiert worden, mit dem ich nichts zu tun haben will. Es geht um eine Lucida Raffaela. Genaueres ist mir nicht bekannt. Niemand darf von den Aufnahmen erfahren.'

Senden? Enter.
Sie lief auf die andere Straßenseite, wo sie die CD bei Tina einwarf.
Als Maike ihr Schlafzimmer betrat, schlug es Mittag. Sie legte ab, schaltete das Handy aus, ging ins Bad. Eine ganze Weile stellte sie sich unter den warmen Brausekopf. Maike zog einen Bademantel an. Neben ihrem Bett lagen Kopfhörer bereit. Die Musik tat ihr gut. Erdbeerfelder. Sie ließ sich fallen. Es lebte sich leicht, mit geschlossenen Augen. Zwar erschien alles real, doch niemand brauchte zu verzweifeln. Es spielte keine Rolle, wo sich gerade oben oder unten befand. Sie vermutete, dass sie erkannte, wenn sie träumte. Wer wusste das denn wirklich?
Selbst im Traum folgte sie einer Möbiusschleife. Endlos weiter bewegte sie sich, ohne jemals einen Ausgang zu finden.
Nach einer Stunde wachte sie auf. Maike fühlte sich wie neu geboren. Die Kaffeemaschine produzierte einen Americano.

∞

»Das könnte dich interessieren, Jonas. Ich fing soeben eine SMS ab. Da wird eine Tina Birkenbinder in der Liebfrauenstraße informiert, dass sie eine CD in ihrem Briefkasten findet. Auf dieser CD sei ein Verbrechen an einer gewissen Lucida Raffaela per Video zu sehen. Die Absenderin wolle damit nichts zu tun haben.«
»Danke für die Info, Flo. Ich muss noch mal in die Redaktion. Anschließend kümmer' ich mich um die CD.«

Routiniert traf Maike Mainwald mit der halbgerauchten Zigarette den Abfluss im Rinnstein. Aus dem Kofferraum griff sie sich eine Umhängetasche sowie einen länglichen Beutel, der aussah, als enthalte er einen Golfschläger oder eine Waffe. Es war kurz vor zwei. Trotz der frühsommerlichen Wärme trug sie ihren Anorak über den Jeans.
Der Geschäftsführer des Autohauses erwartete sie im Seiteneingang.
»Alles ist streng vertraulich, Frau Mainwald. Honorarsatz wie beim letzten Mal. Es muss aussehen, wie ein Schnappschuss. Falls es Ihnen gelingt, ein Foto über Ihre Kanäle in die Presse zu bringen: Für jeden Abdruck in einer öffentlichen Publikation fakturieren Sie uns einen doppelten Honorarsatz. Wir erhalten nach zwei Monaten die exklusiven Publikationsrechte.«
»So ist es vereinbart. Ist das Model da?«
»Mit einem Koffer voller Mode. Einen Assistenten hat sie ebenfalls dabei. Dort drüben in der Halle sind Sie unter sich. Riesige Fenster nach Westen, wie gewünscht. Ich zeige Ihnen den Wagen, auf den es ankommt. Wenn Sie ihn bewegen wollen, rufen Sie mich an. Seien Sie um Gottes Willen vorsichtig, der ist nagelneu. Die Tür zu der Halle schließe ich ab. Brauchen Sie sonst etwas?«
»Ich denke, es ist alles da.«
»Wie viel Zeit benötigen Sie?«
Maike setzte die Tasche ab. Die Jacke legte sie auf einen Stuhl. Darunter kam ein schwarzes Polo-Shirt zum Vorschein. »Ein bis zwei Stunden. Wenn ich fertig bin, rufe ich Sie an.« Sie legte das I-Phone auf den Anorak.
Der Geschäftsführer verließ den Raum.
»Guten Tag. Ich bin Cora Just. Zu allem bereit. Ich glaube, dass wir uns gestern bei einer Video-Produktion trafen.«
»Stimmt, wir kennen uns.«

»Stehst du morgen früh an der Kamera.«
»Ja. Sabine fällt vorläufig aus. Sie ist krank.«
»Die Aktion am Samstag war ein Erfolg. Danke. Das ist Julian Kleebohm, ein Kollege. Er war am Samstag dabei. Diesmal assistiert er mir. Kommt da eine Blitzlichtanlage?«
»Nein. Es bleibt sonnig. Das Licht durch die Fenster muss reichen. Hier ist ein großer Durchlichtschirm. Den hält Julian. Es soll aussehen wie Schnappschüsse. Macht ihr öfter Jobs zusammen?«
»Häufig. Wir mögen uns, aber wir haben nichts miteinander. Also: Sex nur, wenn es sich auszahlt.« Alle lachten. »Was steht an?«
»Wir schießen mindestens einen Eyecatcher, einen Hingucker. Dazu probieren wir verschiedene Sachen. Trägst du enge Unterwäsche?«
»Nein. Vor einem Foto-Shooting trage ich unter dem Kleid no underwear. Allerdings habe ich alles dabei.«
»Schön. Am besten, du zeigst mir erst einmal, was in deinem Rollkoffer ist.«
Julian legte den Koffer auf einen Tisch.

∞

Es war kurz vor zwei im Büro des Chefredakteurs.
»Auf dich wartet eine delikate Sache, Jonas. Ist der Wagen bereit?«
»Alles klar, Bodo. Wo soll es hingehen?«
»Ich bin auf ein illegales Spielcasino aufmerksam gemacht worden.«
»Willst du zocken?«
»Ich will sehen, ob sich daraus eine Geschichte für unser Blatt schmieden lässt.«
»Wie lange wird es dauern?«

»Wir fahren gleich los. Ich werde um fünfzehn Uhr dort erwartet. Wahrscheinlich werde ich eine knappe Stunde bleiben. Am besten, du stehst um Punkt vier dort, wo du mich absetzt.«
»Selbstverständlich, Bodo. Funktionieren die Thermometer?«
»Wunderbar.« Er griff nach seiner Geldbörse. »Hier ist die Provision. Dreihundert. Wie vereinbart. Weil ich durch deine Hilfe weniger bezahlt habe. «
»Danke, Bodo.«

∞

»Ich bitte, das Spiel zu machen.« Die Croupière drehte den Kessel.
André Kirkel saß an der Seite. Er schob einem der Tischcroupiers drei Hunderter-Chips hin. »Transversale 19 bis 21, 22 bis 24, 28 bis 30«, annoncierte er.
»Nichts geht mehr.«
Spielbanken waren seit vier Wochen geschlossen. Dieses Kasino befand sich im Keller einer Lagerhalle in der Kirschenallee. Hinein kam ausschließlich, wer von anderen Mitgliedern vorgeschlagen wurde.
Der Tisch-Croupier hinderte einen Gast daran, weitere Jetons auf das Tableau zu schieben.
Der Kessel stand still. Die Kugel rollte noch einige Runden. Dann blieb sie liegen.
»Zero. Die einfachen Chancen werden gesperrt.«
André Kirkel wischte sich über die Stirn.
Alle hatten verloren. Fast alle.
Gegenüber saß ein Mann mit schütterem Haar. Er trug eine schwere Rolex am linken Arm. Mit einer Rose im Armband. André Kirkel beobachtete ihn. An der anderen Hand trug er

einen Siegelring. Einer der Croupiers gab dem Mann Jetons im Wert von eintausendsiebenhundertfünfzig Euro. Dazu einen Fünfzig-Euro-Chip. Der lag auf der Zero.

Ungerührt warf die Croupière den Kessel an. »Machen Sie Ihr Spiel.«

In aller Ruhe schob der Gewinner den Fünfziger zurück auf die Zero. Sein Siegelring zeigte eine Rose.

André sollte warten. Nach den Regeln seines Systems pausierte er, nachdem die Zero gefallen war. Seine Angriffsstrategie bestand darin, auf die drei Querreihen zu setzen, in denen zuletzt Zahlen getroffen wurden. Er warf einen Blick auf die Permanenzen, die auf einer Tafel an der Wand standen. Zuletzt fielen die 19, die 23, die 30. Danach die Null.

An seinem System würde es schwerlich liegen. Erstens, weil er bei einem Mathematiker in Budapest viel Geld dafür bezahlt hatte. Zweitens, weil er es Anfang der Woche mit Zehner-Chips ausprobierte. Er gewann ständig. Diesmal spielte er mit ‚Louis'– Chips zu zwanzig Euro. Sein erster Angriff brachte ihm 220 Euro. Wie erwartet.

Nach diesem Gewinn ritt ihn der Teufel. Er setzte auf jede der Querreihen einen Hunderter-Chip. Damit verstieß er gegen seine eigene Regel. Der Zockergott verließ ihn; seitdem gewann er kein Stück.

»Ich bitte das Spiel zu machen.« Die Croupière warf die Kugel in den Kessel, drehte ihn jedoch weiter.

Beherzt annoncierte André erneut: »Transversale 19 bis 21, 22 bis 24, 28 bis 30.«

Der Croupier lächelte ihm zu, als er die Hunderter-Chips in Empfang nahm. Sobald er gesetzt hatte, rief die Croupière: »Nichts geht mehr.«

Das war sein letztes Geld. Der neue Teilhaber in Luxemburg war abgesprungen. ‚Mein Notgroschen', schoss es ihm durch den Kopf, ‚ich muss, muss, muss gewinnen.'

Nach wenigen Sekunden stand der Kessel still. Die Kugel hüpfte hin und her, bis sie endlich lag.
»Zero.« Die Croupière dehnte das ‚e' ein wenig. Alle hielten den Atem an. »Die einfachen Chancen werden gesperrt. Die Gesperrten werden doppelt gesperrt.«
Erneut bildeten sich auf André Kirkels Stirn ein paar Tropfen.
Auf der anderen Seite des Tisches wurden Chips für eintausendsiebenhundertfünfzig Euro aufgetürmt.
André Kirkel blickte dem Mann ins Gesicht. Grinsend streckte er den Daumen nach oben, schob seinen Block in die Tasche, nickte seinem Gegenüber zu: »Genug. Es reicht mir für heute.« André Kirkel stand auf.
Alles verloren.

∞

Sabine machte einen aufgeräumten Eindruck. »Ich bin schon so weit gesund. Wo kommst du her?«
»Fotos in einem Autosalon. Cora Just, der man beim Aufschließen in die Bluse sieht, sodass eine Brustwarze zu sehen ist. Außerdem ist sie beim Einsteigen so tollpatschig, dass man ihr unter den Rock schauen kann. Creative product placement für den Boulevard. Die Bilder findest du dort auf Seite eins unter dem Bruch.«
»Gut gemacht. Hier ist ein aktuelles Video-Buch.«
»Danke. Ich fahr gleich los.«
»Schalte dein Diktiergerät ein?«
»In meinem Handy gibt es eine Aufnahmefunktion.«
»Nimm auf.«
»Läuft«
»Belda weiß, dass du kommst. Er ist da. Du drehst ab morgen. Hier ist der Schlüssel für den Schnittraum. Für

technische Fragen wende dich ab morgen an Kim. Die ist fit. Kennt die Kamera. Merke dir fürs Erste: Blende fünf-sechs, ein Sechzigstel, Iso vierhundert. An der Kamera ist das Format 4K auf mp4 eingestellt, 30 Bilder in der Sekunde. Beldas Standard. Der Schnitt ist weitgehend selbsterklärend. Darum wirst du dich gleich schon mal kümmern. Ich machte das nachts. Der Schnittraum ist bei Belda. Er zeigt dir die Kamera, wie du alles hochfährst, wo du die Tutorials findest. In zwei, drei Stunden kannst du das. Die Zusammenarbeit mit Beldas Leuten ist dagegen kitzlig. Komm' am Abend zu mir. Am besten im Anschluss daran. Kannst ausschalten.«
»Du hast telefoniert. Was meint Belda?«
»Du bist geeignet, wie keine andere. Die Video-Arbeit am Vormittag wird dir gefallen – daneben machst du deine normalen Jobs.«
»Nett von dir. Obwohl du weißt, dass ich mir das Video-Knowhow zum größten Teil erst erarbeiten muss. Wie ist es dir inzwischen ergangen?«
»Ich flog 'raus bei der Ostmainpresse. Kurz nachdem du weg warst. Zu Recht. Hab' den Lover vom Chef ins Bett gezogen. Seit diesem Zeitpunkt bin ich Freie. Das war erst mal hamnerhart. Zum Glück soff mein Paps sich tot – er vererbte mir zwei Häuser. Eines verkaufte ich gleich.«
»Ich wunderte mich schon über das große Haus. So gut wie 'ne Villa.«
»Schau vorbei, wenn du bei Belda fertig bist.«
»Ich komme am Abend. Erzähl mir kurz, was sonst wichtig ist.«
»Sorge für Routine im Schneiden. Weißt du bereits. Damit du es so hinbekommst, wie Belda sich das vorstellt. Weich einblenden, harte Schnitte, keine Szene unter dreißig Sekunden, weiche Text-Übergänge, steht alles im Drehbuch.

Schau dir Videos meiner Produktion an. Lass dir von Kim helfen. Belda bezahlt ihr das extra. Beldas Büro ist in diesem Bordell; dasselbe gilt für den Schnittraum. Das Bordell tangiert dich nicht. Ist im Moment eh zu. Wenn ich 'mal einen Gast traf, sagte ich einfach ‚Guten Tag Herr Baron' oder ‚Grüß Gott Herr Graf'.« Sie strahlt. »So viel Charme geht freilich schon mal ins Auge.«
»Wie meinst du das?«
Sie erzählte von dem Grafen sowie Joy, die ihm seine Visitenkarten klaute.
Beide lachten.
»Du bist doch mobil, oder?«
»Ich besitze einen Ampera.«
»Gut. Dass Belda dort ‚on location' arbeitet, ist eine Ausnahme. Weil das Etablissement Corona-bedingt geschlossen ist. Normalerweise sind die Drehorte über den Umkreis verteilt. Dauert höchstens bis Ende der Woche in diesem Klub. Das Haus mit dem ‚Broadway' gehört Beldas bestem Freund Andreas Kersmüller. Hast du am Sonntagabend beim Abbauen getroffen. Steht meistens hinter der Theke, bei den Aufnahmen. Ist mit Anja verheiratet. Kennst du schon. Anja begleitet mein Cello-Geschrummse auf ihrem Akkordeon. Sie studierte Musik. Außerdem Kunst. Wir sind ein Duo. Dazu ist sie Malerin. Deshalb sucht sie ständig Galerien. Die ‚Barmädchen', wie Belda sie nennt, sind freie Unternehmerinnen; sie mieten sich bei Andreas ein. Die Statisten für Belda mimen sie für einen Drink. Für die Aufnahmen kommen sie gern. In der Branche ist momentan der Hund verfroren.«
»Das ist alles legal?«
»Wenn kein Shutdown ist, betreibt Andreas Kersmüller dort ein Wellness-Etablissement. Was da im Einzelnen passiert, zum Beispiel in den Zimmern, darf ihn keinesfalls

interessieren. Ebenso wenig das Gewerbeamt. Für dessen Mitarbeiter organisiert er gelegentlich mit den Tischdamen einen Tabledance-Abend.«
»Was Belda mir erzählte, hört sich gut an.«
»Du passt ins Team. Bisher war unsere Hauptdarstellerin eine Luisa. Die ist Hausmädchen bei Kersmüllers. Hast du bei der Performance gesehen, am Sonntag. Seit Dienstag in der Klinik. Blinddarm. Wir drehen nun mit ihrer Freundin Cora Just. Kam in der Nacht mit dem Flieger aus Berlin.«
»Kenne ich schon.«
»Nachher erkläre ich dir die Sachen in Ruhe. Inklusive dieser privaten Eskapaden.«

∞

Tina hatte sich in einer Pizzeria in der Gardistenstraße Gnocchi in Gorgonzola-Soße geholt. Ihre Tür war angelehnt, sodass Tina sie mit der Schulter aufdrücken konnte. Unversehens wurde alles schwarz.
Jemand stülpte ihr eine Stofftasche über den Kopf.
Dieser Jemand nahm ihr gerade die Aluschale mit dem Essen aus der Hand.
»Hände unten lassen.«
Er drückte ihr etwas Hartes in den Rücken. Es fühlte sich an, wie eine Pistole. Sie spürte einen Stuhl an ihren Waden.
»Setzen.«
Tinas Hände wurden hinter der Rückenlehne zusammengebunden. Ihren rechten Fuß befestigte er am Tischbein.
Sie hatte das Gefühl, dass ihre Räume durchsucht wurden. Tina zwang sich zur Ruhe; sie besaß keine Wertsachen.
Er betastete ihren Nacken, den Hals, den Oberkörper. An ihrem Rücken wurde das T-Shirt hochgeschoben, der BH geöffnet. Sie roch ein Parfüm, irgendetwas mit Lavendel oder

Jasmin. Zwei Hände kneteten unter dem T-Shirt ihre Brüste.
Sekunden. Minuten. Endlich zog er seine Hände zurück.
Tina blieb mucksmäuschenstill.
Sie schwitzte.
Geräusche.
Verschwand er gerade durch die Tür?
»Sind Sie hier?«
Keine Antwort.
Tina riss an den Fesseln.
Der Fuß saß fest.
Endlich gelang es ihr, den rechten Arm herauszuziehen.
Sie rief Achim an.

∞

Der Videoschnitt war unkompliziert. Nach kurzer Zeit bekam sie Routine. Als Maike in den Ampera stieg, war es halb sieben.
Den Briefumschlag, den Achim ihr brachte, öffnete Maike erst oben.
Eigenartig. Vier großformatige Fotos, auf denen man den Schaukasten eines Striptease-Lokales sah. Ein Schild verkündete: ‚Bei uns sogar im Winter – vorwiegend heiß'. Die Bilder trugen ein Datum: vor über einem halben Jahr aufgenommen. Eines der Bilder zeigte die ganze Häuserfront. Groß leuchteten Buchstaben vom Dach: 1001 Nacht. Maike Mainwald wusste sofort, dass es sich um einen ganz bestimmten Nachtklub in Frankfurt handelte.
Der Umschlag enthielt keine weiteren Hinweise. Maike nahm eine Lupe aus der Schreibtischschublade. Auf mehreren Bildern in dem Schaukasten stand ‚Natalia Anja Kalinka' – sicher ein Künstlername. Maike schaute sich das Gesicht genauer an: Die Tänzerin mit den vielen Federn sah aus wie

Nathalie Kleinkorn, die aus dem Nichts entsprungene frischgebackene Ehefrau des Kulturstaatsministers.
Waren es politische Gegner oder Neider aus seiner eigenen Partei? Jedenfalls machten sie keine Urheberrechte geltend.
Maike überlegte sich, alle Aufnahmen einzuscannen, um sie anschließend ganz leicht zu verzerren – so, als ob ein Anfänger die Kamera verkippt hätte. Marion vollführte sicher einen Freudentanz. Unabhängig davon, ob weitere Recherchen nötig waren. Damit würde Maike sich morgen beschäftigen.
Ihr Telefon vibrierte.
Eine SMS von Achim: Ein Mann überfiel Tina.
Drei Minuten später stand Maike in Tinas Wohnzimmer.
Tina erzählte ihr, was passiert ist.
Der Einbrecher war durch die angelehnte Tür hereingehuscht.
Das alles sagte sie schon zwei Polizisten, die Achim rief. Ein Medizinmann untersuchte sie. Alle trugen Schutzmasken.
Offenbar war Tina unverletzt.
Der Einbrecher nahm lediglich ihr Portemonnaie mit.
Die Polizisten kümmerten sich freundlicherweise darum, die Bankkarte sperren zu lassen.
Sobald die Tür sich hinter dem Arzt schloss, öffnete Tina den Kühlschrank. Sie ergriff eine Flasche Bols Genever. Achim fand passende Gläser. Tina schenkte ihnen ein.
»Prost ihr beiden.«
Tinas Telefon meldete sich. Ein Polizist fand ihre Geldbörse. Das Geld war entnommen. Sonst schien alles da zu sein.
»Wie viel war denn drin, Tina?«
»Zweihundert. Habe ich heute am Automaten gezogen. Das tut weh, aber es lässt sich ersetzen.«
»Puh, gerade mal gut gegangen, Tina.«
Tina stutzte: »Die CD ist verschwunden.«

»Welche CD?«

»Die in meinem Briefkasten, Maike. Die mit dem seltsamen Namen drauf. Ich holte sie sofort. Sie lag hier auf dem Tisch.«

»Bist du sicher, dass sie nicht woanders liegt?«

Tina ging kurz durch die Wohnung. »Nichts. Sie ist weg.«

Maike hob ihr Glas. Sie stieß mit den anderen beiden an, trank aus, stellte das Glas auf die Tischplatte, hielt es fest. Nachdenklich murmelte sie: »Das war der Mörder. Der Mörder von Lucida.«

Beide stürmten auf sie ein, bis sie ihnen die ganze Geschichte erzählte.

Achim fasste sich als erster: »Der Täter müsste irgendwie erfahren haben, dass diese Scheibe bei Tina liegt. Wem hast du das verraten? Wusste das jemand, außer uns beiden?«

»Niemand sonst.«

Tina murmelte zögernd: »Ob jemand dein Telefon überwacht, Maike? Es gibt Spähprogramme, die alles weitergeben, was mit dem Telefon passiert.«

»Ich schrieb die SMS auf meinem Computer, zu Hause. Die SMS auf dem Handy muss ich bezahlen.«

»Möglicherweise ist dein Rechner von einem Trojaner befallen.«

»Ich ließ erst kürzlich den Computer neu aufsetzen.«

»Hast du eine Kopie der Datei?«

»Ja, bei den Backups.«

»Die muss sofort zur Polizei.« Achim griff in seine Tasche: »Ich gehe mal 'runter. Die guten Ideen kommen mir meistens bei einer Zigarette.«

»Ich bleibe bei Tina.«

Tina versuchte, das Thema zu wechseln: »Wie war dein Einsatz am Nachmittag?«

»Unspektakulär. Eine neue Luxus-Limousine. Ich lichtete ein hübsches Model damit ab. Dabei zeigte es versehentlich ein bisschen Haut. Das Honorar ist ordentlich. Wenn ich das Bild als Paparazzi-Aufnahme irgendwo unterbringe, erhöht es sich.«
»Du schaffst das.«
»Glücklicherweise hilft mir eine eloquente Kollegin. Sie versucht, Redaktionen davon zu überzeugen, dass es sich um einen Schnappschuss handelt, den die Aufgenommene um alles in der Welt vernichtet wissen möchte. Da Cora Just, so heißt sie, als Nachwuchs-Star eine Person des öffentlichen Lebens ist, muss sie das juristisch dulden.«
»Was sind das für Bilder?«
»Upskirt, Downblouse, Polieren im Tanga-Slip, solche Sachen. Hauptsache Sex. Sauberer Sex.«
»Ist sie prominent?«
»Sie war schon im Fernsehen. Unter anderem in der Endrunde von DSDS.«
»Deutschland sucht den Superstar.«
»Sie singt nämlich.«
»Denk' ich mir.«
Auf dem Nachhauseweg versuchte sie, die Bilder aus dem Video zu verdrängen.
Achim ließ sich die andere CD geben, bevor er losfuhr.
Was ging sie das alles an? Maike würde sich frisch machen. Danach wartete Sabine auf sie.

»Cooler Abend gestern, Jonas. Können wir gern wiederholen.«
»Einem guten Deal gehe ich nie aus dem Weg. Keine Sorge, Flo. Allerdings ein Super-Sonderangebot. Die war mir einen

Gefallen schuldig. Vor Corona war so etwas nicht unter tausend zu haben.«
»Muss ja nicht ganz so extrem sein. Sprich mich an. Kann ohne Weiteres hier stattfinden. Ich hänge die Tür aus. Du kennst die Schellen im Türrahmen?«
Jonas ging zur Tür. »Deine Ösen sind richtig stabil.« Er hängte sich mit zwei Fingern kurz in den Türrahmen. »Zum Aufhängen wie zum Auspeitschen. Wann willst du solche Ringe bei mir montieren?«
»Sobald ich Luft holen kann. Du wolltest mit Sabine reden.«
»Der habe ich ordentlich eingeheizt. Sieht Gespenster. Reif für die Klapse. War gestern Abend dort. Da ist Ruhe im Karton.«
»Das sehe ich anders. Sabine droht mir in einer SMS, jedenfalls so gut wie.«
»Dafug. Die Sabine nehm' ich mir zur Brust. Ich kümmer' mich gleich. Keine Sorge, bloß mit ihr reden. Außerdem hab' ich dir die CD geangelt.«
»Das ging ohne Gewalt?«
»Piss dir nicht auf 'n Sack. Hier ist sie. Mach sie unbrauchbar. Da wir gerade dabei sind: Tina Birkenbinder. Sieht voll koitabel aus. Macht es auf keinsten für 'n Cheeseburger. Das Vögelchen war kurz ausgeflogen. Die Tür ließ sie offen. War total easy.«
»Super. Danke. Ich entsorge die CD.«
»Hat die Foto-Schlampe mich in der SMS erwähnt?«
»Wieso? Kennt sie dich?«
»Brennst du? Wie denn? Was steht in der SMS?«
»Moment, ich schaue in den Rechner. Hier steht wörtlich: Versehentlich ist ein Verbrechen videografiert worden, mit dem ich nichts zu tun haben möchte. Es geht um eine Lucida Raffaela.«
»Ich besuche Sabine. Bis später.«

Er wartete, bis der andere gegangen war. Dann nahm er die CD, legte sie in eine Jiffytüte und beschriftete sie sorgfältig mit ‚Lucida und ihr Mörder Jonathan B'. Den Anhänger mit dem Antoniuskreuz an dem gerissenen Kettchen schob er ebenfalls hinein.

∞

Maike drückte die Hoftorklingel. Ihr elektronischer Ton war bis hierher zu hören. Es war ein charakteristischer Lauf aus ‚Hey Joe'. Jemand bewegte sich neben dem Gebäude. Flink kletterte eine dunkle Gestalt über die rückwärtige Hecke des Gartens.
Die Kamera unter der Jacke; Maike riss sie hoch. Zu spät.
Maike sprang über das Hoftor. Bevor sie das Ende des Grundstücks erreichte, heulte ein Dieselmotor auf. Die Rücklichter entfernten sich schnell.
Sie rief Sabine an.
Freizeichen.
Das Haus lag im Dunkeln.
Achim rief an.
»Stehe vor deiner Tür in der Liebfrauenstraße. Ich wollte gerade zu dir.«
»Es ist etwas passiert. Komm sofort in die Hobrechtstraße.«
»Bleib' wo du bist. Ich bin gleich da.«
Es war totenstill.
Sie klingelte erneut.
Auf dem Display ihrer kleinen Kamera sah sie das Heck des losfahrenden Autos. Das Nummernschild war zu klein bei dem kurzen Objektiv. Verrissen war es außerdem. Sie machte eine Handvoll Bilder, keines war scharf.
Endlich näherte sich der typische Klang eines Nissan Juke.
Maike erzählte ihm, was hier los war.

Achim Halbfuß reichte ihr zwei Wegwerfhandschuhe.
Er probierte verschiedene Schlüssel aus. Endlich sprang das Hoftor auf.
»Wenn jemand fragt, behaupten wir: Das Hoftor war offen.«
Achim hielt sich stets an die Gesetze. Von dieser Seite lernte sie ihn zum ersten Mal kennen.
Die Haustür an der Seite besaß ein solides Schloss. Unten war hinter dem Haus eine Terrasse. Die Tür war angelehnt. Innen war es dunkel.
Achim schaltete eine Stablampe ein.
Vor ihnen. Eine Frau auf dem Bauch. Den Kopf zur Seite gedreht. In einer riesigen Blutlache.
Neben ihr eine Waffe.
Es war Sabine Klaarens.
Achim rief die Polizei.
»Hast du jemand gesehen, als du herkamst, Maike?«
»Ja. Ich war in Schockstarre. Er ist hinten über die Hecke geklettert. Der trug so einen Hut. Ich hörte, wie er wegfuhr. Zum Fotografieren war es zu weit, im Übrigen zu dunkel. Außerdem ist alles verwackelt.«
Blaulicht näherte sich. Der Rettungswagen. Dahinter der Notarzt. Achim klärte ihn auf. Mit einem Koffer rannte er hinein.
»Übrigens wartet im Auto Bianca Schellfisch.«
»Ist sie draußen? Wieso ist sie bei dir?«
»Sie klingelte gerade an deiner Tür, als ich kam. Da brachte ich sie mit.«
Maike erkannte einen Anruf von Tina auf ihrem Display.

∞

Eine halbe Stunde später saß Maike mit Bianca und Achim in seinem Büro. Sie legte das Telefon auf die

Schreibtischplatte. »Björn war das. Ihr Mann. Schuss in den Kopf. Kein Befund. Notoperation. Noch lebt sie. Die Chancen stehen fifty-fifty. Er ist im Klinikum. Ruft an, sobald er Neues weiß.«

Vor ihnen standen Bierflaschen. »In jedem Fall haben wir es mit einem gedrungenen Mann zu tun, der einen sogenannten Trilby-Hut trägt. Er fährt einen Mercedes. So ganz unter uns: Ich tippe auf Herrn von Zuffen, den mit dem schütteren Haar. Der besitzt einen Diesel, oder?«

»Bodo von Zuffen. Der Chef meines Mannes? Dem traue ich jede Schweinerei zu. Das hätte ich der Polizei flüstern müssen.«

Achim mischte sich ein: »Ihr seid mir da zu schnell mit dem Verdacht.«

»Wie war's überhaupt bei der Polizei, Bianca?«

»Die Zeit dort verbrachte ich vor allem mit Warten. Die verhörten mich. Es war schnell klar, dass ich viel dünner bin als die Person auf dem Überwachungsfilm. Ich gab zu, dass ich am Kiosk einen Flachmann trank. Das wurde überprüft. Dann gaben sie Ruhe.«

Achim stand auf: »Ich hol' eine Schachtel Zigaretten aus dem Auto.«

Als die Tür geschlossen war, fragte Maike: »Du behauptest, der hat bloß einen Hoden?«

»On point. Ein Einei.«

»Die, ähm, eine andere Freundin von mir, die hat vor Jahren so ein Typ abgefüllt.«

»Im Suff weggecockt. Womöglich mit Gewalt. Das ist Bodo-Fikkinator.«

Achim öffnete die Tür.

Maike stellte die Flasche hin: »Da fällt mir ein, was Sabine mir über einen Freier im ‚Broadway erzählte.« Sie erwähnte

Sabines Verdacht, im ‚Broadway' einen verkleideten Gast erkannt zu haben.

»Boah äh, Bodo von Zuffen. Der verkleidet sich manchmal für Undercover-Reportagen mit Perücke und einer dicken Fünfzigerjahre-Brille.«

»Das erscheint mir alles weit hergeholt. Trotzdem informiere ich Baurhenne. Darf ich davon ausgehen, dass unsere Erkenntnisse in diesem Raum bleiben?«

»Selbstverständlich, Herr Halbfuß.«

»Kann ich sonst etwas für Sie tun, Frau Schellfisch?«

»Werde mich ein paar Tage zu meinen Eltern zurückziehen. Selbst-Quarantäne, in gewisser Weise. Will meine Nummer wechseln. Doch das dauert. Ich kriege seltsame Anrufe. Von Journalisten und so. Außerdem gibt es jemand, der Pornos mit mir drehen will.«

»Wenn es unter uns bleibt, leihe ich Ihnen eine Pre-Paid-Karte, die ich für Notfälle einrichten ließ. Ich bin für alles verantwortlich, was damit geschieht. Bitte halten Sie sich zurück. Eine Minute in Deutschland wird mit 21 Cent belastet. Bis Sie die zwanzig Euro vertelefonieren, ist Ihre eigene Nummer bestimmt geändert.«

»Danke, Herr Halbfuß, Sie können sich auf mich verlassen.«

»Bringst du sie zu ihren Eltern, Achim?«

»Gern. Was machst du?«

»Morgen wird gedreht. Ich gehe früh ins Bett.«

Eine Viertelstunde später lag sie wirklich im Bett.
Aber keineswegs im Eigenen.
Eine Premiere.
Maike hatte Tina angerufen.
Tina lud sie zu sich ein.

Sie erwartete Maike.
Um Punkt neun.
An der Tür.
Nackt.
»The way you grab me must wanna get nasty. Go ahead, get at me.«
Es folgte ein Vulkanausbruch.
Niemals zuvor war Tina intim mit einer Frau.
Nach mehr als zwei Stunden genossen beide, wie sich die Lava träge beruhigte.
Tina holte Rotkäppchen-Sekt aus dem Kühlschrank. Sie öffnete den Verschluss. Den Korken ließ sie über die Dielen rollen. Kurz nippte sie an der Flasche, bevor sie den Sekt weitergab. Hingerissen beobachtete sie, wie Maike behutsam einen Schluck trank und ihr die Flasche reichte. Schwer atmend sank sie nach hinten in die Kissen.
Tina drehte sich, ohne den Blick zu wenden; sie streckte behutsam den linken Arm zur Seite, um die Flasche auf den Boden zu platzieren.
Kaum sah sie sich satt an Maike.
Ihre Fingerkuppen bewegten sich flink wie Ameisen, jeden Teil dieses Körpers zu ertasten. Ihre Zunge war begierig, die mannigfaltigen Varianten dieser Haut zu schmecken. Ihre Ohren öffneten sich, die nie gehörte Resonanz dieser fremdartigen Hohlräume wahrzunehmen. Ihre Nase beeilte sich, zu riechen, was vom Duft der Bodylotion des Morgens verblieb, um sich mit dem Schweiß des Abends zu vermischen.
An den Schläfen spürte sie den eigenen Puls. Mit dem Ohr auf Maikes linker Brust belauschte sie zwei Herzen, die im gleichen Rhythmus tanzten.
Ihr Kopf wanderte nach unten. Ständig vergrub er sich in den Mulden dieser Körperlandschaft.

Da sah Tina den Drudenfuß.
An der Innenseite des rechten Oberschenkels.
Dort, wo die Haut besonders weich ist.
»Wie kommst du dazu?«
Maike bat um die Flasche. Sie nahm einen tiefen Schluck.
»Es gab schon Leute, die danach fragten. Du wirst dagegen die Erste sein, der ich es sage.«
Tina trank ebenfalls.
»Weißt du noch, was ich dir von der Reportage über eine Satanisten-Sekte erzählte?«
»Vor der du geflohen bist?«
»Stimmt. Das war vor sieben Jahren. 2013. Am Ende meines Volontariats.«
»Wie bist du da hineingeraten?«
»Ich las in einem Buch darüber. Anfang Mai fand ich eine Sektion der Luzifer Church in Liechtenstein. Über das Darknet. Der Tempel war getarnt als ein Nachtlokal.«
»Wussten die, dass du Journalistin bist?«
»Nein. Es war kompliziert, da 'reinzukommen. Ich schaffte es irgendwann, den Hohepriester zu treffen. Er nannte sich Szandor II, trug einen schwarzen Talar bis auf den Fußboden, dazu eine Kapuze mit Augenschlitzen, wie die Henker im Mittelalter. Ich musste schwören, dass ich mich Satan absolut unterwerfen wolle. Mit solchen Ritualen hatte ich gerechnet. Ich gab es ihm schriftlich.«
»Du hast unterschrieben?«
»Mit einem falschen Namen. Mareike Rheinwald. So kannten sie mich aus dem Darknet. Sie setzten mich unter Drogen. Ich war gerade vierundzwanzig; bis dahin fehlte mir jeder Bezug zu Rauschgift. Als ich das Brandmal empfing, war ich voll bei Bewusstsein.«
»Hast du geschrien?«
»So laut ich konnte. Es half nichts. Ich war festgebunden.«

»War das der einzige Priester?«
»Nein. Es gab zwei weitere Maskierte namens Crowley und, ich glaube, Howard. Die sahen ebenfalls aus wie mittelalterliche Scharfrichter. Ja, Crowley und Howard hießen die.«
»Du bist so still. Was ist?«
»Ich dachte soeben an einen Vorfall. Lass mich einen Moment.« Sie ließ die Finger durch ihr Haar gleiten.
»Du tust mir leid.«
»Ich überlegte mir später: Vielleicht waren die drei wirklich die einzigen Mitglieder der Sekte. War wenigstens zu hoffen. Crowley brachte später zwei Mädchen herein. Sahen aus wie Fixer. Sicher minderjährig. Hinterher erfuhr ich: Die hatten sie auf dem Babystrich in Zürich für leichte Sadomaso-Spielchen engagiert. Von der Teufelssekte wussten sie nichts.«
»Du sprachst von Ritualen. Was geschah weiter?«
»Observanzen oder Bottom-Sessions, wie sie es nannten. Du kannst dir nicht vorstellen, was wir alles tun mussten und was sie mit uns anstellten. Szandor hob irgendwann einen Korb auf den Altar. Darin befanden sich Goldhamster. Unschuldig, niedlich, furchtsam wie wir. Jede von uns durfte sich einen aussuchen. Wir streichelten, herzten sie wie Kinder, gaben ihnen Namen. Meines hieß Bertram. Wie die Bertramstraße am Dornbusch, wo der Hessische Rundfunk ist. Wir mussten uns auf eine Bank vor dem Altar setzen. Die Beine fixierten sie, sodass wir unbeweglich saßen. Letztlich mussten wir ansehen, wie sie jedes der kleinen Tiere einzeln auf dem Altar abschlachteten.«
»Diese Schweine.«
»Nacheinander legten sie jede von uns in die Blutlache auf dem Altar. Als ich dran war, schob sich Crowleys Maske hoch. Das Gesicht vergesse ich niemals. Sie sperrten uns blutverschmiert in einen gefliesten Nebenraum. Dort gab es

ein Badezimmer, in dem wir uns waschen konnten. Unterdessen hörten wir von draußen Orgelmusik.«
»Wie bist du denn da 'rausgekommen?«
»Splitternackt floh ich durch ein Kellerfenster. Irgendwie kam ich in mein Hotel. Ein gieriger Nachtportier verlangte Geld oder Sex. Geld hatte ich keins. Am Ende reichte er mir einen Bademantel und rief ein Taxi, das mich über die Schweizer Grenze fuhr.«
»Was war mit dem Hohepriester?«
»Später. Die Satanisten kannten nur meinen Alias. Die Korrespondenz im Darknet führte ich ebenfalls mit dem erfundenen Namen. Als ich meiner Ärztin andeutete, was mir passiert war, schrieb sie mich sofort für sechs Wochen krank. Das erzählte ich dir bereits, glaube ich. Gott sei Dank war ich nicht schwanger. Der Redaktion schickte ich den gelben Krankenschein. In einer Mail teilte ich ihnen mit, dass ich in einer Psychiatrie sei, um Depressionen auszuheilen.«
»Und deine Reportage?«
»Die schrieb ich unter dem falschen Namen. Die Norddeutsche Freie publizierte sie später. Postwendend kam mein Todesurteil.«
»Wie bitte?«
»Per E-Mail. An die Redaktion. Formuliert, wie im Mittelalter. Das Weib ist eine Hexe, die verbrannt werden muss. Ganz ausführlich. Ich ging zur Polizei.«
»Du erwähntest bereits, dass sie den Tempel in Liechtenstein hochnahmen und dass die Priester in einem Auto einen Abhang hinuntergestürzt sind.«
»So ist es. Erst wollten sie mich verbrennen. Dann sind sie selbst verbrannt.«
»Glück gehabt.«

»Nach zwei Monaten meldete ich mich telefonisch in der Redaktion, wegen meiner Papiere. Mein Volontariat war bereits im Juni zu Ende.«
»Warum stockst du, wenn du von diesem Priester erzählst.«
»Crowley. Er ist keinesfalls tot. Dieser Geruch. Jasmin und Lavendel. Es muss ein Parfüm sein. Seit Vaduz ist mir dieser Geruch nicht begegnet. Bis zum Samstag. Mittlerweile trägt Crowley einen Bart. Ich sah ihn. In der Alten Oper. Er wollte mich begrapschen, in einem Keller, ich hatte keinen blassen Schimmer, dass er das war. Da konnte ich fliehen. Verflucht. Das hätte ich sofort merken müssen.«

∞

Benommen holte Maike kurz vor Mitternacht in ihrem Schlafzimmer eine Dose Bier aus dem Kühlschrank. Bis vor fünf Minuten lag sie in Tinas Armen. Sie zwang sich nach Hause, um vor dem Schlafengehen in ihren E-Mail-Briefkasten zu schauen.
Gott sei Dank: eine Nachricht von Björn. Wie versprochen. Mehrere Ärzte kämpften um Sabines Leben.
Den Alarm im I-Phone stellte sie auf acht Uhr. Sie war hingegen glockenwach.
Maike setzte sich auf das Bett, um sich auszuziehen – doch sie ging zur Tür. Wie eine Schlafwandlerin. Die Treppen hinunter. Nach draußen. Statt auf den Weg achtete sie auf die Sterne am klaren Himmel. Maike wich einer Frau aus, die mit ihrem Hund spazieren ging.
Aus dem Dunkel, wie aus dem Boden gewachsen, ein Mann. Es war André Kirkel. »Darf ich dich begleiten?
»Du? Auf keinen Fall. Du hast mich betrogen, du Schuft. Im Übrigen gibt es einen Termin. Ich muss früh 'raus. Sören

Geerhart, der Steuerberater, schlägt vor, dass ich dich anzeige, du Hochstapler.«
»Unsinn. Ich flog zu einem solventen Geldgeber. Er wollte mit einer Viertelmillion bei uns einsteigen. Damit war fest zu rechnen. Gerade als ich ihn besuchen wollte, verhaftete ihn die luxemburgische Steuer-Polizei. Soeben verhandele ich mit einem neuen Teilhaber für dich. Es ist ein attraktives Unternehmen, das du da übernimmst. Deshalb beruhige dich, bitte.« Ohne auf ihren Protest zu achten, fasste er nach ihrem Arm. »Ich bringe außerdem gute Nachrichten. Ich überschrieb dir beim Notar meine Anteile an der KM-Immobilien GmbH. Außerdem meinen Kommanditanteil an der KG. Dafür zahlst du null Euro. Du bist alleinige Gesellschafterin. Alles, was du von mir in meinem Büro findest, gehört dir. Behalte es – oder wirf es auf den Müll. Hier ist mein Büroschlüssel.«
»Von Herrn Kübling hast du dich verabschiedet?«
»Telefonisch. Sonst weiß niemand, dass ich hier bin. In der Frühe fahre ich zu einer Bekannten nach Budapest.«
Das war alles zu viel für Maike. Sie trank Alkohol. »Was ist das für ein Zigarillo? Das riecht so exotisch.«
»Colitas, eine mexikanische Marke. Du darfst gern einmal ziehen. Lass uns die Friedenspfeife rauchen. Morgen geht das Leben weiter.«
Schnell wie der Tabakrauch verflüchtigten sich ihre Bedenken schon nach dem ersten Zug. Eine Glocke schlug, als sie in ihrem Eingang standen. Irgendwie waren sie hierhergekommen. Maike Mainwald fragte sich, ob sie auf dem Olymp gelandet waren oder im Hades. Verwirrt ließ sie ihn ein.
Oben in ihrem Flur war das Licht defekt. Für Notfälle deponierte sie vor einiger Zeit im Zählerkasten eine Kerze.
Da fiel ihr ein, dass ihr I-Phone eine Lampenfunktion besaß. Doch es lag in ihrem Schlafzimmer.

Sie entzündete vorsichtig den Docht. Mit der Kerze in der Hand wies sie ihm die offene Tür. Für beide holte sie Bier aus dem Kühlschrank.

»Mit der Kerze gefällst du mir besser, als wenn du uns mit dem Handy geleuchtet hättest.« André Kirkel zog die Jacke aus, öffnete das Hemd, setzte sich auf die Couch. »Darf ich um den Schlüssel bitten, den ich dir gestern anvertraute?«
Maike holte ihn aus ihrer Schreibtischschublade. »Der sieht so seltsam aus, ein Tresorschlüssel?«
»Keinesfalls. Eher der Schlüssel zu Deinem Herzen. Im Übrigen: Die Firma gehört dir. Du kannst mich hinauswerfen.«
Maike zuckte mit den Schultern. »Vorher möchte ich noch eine von diesen Zauberzigarillos.«
»Ich habe eine ganze Schachtel davon.«
»Wie fandest du mich überhaupt, André?«
»Mein Kopf war schwer, meine Augen müde. Am Horizont sah ich ein schimmerndes Licht.«
Maike griff nach der Dose Bier. »Willkommen im Hotel Maike. Darf ich mich kurz erfrischen?«
Sie verschwand im Bad. Gitchi yaya dada, Gitchi yaya here, Mocha chocolata, yaya.

∞

»Tut mir leid, dass ich Sie um Mitternacht aufsuche. Die Sache ist dringend. Fangen wir mit dem Samstag an, Herr von Zuffen. Ich zeige Ihnen ein Video. Sagen Sie mir, ob Sie jemanden erkennen.«
Der Bildschirm des Tischrechners zeigte Maikes kurze Aufnahme vom Wirtschaftsraum unter dem Opernhaus.
»Das ist ekelhaft, Herr Hauptkommissar. Nein, die Dame sah ich nie zuvor. Der Mann ist überhaupt nur von hinten zu sehen.«

»Besitzen Sie einen solchen Hut?«
»Sicher. Solche Hüte gibt es in der Goethestraße zu Dutzenden.«
»Wo waren Sie am Samstag zwischen siebzehn und achtzehn Uhr?«
»Ab etwa siebzehn Uhr saß ich mit meiner Frau sowie zwei Freunden im Grüneburgpark. Wir tranken Kaffee, aßen Erdbeerkuchen, tranken Champagner. Gegen halb sieben sind wir aufgebrochen, weil wir als Berichterstatter ein Geisterkonzert besuchten, das um sieben in der Alten Oper begann.«
»Wir zeigen Ihnen ein weiteres Video. Die Qualität ist leider fast schlechter. Verraten Sie mir, wen Sie darauf erkennen.«
Der Bildschirm zeigt die kurze Szene auf dem Balkon.
»Das ist Max. Oder? Wer stößt ihn vom Balkon? Darf ich das noch einmal sehen?«
Der Kriminalbeamte drückt ein paar Knöpfe.
»Nein. Ich erkenne meinen Mitarbeiter Max Schellfisch. Von dem anderen Herrn ist das Gesicht zu dunkel; ich sah ihn nie zuvor.«
»Kann es sein, dass Sie das selbst sind?«
»Auf keinen Fall. Schauen Sie sich die Jacke an. Die würde ich nie tragen.«
»Zufällig sah jemand ihr Auto. Zur fraglichen Zeit in der Gruberstraße. Ein Hausbewohner schreibt sich alle Falschparker auf. Wer länger als zehn Minuten bleibt, bekommt von ihm eine Anzeige.«
»Herr Kommissar. Ich kann das erklären. Ich war dort. Weil ich eine Bekannte abholen wollte. Ich rief sie an, weil der Platz vor der Tür leer war. Die Dame war schon gegangen. Anschließend holte ich sie an einem Kiosk ab. Das lässt sich alles beweisen.«

»Weiter. Wo waren Sie heute Abend zwischen halb neun und halb zehn?«
»Eine Impertinenz. Na gut. Ich war mit meiner neuen Mitarbeiterin Marion Mutt im Foyer des Hotels 'Zum Hessischen Kurfürsten' zu einem Arbeitsgespräch, weil alle Lokale geschlossen sind.«
»Es gab einen bewaffneten Anschlag. Das Opfer ist schwer verletzt. Der Täter benutzte eine Pistole. Eine Walther PPQ M2 Kaliber 22. Sie lag neben dem Opfer. Ohne Fingerabdrücke. Vielleicht wollte der Täter einen Selbstmord vortäuschen.«
»Von all diesen Dingen weiß ich nichts. Das müssen Sie mir glauben. Bestimmt lässt sich das alles überprüfen. «

∞

Maike kam aus dem Bad.
André war verschwunden.
Der Duft seines Rasierwassers schwebte im Raum.
Die Schachtel mit den Zigarillos ließ er liegen.
Er war fort. Ohne ein Wort.
Aber was hatte sie sich vorgestellt?
Wieder einmal hätte sie beinahe ihre Gefühle von einem Mann dominieren lassen. Wegen dieser unseligen Euphorie, die sich jedes Mal beim Abheben ihrer Emotionen einstellte. Egal ob der Treibstoff Colitas hieß oder nur ein hübsches Gesicht hatte. Gelandet war sie eindeutig auf der falschen Seite der Piste. Ein weiteres Mal.
André Kirkel musste sie abhaken.
Maike schaute in ihr Postfach.
Keine neue Nachricht von Björn.
Wieso war sie wach? Um acht musste sie 'raus.

Sie überredete die Kaffeemaschine, einen Espresso auszuspucken.
Unbewusst griff sie nach einer Schachzeitschrift. Maike stellte die Figuren auf ein Brett. Sie spielte eine Meisterpartie nach. Zu den ersten Zügen zwang sie sich.
e2 – e4; c7 – c5
Sg1 – f3; Sb8 – c6; d2 – d4; c5xd4; Sf3 – d4; e7 – e5
Der Zauber der sizilianischen Eröffnung hob sie schnell in eine andere Welt.
Es folgte die Kalaschnikow-Variante.
Abermals ein Möbiusband. Kaum denkst du, dein Ziel ist nahe, zerbricht dein Glück an falschen Freunden. Seit Maike begann, das Prinzip der Möbiusschleife zu durchschauen, beschlich sie ständig das Gefühl, den Anfang mit dem Ende zu verwechseln.
Ihr Leben bestand scheinbar aus vielen, vielen Schleifen.
August Ferdinand Möbius hätte seine Freude daran.
Wann würde es ihr gelingen, das Möbiusband zu verlassen?
Erschöpft sank sie in die Polster.

∞

Donnerstag, neun Uhr früh.
Eine Sperre am Eingang zum Broadway-Parkplatz.
»Polizeikontrolle. Ausweis, Fahrzeugpapiere bitte. Wo möchten Sie hin?«
»Ich fange heute hier an zu arbeiten.«
Ein Zivilist kam hinzu.
»Herr Staatsanwalt. Diese Dame fängt heute hier an zu arbeiten.«
Der Staatsanwalt beugte sich zu ihr: »Wie ist Ihr Name?«
»Mein Name ist Maike Mainwald.«

»Als was, und bei wem wollen Sie anfangen zu arbeiten, wenn ich fragen darf?«
»Ich bin Kamerafrau. Belda-Productions. Hier wird gedreht.«
»Das glaube ich keinesfalls, dass hier heute gedreht wird. Herr Bergmüller, bringen Sie die Dame zur Crew von Belda-Productions. Halten Sie sich bitte für eine Einvernahme bereit, Frau Mainwald.«
Erst von hier aus sah sie, dass eine ganze Reihe von Einsatzwagen auf dem Parkplatz stand. Die Männer am Eingang waren schwer bewaffnet. Herr Bergmüller führte sie in einen hell erleuchteten Raum. Hier war sie nie zuvor.
»Guten Morgen, Frau Mainwald.«
»Seltsamer Empfang, Herr Belda.«
»Irgendjemand bemerkte, dass hier in den letzten zwei Tagen zahlreiche Autos geparkt wurden. Er erzählte es der Polizei. Daraufhin folgerte die Staatsanwaltschaft messerscharf, dass hier während des Lockdowns, mithin illegal, ein bordellähnliches Treiben stattfindet. Ich erklärte, dass wir hier gedreht haben. Das kann ich beweisen, aufgrund der Aufnahmen. Jetzt machen sie trotzdem eine Hausdurchsuchung, bevor sie abziehen. Aber wir drehen heute definitiv nicht weiter.«
»Worauf warten wir?«
»Wir müssen uns alle bereithalten. Eventuell werden wir befragt. Mehr weiß ich nicht.«
»Wie viele Polizisten haben Sie gesehen?«
»Das ist eine Großrazzia. Ich denke, hier sind über dreißig Leute im Einsatz.«

∞

Kurz vor zehn brachte Jonas Svenja an die Tür. »Ich will allein sein, wenn ich mit den beiden verhandele.«
Aus dem Aufzug kamen Ivanka und Ribana. Sie drängten Svenja zurück. »Bleib hier, Mädel.«
»Lasst mich.«
Ribana drückte Svenja auf einen Sessel.
»Guten Morgen Jonas. Hoffentlich freust du dich wenigstens über unseren Besuch.« Ivanka schob Jonas ebenfalls in den Raum zurück. Sie schaute zu Svenja: »Hübsche Freundin. Wie sind früher gekommen. Du brennst sicher darauf, das Geld loszuwerden.«
Bodo gab ihm dreihundert. Zweihundert waren in der Geldbörse von Tina Birkenbinder. Die zwei Hunderter von Flo wollte er behalten. »Es gibt die Hälfte. Den Rest Montag.«
Ivanka drehte den Kopf: »Ribana. Fass!«
Ribana riss blitzschnell Svenjas Hände hinter die Sessellehne. Svenja heulte auf. Ribana hielt die Handgelenke mit eisernem Griff.
Ein Sprung und Ivanka war bei ihr. Sie fixierte Svenjas Hände mit einem Kabelbinder.
Jonas war ebenfalls aufgesprungen. Ivanka schlug ihre Hand in seine Haare. Mit einem Ruck warf sie ihn auf den Sessel zurück.
»Du bist nervös, Kleiner.« Im selben Augenblick befestigte Ivanka seine rechte Hand mit einem weiteren Kabelbinder an der Armlehne.
Jonas ballte die andere Hand zu einer Faust und schlug nach ihr.
Sie wich aus. Blitzschnell fixierte sie auch den linken Arm.
»Wo ist das Geld?«
»Im Portemonnaie in meiner Hose.«
Ivanka bückte sich. Geschickt angelte sie Jonas die Geldbörse aus der Gesäßtasche.

»Siebenhundert«, achtlos steckte sie das Geld ein, »du sagtest: die Hälfte. Willst du uns übers Ohr hauen?« Sie stand auf.
»Ich muss irgendwie überleben die Woche.«
Ivanka stand jetzt neben Svenja. »Wie ihr über die Runden kommt, interessiert mich einen Scheiß. Zweihundert betrachte ich als Tantiemen, weil wir abermals kommen müssen. Montag zahlst du den Rest, fünfhundert«, sie drehte sich zu Svenja, »oder willst du schuld sein, dass deiner Freundin das hübsche Gesicht zerkratzt wird?«
Ribana war in die Hocke gegangen. Wortlos hielt sie Svenjas Hände umklammert.
Ivanka riss Svenja das T-Shirt hoch.
Jonas versuchte vergeblich, aus dem Sessel hochzukommen.
Ivanka griff in die Jackentasche.
Theatralisch ließ sie ein Klappmesser aufschnappen.
Eine Sekunde danach war Svenjas Büstenhalter in der Mitte durchtrennt. Ivanka schob beide Schalen zur Seite.
Sie nahm eine Brustwarze zwischen Daumen und Zeigefinger. Ivanka schaute Svenja in die Augen. Kraftvoll rieb sie die Fingerkuppen gegeneinander.
Svenja schrie spitz.
»Leise, Mädchen. Die Nachbarn werden sonst unruhig. Aber wenn dein Macker am Montag keine Kohle hat«, sie führte die Messerspitze an die Brustwarze, »schneide ich dir deine hübschen Knospen ab. Versprochen. Für den Anfang.«
Svenja begehrte auf: »Wo soll er das Geld herbekommen?«
Ivanka drückte erneut zu.
Svenja stöhnte laut auf.
»Wenn du nicht lieb bist, beschneide ich in einer Sekunde deinen Kitzler, mein Kind.« Sie holte aus und knallte ihr die offene Handfläche ins Gesicht.

Svenja begann zu weinen.
Ivanka fasste in ihre Haare, zog ihren Kopf nach oben und verpasste ihr mit dem Handrücken eine Ohrfeige auf die andere Wange. Man sah die Abdrücke jedes einzelnen Fingers. Sie wandte sich zu Jonas: »Du bist einfach zu blöd. Sonst würde ich dir raten: Mach einen Bruch. Oder vermiete deine Freundin an einen reichen Freier. Wenn sie dazu zu dämlich ist, macht es eh nichts, wenn ihr Gesicht zerschnitten wird. Wir sehen uns am Montag. Gleicher Ort. Gleiche Zeit. Fünfhundert.«

∞

Donnerstagmittag. Maike fuhr ihrem Rechner hoch. Nichts Neues von Sabine. Sie war unkonzentriert.
Ihr Einstand als Kamerafrau ging gründlich daneben. Zwar war sie pünktlich eingetroffen. Aufgeputscht mit Kaffee. Doch dann die Razzia. Wenigstens zeigte ihr Kim, wie die Kamera zu bedienen war.
Bis zu dem kurzen Interview mit dem Staatsanwalt konnte sie sich ablenken. Danach waren sie von Neuem präsent, die Dämonen der letzten Tage – Irrlichter aus Tod und Blut.
Sie musste das alles aus dem Kopf bekommen. Egal wie.
Eine SMS von FloPo: »Kannst du um zwei Uhr? Ich will mit dir spielen?«
Sie antwortete mit einem einzigen Wort: »Jaaa.« Enter.
Entschlossen warf sie alle Zweifel über Bord.

∞

Tina rief durch die offene Tür: »Achim, schau mal. Maike legte mir die Bilddateien von gestern Abend auf den Schreibtisch. Da ist der Typ drauf, der Frau Klaarens erschießen wollte.«

»Was?«
»Lediglich als Umriss. Das Bild ist völlig unscharf. Keine Chance. Mit den Autobildern sieht es besser aus. Ich experimentiere gerade mit dem neuen Programm. Sie meinte, der Mercedes war viel zu weit entfernt. Außerdem ist es verrissen. Trotzdem: Du ahnst nicht, was sich da herausholen lässt. Mit reichlich Fantasie erkennst du Ziffern.«
»Zeig' her, Tina. Die Autonummer. Ich muss sofort telefonieren.«

∞

Um Punkt zwei klingelte Maike Mainwald bei FloPo. Wer sie einmal beim Arbeiten beobachtete, hätte sie niemals erkannt: Als einzige Textilie trug sie ein luftiges weißes Kleid. Über der Schulter hing eine pinkfarbene Tasche. Das war umso erstaunlicher, als die Höchsttemperatur heute bei sechzehn Grad Celsius lag.
Sobald seine Tür sich öffnete, schob sie eine riesige Sonnenbrille ins Haar. Sie küsste ihn erst, als die Tür hinter ihr geschlossen war.
Tänzerisch entfernte sie sich von ihm. Das Kleid zog sie mit leichter Hand über den Kopf, bevor sie auf allen vieren zu ihm kroch: »Komm, spiel mit mir.«
Beim ersten One-Night-Stand ließ sie sich von FloPo wie eine Prostituierte behandeln – trotzdem schlug sie ihm vor: Wenn beide einen Termin fanden, kam sie für zwei Stunden zu ihm.

∞

»Scheiße. Die sind wirklich tödlich, die zwei. Seltsame Freunde hast du. Dafür ist dein Ganja nicer dicer, Jonas. Gib

mal die Pfeife. Danke übrigens für das Kettchen mit dem silbernen Kreuz. Ich freu mich drauf. Wo ist es jetzt?«
»Ich hab's Flo gegeben, Svenja. Der kennt jemand, der das Kettchen fachkundig repariert. Danach kriegst du's.«
»Hoffentlich hält die Fotoschlampe dicht.«
»Die will damit überhaupt nichts zu tun haben.«
»Was ist, wenn sie diesem komischen Privatdetektiv 'ne Kopie machte?«
»Unsinn. Sie löscht es auf ihrer Festplatte, schreibt sie. Sie will es vergessen.«
»Deinem Partner Flo traue ich keinen halben Meter über den Weg. Was ist denn drauf auf dem Video?«
»Scheiße. Das müsste ich normalerweise wissen. Ich schau mir das bei Flo mal an.«
»Ihr hättet sie zu zweit rannehmen müssen, die Fotoschlampe. Als Sandwich. So 'ne Bitch musst du anpissen. Oder ihr die Faust hineindrücken. Der Flo hat keinen Arsch in der Hose.«
»Bei der Fotoschlampe gibt es noch 'ne andere offene Kacke mit mir.«
»Haste nie erwähnt.«
»Sieben Jahre her. Hat 'n Kumpel von mir getrollt. Mich ebenso. Unter falschem Namen. Dafür sollte ich sie allemachen. Schön langsam, damit sie es spürt. Weiß ich erst seit gestern, dass sie das war. Flo zapfte den Internetlautsprecher ihrer besten Freundin an. Dem hat sie ihr Pseudonym gesungen.«
»Orgasmisch. Machste sie tutto kompletto kaputto, diese Mainwald?«
»Kannste Gift drauf nehmen.«
»Ruf mich dazu. Gib mir 'ne Rasierklinge. Ich schneide ihr die Nippel ab.«
»Du bist absolut sahnig.«

∞

Maike drehte sich zu der Wanduhr. Sie war seit zwei Stunden hier. Auf allen vieren kroch sie von der Matratze, die ihm als Bettstatt diente.

Das Album ‚Use your illusion' von Guns 'n Roses erklang als Endlos-Schleife.

FloPo öffnete berauscht seine Augen: »Meldest du dich?« Seine Standard-Frage.

»Du hörst von mir.« Maike Mainwalds Standard-Antwort.

Sie streifte das Kleid über, schlüpfte in ihre Sandalen, fasste nach der Umhängetasche, schaute zu FloPo. Er hatte den Kopf abgewandt.

Maikes Blick fiel auf einen staubigen Schrank mit stumpfen Metallgriffen an den Schubladen. Lediglich ein Griff war blank. Ganz vorsichtig zog sie daran. Kein Geräusch übertönte ‚November Rain' von Guns 'n Roses.

Maike erkannte die Ecke eines gepolsterten Umschlages, dessen Aufschrift sie elektrisierte. Durch ihren Körper verdeckt zog sie ihn behutsam heraus. Sie schob ihn lautlos in ihre Umhängetasche. Die Lade drückte sie zurück. Unsicher ergriff sie die Sonnenbrille. Maike drehte sich um, beugte sich über FloPo, küsste ihn.

Wie in Trance bestieg sie den Ampera.

Mit zitternden Händen ergriff sie das Kuvert. Darauf stand handschriftlich ‚Lucida und ihr Mörder Jonathan B'. Es war eine gepolsterte Tasche, in der man üblicherweise CDs verschickte. Offen. Sie zog eine Kunststoffscheibe heraus – und erstarrte. Es war die CD mit ihrer eigenen Schrift: ‚Lucida Raffaela'.

Maike fühlte einen weiteren Gegenstand in dem Couvert, ganz unten. Sie schüttelte ein silbernes Kettchen heraus. Mit einem Anhänger. Es war ein größeres Antoniuskreuz.

Das gleiche Kreuz trug Lucida in dem kurzen Video, das Maike ständig im Kopf herum ging.
Hatte sie mit einem Mörder geschlafen?
Im Autoradio erklang Gustav Mahlers zweite Sinfonie. Der fünfte Satz: molto misterioso. Mit einem Mal blickte Maike glasklar durch diese Musik auf den Grund. Dort sah sie ihr Leben. Mit allen Wirrnissen und Mysterien.
Hellwach startete sie den Ampera.
In ihrem Schlafzimmer warf sie die Sandalen von sich. Ganz unten holte sie Boxhandschuhe aus einem Schrank. Wie eine Verrückte schlug sie auf einen Punching-Ball ein, der neben ihrem Trampolin hing. Verwickelte Gedanken trieben durch ihr Hirn.
War es ihr Los, immer auf der falschen Seite aufzuschlagen? Diese wollüstige Gier hätte sie nach dem ersten Fiasko durchschauen müssen: als ein gebrochenes Versprechen mit Ansage.
In Tina hatte sie längst ihren Gral gefunden.
Schicksal? Ihr Schicksal war ein Schaumschläger. »Vorwärts«, rief es, »weiter.« Und Maike rannte. Jedes Mal. Dass sie einem Phantom nachjagte, erkannte sie zu spät. Das Ende entpuppte sich stets als Illusion. Ein Elysium erreichte sie nie.
Erst in diesem Augenblick begriff sie das Geheimnis der Möbiusschleife. Wer ihrer Faszination erlag, drehte sich endlos im Kreis, ohne es zu merken.
Ihre innere Stimme, der sie folgte, solange sie denken konnte, war ein faszinierender Schwindel.
Es war ihre Selbstsucht, die sie über die unendliche Kante des Möbiusbandes trieb; eine Kante, die so scharf war, dass sie allmählich ihre Seele zerfetzte.
War das ganze Leben am Ende eine einzige Finte?

Ihre Sucht nach Lust jedenfalls entpuppte sich als erlesener Käfig. Maike war in ihren Begierden gefangen; frei entscheiden konnte sie schon lange nicht mehr. Wäre Freiheit somit tatsächlich nur ein anderes Wort für ‚nichts mehr zu verlieren haben', wie in dem Lied?

Tina widersprach Kristoffersen kategorisch: Frei wirst du einzig durch Liebe.

Maike wollte das zunächst nicht glauben, weil es so einfach klang. Spätestens nach dem Abend mit Tina hätte sie es besser wissen müssen.

Nach zwanzig Minuten beruhigte sie sich.

Sie zog ihre Chucks an.

Maike Mainwald trank ein großes Glas Wasser. Ihre Mansarde wollte sie vorläufig meiden. Vielleicht konnte sie bei Tina unterkriechen. In den Kofferraum packte sie eine Reisetasche mit Unterwäsche, Jeans, Poloshirt sowie einem Anorak zum Wechseln.

Zuerst würde sie FloPo besuchen. Er musste ihr erklären, was er mit diesen Verbrechen zu tun hatte. Sie würde sich keinesfalls mit Ausreden abfinden, wie bei Kirkel.

Ein Blick auf die Apple-Watch: Kurz nach sechs.

Maike rief OkCupid auf. Es gab eine private Nachricht. Sie drückte auf die Delete-Taste. Danach löschte sie ihr Profil. Beherzt kündigte sie ihren Account bei OkCupid. »Do you really want to quit your membership?« Yes.

Endlich. Eine Nachricht von Björn: Sabine war über den Berg. Sie lag im Koma. Mit hoher Wahrscheinlichkeit kam sie durch.

Im Auto nestelte Maike mit einer Hand das Headset auseinander. Atemlos rief sie Achim an. Das Gespräch dauerte zehn Minuten.

∞

FloPo öffnete ihr sofort.
Sie umarmte ihn unbedarft.
In diesem Augenblick stieg ihr ein sonderbarer Geruch in die Nase: Lavendel mit einem Hauch Jasmin.
Da bog ihr jemand den Arm nach hinten. »Das ist ein Knalleffekt, oder? Wir kennen uns schon von der Alten Oper. Ich hab' 'was gut bei dir, Kronenkind.« Es ist Crowley oder Jonathan B, bürgerlich Jonas Barkendorff.
FloPo schob ihr einen Stuhl in die Kniekehlen.
Jonas verdrehte weiter ihr Handgelenk. »Glaubst du an Zufälle, Süßvieh? Ich wollte bei Flo in das Video 'reinschauen, da treffe ich eine Pornofee. Ich liebe Frauen, die sich zur Wehr setzen.« Er zog sie nach hinten.
Maike ließ sich auf den Stuhl fallen.
FloPo wand eine Lederfessel um das verdrehte Handgelenk. Die gleiche Fessel brachte er an ihrem zweiten Arm an. Hinter der Stuhllehne wurden beide Handgelenke mit einem Karabinerhaken oder etwas Ähnlichem zusammengeklickt. Jonas zerfetzte ihr das dünne Kleid. Verdammt. Sie trug immer noch keine Unterwäsche. »Schau an. Eine premium Einwegtussi. Nude is cute. Wir wollen uns ein bisschen unterhalten, Pornokind. Was weißt du über Lucida?«
»Warum habt ihr sie umgebracht?«
»Sie wollte selbst Schluss machen. Die konnte dich zur Weißglut bringen. Sie tat so, als wäre sie gezwungen worden. Obwohl wir sie mit vereinten Kräften verwöhnten. Dabei: Am Ende gefiel es ihr doch, oder? Hab' ihr sogar Geld geboten.« Jonas erfasste mit beiden Händen ihre blanken Brüste. »Hab' sie geschüttelt. Weil sie keine Ruhe gab. Uns anzeigen wollte. Schließlich drückte ich zu. Sie war schon hinüber, als ich sie an dem Heizungsrohr aufknüpfte. War für alle das Beste.«
»Du tust mir weh. Warum sollte Sabine sterben?«

»Woher weißt du davon? Damit haben wir keine Verträge. Wir sind doch keine Milfhunter.«
Sollte sie versuchen, zu bluffen? »Als ich kam, bist du gerade über die Hecke verschwunden, Crowley. Dich würde ich unter Tausenden erkennen.«
»Okay. Du weißt, wer ich bin. Du wirst keine Chance haben, es an irgendjemanden zu verraten. Sabine war am Samstag dabei. Half uns mit Lucida. Hielt sie fest, als wir sie vergewohltätigten. Später bekam sie kalte Füße, als sie erfuhr, dass Lucida Schluss machte. Ich wollte sie gestern bloß erschrecken. Mit der Pistole einer Freundin. Sie reagierte aggressiv, als sie die Waffe sah. Wir hätten Lucida gezwungen, warf sie mir vor. Sie ging sogar auf mich los. Ich musste mich wehren.«
»Ihr seid Schweine, alle beide.«
»Du willst sicher, dass wir deine Hände losmachen.«
»Was habt ihr vor?«
»Nimm einmal ihren linken Arm, Flo. Halte ihn gut fest. Die hat mir am Samstag in die Eier getreten. Für das Interview hängen wir sie in die Tür.«
Jonas erfasste ihre rechte Hand, um den Karabinerhaken zu lösen. »Wenn du nicht mitspielst, müssen wir dir sehr weh tun.«
Sie stand auf. Versuchte, loszukommen. Das zerrissene Kleid fiel nach unten. Splitternackt schleiften die beiden Maike zu einer Tür. Oben, in den Ecken des Rahmens, waren zwei Ösen angebracht, an denen ihre Handfesseln eingehängt wurden.
»Die Ösen sind gedübelt. Du kannst gern versuchen, sie herauszuziehen.«
»Ihr wisst, dass ich euch für Jahre in den Knast bringe, wenn ich das jemand erzähle.«
»Das wirst du sicher bleiben lassen. Erst du, Flo.«

Flo betastete ihr Gesicht. Anschließend begrapschte er ihren nackten Oberkörper. Seine Hände wanderten zu ihrem Po.
Währenddessen sprach Jonas weiter: »Du bist genauso wenig von vorn wie hinten. Du bist Mareike Rheinwald. Vor sieben Jahren hast du die Reportage geschrieben.« Er ergriff ihr rechtes Bein, hob es hoch, bog es zur Seite, bis sie aufstöhnte. »Hier sehen wir das Branding, von dem Flo erzählte. Eine schöne Arbeit.«
Erst jetzt wurde ihr klar, in welcher Gefahr sie schwebte. »Wo ist Szandor? Und Howard?«
»Acht Tage später rasten sie in Szandors Cadillac in eine Schlucht. Die sind im Auto verbrannt; die Alpen sind tückisch. Dein Glück. Sonst hättest du bereits ein Einzimmer-Appartement sechs Fuß unter der Erde. Ich entkam als Einziger. Kennst du die teuflische Zahl Sieben?« Jonas fasste ihr mit voller Härte in den Schritt. »Es ist Szandors Vermächtnis, dass du mir sieben Jahre später in die Hände fällst. Du bist vogelfrei. Wie damals kamst du freiwillig hierher. Deshalb kann ich mit dir machen, was ich will.« Er nahm zwei Klammern aus der Hosentasche. Damit zerquetschte er ihr beinahe die Brustwarzen.
Maike verzog das Gesicht vor Schmerz. Sie würde ihre Taktik ändern. »Ich konnte mir kaum vorstellen, dich zu treffen, als ich hereinkam. Ich bin einfach ein Pechvogel. Jedes Mal, wenn ich etwas will, passiert das Gegenteil. Ich kam zum Vergnügen. Ehrlich. Frag' FloPo, ob ich gut war.«
»Das hat er getan. Du bist seine Schluckprinzessin. Ich wollte ohnehin vorbeischauen. Aber als ich erfuhr, dass du hier warst, bin ich her geflogen. Weil ich mir dachte, dass du wiederkommst. Jetzt spielst du die schwanzgeile Tinderella. Ich erzähl' dir 'was: Wir können dich foltern, bis du gestehst, es mit dem Erzengel persönlich zu treiben. In

meiner Tasche befindet sich eine Nagelpeitsche, die deine Haut in Streifen herunterreißt. Außerdem isolierte Zangen, die man erhitzen kann, bevor du damit gezwickt wirst. Aber das Beste ahnst du gar nicht.« Er zieht die Klammer von ihrer linken Brustwarze. Klick. Ein Schmerz wie ein Stich. Seinem Rucksack entnimmt er eine Flasche. »Mit Sorgfalt eingepackt. Hier steht ‚Petromax Alkan' drauf. Das ist Paraffinöl.« Er öffnete den Verschluss, goss ein wenig auf die Handfläche, rieb genüsslich ihre linke Brust damit ein. Jonas verschloss die Flasche. Vorsichtig stellte er sie auf den Fußboden und nahm ein Feuerzeug aus seinen Jeans.
»Das wagst du nicht.«
Er ließ das Feuerzeug schnappen. »Wo ist die CD?«
»Im Handschuhfach. Es ist ein Ampera. Er steht auf dem ersten Parkplatz. Der Schlüssel ist in meiner Tasche.«
»Wenn ich dir ein bisschen näherkomme, brennt deine linke Brust. Vielleicht auch ein bisschen mehr. Soll ich?«
»Was willst du?«
»Du hast es FloPo besorgt. Jetzt wollen wir zwei ein bisschen Spaß haben. Dabei wirst du lieb sein. Sonst verschnüren wir dich wie ein Paket und fahren dich in den Wald. Dort wirst du in deinem eigenen Auto verbrennen. Ganz langsam. Wie es in dem Todesurteil steht. Flo, nimm ihre linke Hand, ich nehme die Rechte.«
Sie klickten sie von den Ösen los. Jonas stieß sie zu einem Sessel. »Wenn du dich brav bückst, tut es kaum weh. Wenn du dich wehrst, wirst du brennen.«
FloPo fasste in Ihre Haare. Er zog sie über die Sessellehne. »Entspann' dich, es geht schnell vorüber.«
Sobald er den Griff in ihren Haaren lockerte, sprang Maike Mainwald auf. Verblüfft schaute FloPo das Bündel Haare in seiner Hand an. Maike drehte sich zu Jonas. Ihr Knie rammte sie ihm in den Magen. Gut, dass sie noch die Schuhe

anhatte. Ihre Fußspitze bohrte sich kraftvoll in seinen Kehlkopf. Er röchelte, während er nach hinten fiel.
FloPo versuchte, nach ihren Armen zu greifen. Sie sprang zurück. Ein harter Tritt holte FloPo von den Beinen. Mit beiden Füßen sprang sie auf seinen Unterleib. Gleichzeitig hechtete sie nach der Petroleumflasche.
Da hörte man Lärm von der Tür.
»Aufmachen Polizei.«
Sie rannte zur Tür, um sofort den Griff hinunter zu drücken.
Vier Personen standen draußen. Achim war da. Außerdem Baurhenne mit aufgerissenen Augen.
Vor ihm stand eine nackte Frau mit Fesseln an den Gelenken und einer Petroleumflasche in den Händen.
Hinter ihr zwei muskulöse Herren, die sich vor Schmerz am Boden krümmten.

Ende

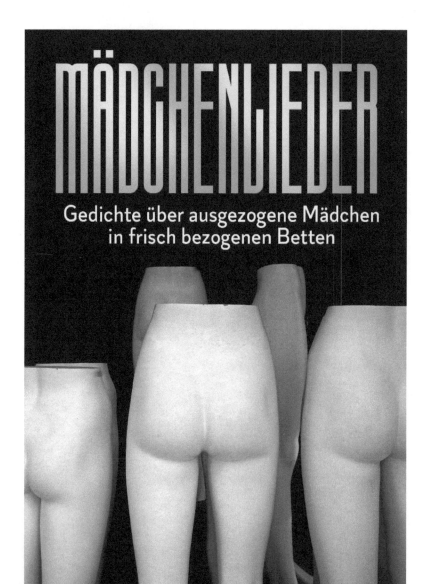

coortext

dichter sichten corona

Herausgegeben von
Martina Füg

MASSENGRAB

EIN HISTORISCHER ALTHEIM-KRIMI

THOMAS FUHLBRÜGGE

THOMAS FUHLBRÜGGE

FRAUEN Brennen BESSER

EIN ALTHEIM-KRIMI

Der Coortext-Verlag

Bücher lesen heißt: Wandern gehen in ferne Welten, aus den Stuben über die Sterne. Jean Paul

Der Coortext-Verlag freut sich über Ihr Interesse an unserem Angebot. Wenn Sie auf der Suche nach interessanten und spannenden Büchern sind, dann befinden Sie sich auf der richtigen Homepage.

www.coortext-verlag.de

ISBN 978-3-7531-6341-3
www.epubli.de